U0544204

# 中国中小学英语教材史

（晚清—民国）

陈自鹏◎主编

广西师范大学出版社
GUANGXI NORMAL UNIVERSITY PRESS
·桂林·

**图书在版编目（CIP）数据**

中国中小学英语教材史：晚清—民国 / 陈自鹏主编. --
桂林：广西师范大学出版社，2020.10
ISBN 978-7-5598-3157-6

Ⅰ. ①中… Ⅱ. ①陈… Ⅲ. ①中小学－英语－教材－
教育史－中国－清后期-民国 Ⅳ. ①G633.41

中国版本图书馆 CIP 数据核字（2020）第 163465 号

广西师范大学出版社出版发行
（广西桂林市五里店路 9 号 邮政编码：541004
网址：http://www.bbtpress.com）
出版人：黄轩庄
全国新华书店经销
广西民族印刷包装集团有限公司印刷
（南宁市高新区高新三路 1 号 邮政编码：530007）
开本：880 mm ×1 240 mm 1/32
印张：8.25 字数：260 千
2020 年 10 月第 1 版 2020 年 10 月第 1 次印刷
定价：45.00 元

《中国中小学英语教材史（晚清—民国）》

编委会

**主　编**　陈自鹏

**委　员**　王志强　刘丽英　高秋舫

# 写在前面（代序）

我和同事们历经三年，付出极大的辛劳，终于拿出了这本小册子，算是了了一桩心愿。

细说起来，这桩心愿源自几个方面：一是我早先在做“中国中小学英语课程教材教法百年变革研究”课题研究时，由于条件所限，没有看到多少清末民国教材的实物，只能用文献法进行研究，所以有很多缺憾；二是参与人民教育出版社“百年教科书”梳理课题研究时受到同行们的启发，有了继续深入研究的冲动；三是2015年在天津结识了老课本收藏家李保田先生，在他那里见到了将近千本清末、民国时期的英语教科书，感到非常震撼。于是，与同事们果断做出决定，写一本梳理晚清到民国时期中国中小学英语教材史的小册子，作为一份心意，奉献给全国的英语教育同人们。

这本书有如下几个特点：

一是史料充足。我们的研究是在前辈和同行们的研究基础上进行的再研究。清末民国中小学英语教材，有很多名家和学者在研究中有所涉及或有专门论及，如民国时期周予同等人编写的《教材之研究》（商务印书馆，1925）等；新中国成立后，付克编写的《中国外语教育史》(上海外语教育出版社，1986)，李良佑、张日昇、刘犁编著的《中国英语教学史》(上海外语教育出版社，1988)，季羡林等著的《外语教育往事谈——教授们的回忆》(上海外语教育出版社，1988)，王建军著的《中国近代教科书发展研究》(广东教育出版社，1996)，张正东著的《中国外语教学法理论与流派》(科学出版社，2000)，毕苑博士论文《中国近代教科书研究》(北京师范大学，2004)，张英著的《启迪民智的钥匙——商务印书馆前期中学英语教科书》(中国福利会出版社，2004)，李传松、许宝发著的《中国近现代外语教育史》(上海外语教育出版社，2006)，吴小鸥博士论文《清末民初教科书的启蒙诉求》(湖南师范大学，2009)，陈自鹏著的《中国中小学英语课程教材教法百年变革研究》(光明日报出版社，2012)，孙广平博士论文《晚清英语教科书发展考述》(浙江大学人文学院，2013)，吴驰著的《清末民国中小学英语教科书研究》(湖南师范大学出版社，2014)，石鸥著的《百年中国教科书忆》(知识产权出版社，2015)，以及一些期刊论文。我们的研究借鉴和引用了同行们大量的研究成果，这些成果使得我们能够大胆假设，据实论证。

二是分析细致。大量的教材实物使得我们的细致分析成为可能。过去在没有接触教材实物的情况下研究教材，有时不得不鹦鹉学舌、人云亦云，有时还会以讹传讹，误入歧途。有了大量的教材实物，一分史料说一分话，分析上可以做到细致入微。感觉不满意，推敲一下，思考一下，讨论一下，论证一下，可以修改，可以矫正，可以完善，可以提升，甚至可以否定推倒，从头再来。书中选取部分原汁原味的课文进行了举隅分析，并对涉及的主要教材编写者及相关英语教材的特点进行了十分细致的研究和分析。比如对大家一直夸赞不已的《华英初阶》一书，我们既有褒扬，也有批评。

本书的教材分析以实际课文为蓝本，以彼时社会为背景，以教学规律为依据，进行了实事求是的分析和评述，对于后续的研究具有一定的理论参考价值。

三是信息全面。尽管拥有大量的史料和研究的便利，对老教材的研究也没有想象中那么容易。一是时代久远，有些教材编写者的信息已经被岁月淹没，曾经出版发行过的教材已经不复存在；二是一百多年来的英语教材出版社、编写者，以及教材的种类、版次繁多，要理出个头绪还真是一种挑战。编委会的几位编者不畏艰难，东奔西跑，翻古籍，查网络，做访谈，拍照片，竭尽全力，力争找到更多的信息。根据已有的资料，我们尽量搜集了书中所涉及的每一位编写者的详细信息。编写过程中反复校对，去伪存真，对大部分教材编写者的生平及其对教材建设的贡献都做了简要介绍，针对有的编写者还撰写了相关轶事，极大地增强了本书的可读性和趣味性。书中对晚清、民国教材建设的各个历史阶段中各个出版社曾经出版发行过的几乎所有的教材进行了列表展示，应该说差不多囊括了所有相关著作中列举的中小学英语教材，集腋成裘，本书应称得上集大成者。我们认为，这项成果应该归功于李平心教授和所有教材研究者们先前的挖掘、搜集和梳理，我们的研究凝聚了大家的劳动和智慧，我们的努力将会被证明是非常有价值的。

四是角度新颖。史学研究的价值在于发现、梳理和创新。我们在研究中对发现的问题做了必要的梳理，从教材建设的历史分期和内容衍变轨迹两方面进行了创新性的研究。本书把晚清至民国时期的中小学英语教材建设分为四个历史阶段：一是萌芽期（1862年以前），二是启动期（1862—1911年），三是发展期（1912—1922年），四是自立期(1923—1949年)，并以此为脉络分章论述。在此基础上，又对教材内容衍变轨迹进行了学理分析。本书提出晚清、民国中小学英语教材衍变轨迹为：从“用”到“文”——从“文”到“语”——从“语”到“育”。这条衍变轨迹描绘了国内英语教材产生的经济、政治、文化等方面的背景，揭示了不同阶段英语教育教学的目标，阐释了英语教材建设发展的基本规律，令人耳目一新。鉴古知今，古为今用，这一研究对于今天的教材建设有着重要的参考价值和现实意义。此外，研究中把晚清、民国中小学英语教材明确区分为两类——引进教材和自编教材。据此，我们做了分类统计和汇总，并且指出了先前相关研究的不足和谬误，在研究思路上亦有所创新，此为研究的一点意外收获。

在编写本书的过程中，编委会成员协同努力，相互切磋，克服了很多困难。其中第一章由陈自鹏撰写，第二、三章由王志强撰写，第四章由高秋舫撰写，第五章由刘丽英撰写。部分教材图片由收藏家李保田先生提供。部分人物简介资料来自网络。全书由陈自鹏负责统稿。

需要说明的是，本书研究的对象是中小学英语教材，且主要是大陆的中小学英语教材，对港澳台的教材没有涉及。

在此，我们对于本书引用的所有研究成果向原作者表示衷心感谢。

虽然完成了撰稿任务，但我们深知，史学研究需要静下心来，沉下心来。然而，几位编著者平日工作繁忙，所有的研究都是在业余时间完成的，加之水平有限，本书一定有很多缺憾和谬误之处，我们期待方家批评指正。

陈自鹏

2019年7月

# 目录

# 第一章　总论

中国正规的学校英语教学起始于京师同文馆。然而早在京师同文馆之前，英语教学就以这样或那样的形式存在着、进行着。要探讨英语教学，就回避不了教什么、何时教、怎么教这几个问题。我们首先要探讨的就是教什么，即教材的问题。晚清、民国是中国中小学英语教学兴起并逐步发展的时期。那么，那个时期中国的中小学英语教材建设经历了哪些重要的历史阶段？教材内容衍变轨迹是什么样子的？厘清这些问题，对于今天中小学英语教材建设具有重要的借鉴价值和现实意义。

## 第一节　英语教材建设历史分期

教材有广义和狭义之分。广义的教材是指教师和学生据以进行教学活动的材料，包括文字材料（含教科书、讲义、讲授提纲、图表、练习册、教学参考书等）和视听材料。狭义的教材是指按照教学计划或课程标准编写的教科书。狭义语境下，教科书与教材同义。限于篇幅，本书只讨论狭义的教材，即教科书。

中国中小学英语教材的建设经历了很长的历史时期。从1800年到1949年长达一百五十年的时间里，教材建设经历了一个从无到有、从少到多、从简单到复杂、从无计划到有计划、从民间自发到政府统一管理的过程。其间经历了萌芽期、启动期、发展期、自立期等几个重要的历史时期。

## 一、萌芽期（1862年以前）

众所周知，1862年京师同文馆成立后，我国正规的中小学英语教学才正式启动。但早在同文馆设立之前的几十年，中国的沿海城市已出现了各种形式的英语教学或英语学习活动，而最早的英语教学活动开始于西方在中国开设的教会学校。

萌芽时期的英语教学是自发的、随机的、非正式的，教学活动主要是在民间交往和教会学校中进行。

### 1. 民间贸易交往与洋泾浜英语的诞生

在近代中国的对外商业贸易交往中，产生了一种十分有趣的语言形式——"别琴英语"（Pidgin English）和"洋泾浜英语"（Yang King Pang English）。有著者分析，英国从17世纪经历资产阶级革命后，为了满足国内资产阶级的需要，不断进行海外殖民扩张，掠夺世界市场，英国商人在殖民地与当地人进行交流和沟通时，为了达到快速与高效的目的，往往会使用一种特殊的语言形式。这种语言形式的主要特点就是以当地母语为主，夹杂着一些英语单词，这其中就包括中国的"别琴英语"和"洋泾浜英语"。"别琴英语"和"洋泾浜英语"特指用中国地方方言对英语进行注音的一种语言形式。它带有浓郁的地方方言特色，具有一定的地域性。

学者普遍认为"别琴英语"最早发源于广州。早在鸦片战争前，"别琴英语"就已在广州登场了。1637年，英国商人开始来广州寻求贸易机会，其后一百二十年的时间里，中国与外国的商贸联系逐渐增多；到1757年，清政府正式把广州定为当时中国唯一的对外贸易港口，大量外国商人云集于此。因此，为了商贸往来，同时也为了在最短时间里达到最好的交流与沟通效果，一些广州当地人便想出一个快捷的沟通办法，即用尽量简单的英语单词结合汉语语法来与外国商人交谈。这便是最初的“别琴英语”。

“洋泾浜英语”得名于旧上海滩靠近租界的一个地方的地名“洋泾”。1843年上海开埠后，外国的商行逐渐向上海转移，于是大量洋行里的广东买办也相继进入上海。上海作为当时中国最为重要的对外贸易城市，商贸活动发达。因此，在英法租界之间的洋泾浜，专以蹩脚英语为生，牵合中外商人以促成商业交易的上海当地人也越来越多。大量使用“洋泾浜英语”的人在长时间的使用中，逐渐规范了该种语言形式，使之慢慢成为一种约定俗成的、大家都能理解的语言。“洋泾浜英语”便由此产生了。

2.“洋泾浜英语”的流行与“洋泾浜英语读本”的诞生

当时，“洋泾浜英语”被认为是一种时髦的语言形式，除了商人之外，普通大众也能随口说上几句。一些“洋泾浜英语”的说法甚至融入了大众的日常生活。在上海日益成为当时中国重要的对外窗口之时，随着上海及其他籍的商人与外国殖民者的政治与经济交往的增多，他们急需在最短时间内学到最实用的英语，以方便交流。当时，上海英语翻译奇缺，懂英语的人非常吃香。因此，一些商人乘机赶印了一些用中文对英语单词进行注音的英语读本。1860年，宁波商人冯泽夫联合其他五位宁波籍人士张宝楚、冯对山、尹紫芳、郑久也和姜敦五，共同出资出版了用宁波方言发音进行注音的《英话注解》一书。此书的编辑出版可以说是迫于当时的现实情况。因为之前用的英语读本基本是以广东方言注音为主，而在当时宁波籍商人已经成为上海商界的主流群体，宁波人对于这种用广东方言进行注音的英语读本根本就看不懂也听不懂，如“My small shop is there（蛮哀司毛而歇泼一是裁挨）”，完全一头雾水。因此当时用宁波方言进行注音的《英话注解》被认为是英语学习的速成本，它的出现不仅为宁波人学习英语和与外国人经商、交流提供了方便，还对之后上海“洋泾浜英语”的发展起到了至关重要的作用。[1]

中国古代一向以世界中心自居，因此国人普遍具有傲慢的大国心理，对于外国人皆以“夷人”相称。他们看到英国人头顶红发，就称呼他们为“红毛鬼”。既然“红毛鬼”指的是英国人，那么，“红毛番话”即指英国人所讲的话，就是现代所说的英语。当时通商口岸地区居民流行使用红毛番话类的读本来学习英语。所谓“红毛番话类的读本”是指以中文标注英文读音以帮助读者学习英语的材料。这种用中文标注英文读音的方法，是中国人开始学习英文时最原始的方法。其实，当时国内对外国人所说的话除了叫作“番话”，还有叫作“鬼话”的，这种叫法实则更带有侮辱的意味。亨特在《广州“番鬼”录 1825—1844 缔约前“番鬼”在广州的情形》一书中介绍了他当时在广州所见到的一种用于学习英语的小册子：[2]

> 在广州商馆附近的书店出售一本名叫《鬼话》的小册子，封面上画着一个身穿上一世纪中叶服装的外国人——戴着三角帽，外配以有扣形装饰的大衣，手上拿着一根手杖。我现在面前还有一本这样的小册子。它首先提到的是“夷”(Yun)，下面是“夷人”(barbarian)的释义，用另一个中文字“曼”表示“man”的发音。……这本小册子每本才卖一两个便士，但它常见于仆役、苦力和店铺主的手上。

[1] 吴驰:《清末民国中小学英语教科书研究》，湖南师范大学出版社，2014，第3—7页。

[2](美)威廉·C.亨特:《广州“番鬼”录 1825—1844 缔约前“番鬼”在广州的情形》，冯树铁译，广东人民出版社，1993，第47页。

当时的中国人，包括与外国通商的买办、通事，以及活跃在对外港口城市的劳动人民，都在努力学习这种以“鬼话”等命名的英语小册子。这些“鬼话”小册子也是一种“洋泾浜英语”学习材料。

3. 教会学校的开办与英语教材的诞生

教会学校是西学东渐的结果。明清两代闭关锁国，政治、科技、文化、教育、军事慢慢地落后了。“落后就要挨打”，因而鸦片战争、甲午战争我们惨遭失败。这一时期，西方对中国的侵略不仅有军事上的、经济上的，还有文化上的，这便是“西学东渐”。“西学东渐”自恶意始，却以善果终，这是西方人意想不到的。

明清之际，传教士利玛窦（Matteo Ricci）等遭遇海禁、教禁等政策限制，历经千辛万苦才进入中国。但那时传教是要羞羞答答、偷偷摸摸的，他不得不赔着笑脸，收买人心，甚至收买皇帝、大臣的贪贿之心，才在中国立稳脚跟。而鸦片战争以后签订的不平等条约，使得我国海禁大开，大批的传教士便迫不及待地把西学带到我们这个古老的国度里。他们推进西学东渐的方式有两种：布道传教和建校传教。布道传教就是一些基督教徒利用机会说服上层官僚和民众信奉他们鼓吹的宗教教义，并适时传授一些现代科学知识。但传教士们主要的传教方式还是建立教会学校，广招学生，试图用宗教教义和科学知识来改变中国的未来公民和栋梁。

教会学校的开办虽然是以传教为目的，但对于中国的外语教育和科技教育都起到了很重要的推动作用。正如著名科学史专家李约瑟在评价耶稣会士的历史地位时指出的那样：“即使说他们把欧洲的科学和数学带到中国只是为了达到传教的目的，但由于当时中西两大文明仍互相隔绝，这种交流作为两大文明之间文化联系的最高范例，仍然是永垂不朽的。”

初期教会开办的大多是小学、中学等初级学校，后来才有了大学，民国时期发展最快。教会学校初办时，应该说困难重重。

一是国人对外国语的抵触心理。由于在漫长的封建统治时期里，中国是以小农自然经济为主，实行重农抑商政策，农民被牢牢地束缚在土地上，人们“安土重迁”，习惯于闭关自守。这种社会形态阻碍了语言交流。张志公曾举一例子说明这种现象：

唐朝诗人贺知章《回乡偶书二首》中有“少小离家老大回，乡音无改鬓毛衰。儿童相见不相识，笑问客从何处来”的诗句。贺知章在辞去朝廷官职、告老还乡的时候，已经八十多岁。这时距他壮年离乡已有五十来个年头了，可是他一点外乡语都没学，还是操着乡音回到老家，执着地排拒任何非家乡语，坚持说家乡话。这种从古时一直流传下来的语言心理，到晚清民国时期仍然是极其普遍的。[1]

可以想见，对他乡的方言都抱有抵触心理的国人，当初对外国语自然也不是那么容易接受的。

二是对外国传教士的抵触心理。对外国传教士，当时国人并不了解，对于他们所在国家的政治、经济、文化、风俗等更不知晓。由于风气未开，大家对于传教士及其开办的教会学校当然也存有抵触心理。李良佑等在《中国英语教学史》中引用了《东方杂志》第31卷的一段令人发笑的论述：

那时候大家还相信，白天和洋鬼子在一起，大概还不至有什么，一到晚上，这是他们的世界，等你在朦胧入睡，他们便可以来挖眼睛了。这样的话，现在说来，似乎荒诞不经，其实在陶淑女塾刚收住校生的时候，有七个学生来校，隔了二三天，逃得却剩一个了。

---

[1] 张志公:《加紧开展英语教学的研究》,《中小学英语教学与研究》1985年第3期，第1—2页。

可见，当时国人还是把传教士当作洪水猛兽，把他们开办的教会学校看成魔窟的。

但后来，随着成千上万的中国学生赴欧美留学，情况起了变化。由于英语是奖学金考试的重要内容，教会大学的学生有着真正的有利条件，录取比例往往很高。同时，懂英文的学生，在外交、电报、铁路、海关等部门求职时也有一定的优势，许多教会大学的毕业生都能直接进入这些部门工作。因而渐渐地，不仅基督徒，许多非基督徒学生也开始选择教会大学。所以这个阶段的教会学校发展很快，到20世纪20年代达到了巅峰。

在传教士们推进西学东渐的过程中，我们起初是被动的，后来却变得非常主动。比如，有选择地翻译经书、教材、著作、科技文献等，派人出国留学、参观考察等，这些也大大地推动了西学东渐的进程，并带动了英语教育的蓬勃发展。西学东渐的过程经历了从消极被动到积极主动的转变过程，这种转变为中西文化的融合和英语教育的开展创造了条件。[1]

第一个来中国传教的基督教传教士是英国的罗伯特·马礼逊（Robert Morrison）。他于1818年在马六甲设立了一所英华书院（Anglo-Chinese College），该校以宣传基督教并教授英文和中文为目的。在1834年马礼逊去世后，广州和香港的一批传教士于1835年发起成立了马礼逊教育协会（Morrison Education Society），同时筹办马礼逊纪念学校（Morrison Memorid School）。

早期的英语教材基本上都是来自西方的原版教材或由英美的传教士所编写的读本。英国的罗伯聃（Robert Thom）于1843年编

[1] 陈自鹏：《中国中小学英语课程教材教法百年变革研究》，光明日报出版社，2012，第52页。

写了《华英通用杂话》(*Chinese and English Vocabulary*)，1846年又编写了《汉英会话》(*The Chinese Speaker*)。美国人裨治文（Elijah Coleman Bridgman）等人于1847年开始从事《圣经》的中译工作。英国人麦都思（Walter Henry Medhurst）于1848年编写了《英汉字典》和《汉英字典》。1852年，英国的斯特罗纳奇（J. Stronoch）等人编译了《旧约》的中文译本。1858年，英国的霍布森（B. Hobson）编成《英汉医学词汇》。这些书籍是国内出现的第一批汉英读物。[1]

## 二、启动期（1862—1911年）

经历了萌芽期之后，中国英语教育正式进入了学校课堂。最主要的标志是京师同文馆和其他同文馆的建立。

京师同文馆是清朝廷接受恭亲王奕䜣奏议建立起来的一所外国语学校，据专家考证，其教学水平与一般中小学无异。

同文馆初建时，课程标准设置很高。根据史料记载，同文馆的学生，学习内容涉及洋文和其他多个学科，共须在馆学习八年。1876年的八年课程表如下：[2]

首年：认字写字。浅解辞句。讲解浅书。

二年：讲解浅书。练习文法。翻译句子。

三年：讲各国地图。读各国史略。翻译选编。

四年：数理启蒙。代数学。翻译公文。

五年：讲注格物。几何原本。平三角、弧三角。练习译书。

六年：讲求机器。微分积分。航海测算。练习译书。

七年：讲求化学。天文测算。万国公法。练习译书。

---

[1] 吴驰:《清末民国中小学英语教科书研究》，湖南师范大学出版社，2014，第3页。
[2] 陈学恂主编《中国近代教育史教学参考资料》(上)，人民教育出版社，1986，第31页。

八年：天文测算。地理金石。富国策。练习译书。

从同文馆的八年课程表中我们可以看到，西方语言的学习贯穿始终，由最初的认字写字，逐渐过渡到练习文法、翻译句子，再到翻译公文，最后到译书。前四年的外语学习要求学生熟练掌握西方语言，并能将所学的语言运用自如，同时兼修其他西洋技艺，成为充分掌握西方科技知识的通才。应该说，这是一个非常理想化的课程表。在当时的社会，这样高的教学目标，在短短的八年里是无法完成的。不过它真实传达了以奕䜣为首的洋务派求才若渴的情状，他们迫切希望中国能在最短的时间里培养出尽可能多的可以满足现实需求的人才。

同文馆的成立使得英语教材建设成为必需。虽然我们只是从文献中了解到同文馆学生当时翻译了很多国外引进的教材，并没有见到实物，但从教学过程的角度分析，教材是教学中必不可少的。之后全国各地又相继建起多个同文馆，想必引进教材对国内的英语教材建设应起到了一定的推动作用。

萌芽期教材建设是随机的、无计划的，启动期中的英语教材建设却是有目的、有计划的。特别是商务印书馆的建立和清廷图书编译局的成立，为英语教材建设创造了条件。

清末国内的英语教材主要有两种：一种是教会学校的英语用书，一种是从国外传入的英语教学用书。这些英语教材有着一个共同的特点，即基本上都是由以英语为母语的人编写而成的，全文为英语，没有中文注释。这些书籍对国人来说，或者难度过大，如读天书；或者入门容易，却效果不佳。这当然不利于普通大众英语的教与学，也限制了当时国内英语教育的发展。好在当时的一些有识之士已经觉察到自编英语教材的重要性，并开始付诸行动。1897年，商务印书馆在上海创办后，便着手编译各种教材。从1898年起，商务印书馆请翻译家谢洪赉编译出版了《华英初阶》与《华英进阶》等系列英语教材。其中《华英初阶》出版于1898年，是商务印书馆出版的第一本英语教材，也是中国第一本中英文对照排版印刷的英语教材。[1]商务印书馆所编写的《华英初阶》与《华英进阶》系列教材，严格意义上说，不是自编教材，而是编译教材，但它是国人对英语教材编写的有益探索和尝试，为后续学校英语教材的编写提供了学习范例。

据史料记载，1906年清廷学部设立了图书编译局，制定了编译章程九条，这是我国部编教科书的开始。同年，学部颁布第一次审定"初等小学书目""高等小学暂用书目表"和"中学暂用书目表"。1909年学部变更初等学堂章程，将部编各教科书书目注于各科目之下，从此时起也就产生了"国定教科书"的说法。[2]1906年学部颁布的"中学暂用书目表"中列入的外语类教科书有两本：一本是《应用东文法教科书》，由湖北官书局印刷发行；另一本是伍光建编写的《帝国英文读本》，由商务印书馆于1904年正式出版发行。[3]1910年2月7日，学部"关于编辑国民读本分列试行的奏折"后附有的《学务第一次审定中学堂初级师范学堂暂用书目凡例》中对"外语教科书"的一个说明是："英文读本以伍光建所编为最佳，前已察定暂充高等小学之用，而其程度实与中学为宜，仍作为中学教科书。"[4]

---

[1] 石玉：《我国自编英语教科书之开端：〈华英初阶〉与〈华英进阶〉》，《湖南师范大学教育科学学报》2008年第3期，第35页。
[2] 李良佑、张日昇、刘犁：《中国英语教学史》，上海外语教育出版社，1988，第181页。
[3] 李良佑、张日昇、刘犁：《中国英语教学史》，上海外语教育出版社，1988，第100—101页。
[4] 转引自吴驰《从〈英话注解〉到〈帝国英文读本〉——清末自编英语教科书之兴起》，《湖南师范大学教育科学学报》2013年第3期，第36页。

## 三、发展期（1912—1922年）

辛亥革命后，中华民国成立。教育总长蔡元培统领中国教育，开一代新风。这一时期英语教材建设，无论从质量上还是数量上都超越了清末。

发展期英语教材的质量得益于教材审查制度的实行，数量上则得益于几个出版社的创立。

众所周知，关于我国教科书的使用，有统编制、审定制、选用制和自由制四种制度。[1]清朝早期实行的是选用制，清末民初实行的是审定制，后来实行统编制，再后来实行审定制，现在又有向统编制倾斜的趋势。总的来说，统编制有利于考核评价，有利于培养目标的制定，有利于人才规格的标准化，但不利于因地制宜、因校制宜和因人制宜；选用制和自由制则需要严格推荐、选用标准和程序，防止因过于自由而失控。

辛亥革命后，为了加强教科书的审定工作，1912年，教育部与总务厅下特设编纂、审查二处（1913年11月合并为编审处）。其任务主要是撰述教育方面必要之图书，编辑本国教育法令，编译外国教育法令，审查教学用图书及用品。同时再次通电全国，凡教科书中不合共和民国宗旨者应逐一更改。5月9日，教育部通饬各书局，将出版的教科书送部审查。至此，南京临时政府实施教科书审定制的趋势已是确定无疑的了。同年7月，教育部召开全国临时教育会议，讨论并通过了《教科书审定办法案》。9月3日，教育部嘱各书局按章编定春秋两季入学儿童教科书，并送部审查。9月15日，教育部颁布《审定教科用图书规程》14条。从这个规程上看，南京临时政府对教科书实行审定制，亦有鼓励民间编写教科书的明确意

[1] 课程教材研究所编《课程改革论丛·教材制度沿革篇》(下)，人民教育出版社，2004，第850—855页。

图，而不像清政府那样，仅仅是出于权宜之计。但审查制度也相当严格，从编写原则到教师用书、挂图、纸张、价格等都有明确要求。审定后的教科书除由政府公布外，还须于每册书封面注明“教育部审定”，以示审定之教科书的权威性。而且要求各省组织图书审查会，择定该省所用教科书。这就既坚持了教科书使用的全国统一性，又体现了一定的地方灵活性。

随后，各省成立了图书审查会。1912年教育部正式颁布了《各省图书审查会规程》，这个规程使得各省自行择定教科书合法化。至1914年1月28日，教育部又通令各省停止图书审查会，并公布《修正审定教科用图书规程》18条。这一规程实际上执行了十几年。民国初期的教科书审定制对于各省结合各地实际发展教育，促进各书局提高教科书编写质量，都具有积极意义。[1]发展期的英语教材不仅数量大增，而且品种繁多，语法书、修辞书、写作书、会话书、辞典、学习法书、练习法书甚至标点法书等都有大量出版。

发展期内，除商务印书馆外，国内还陆续成立了其他一些出版社，这些出版社集中了一大批教材编纂者甚至知名学者，他们为英语教材的繁荣做出了突出的贡献。

首先，商务印书馆继续扛大旗，一直为各学科教材的出版出力。商务印书馆是我国历史最悠久的出版机构，1897年创办于上海。创办人是夏瑞芳、鲍咸昌、鲍咸恩、高凤池等。商务印书馆起初是一所小型印刷作坊，开始时“只有两部手摇小印机、三台脚踏圆盘机和三部手扳压印机”[2]。在一百多年的发展历程中，商务印书馆大家云集，星光灿烂，人们耳熟能详的人物众多。

先前提到，商务印书馆英语教材的出版经营是从谢洪赉1898

[1] 王建军:《中国近代教科书发展研究》，广东教育出版社，1996，第259—262页。
[2] 张英:《启迪民智的钥匙——商务印书馆前期中学英语教科书》，中国福利会出版社，2004，第20页。

年编译出版的《华英初阶》开始的。1903年商务印书馆开始编印《最新教科书》，这是中国有计划地编辑、出版并取得成功的第一套教科书。次年，商务印书馆出版严复的《英文汉诂》，为中国第一本使用新式标点符号的汉字铅印横排本书籍，书后贴有严复的版权证。

民国期间，在英语教材编写方面，除谢洪赉、严复先前的贡献外，伍光建、邝富灼、张士一、王云五、李登辉、周越然等名家也都曾积极参与进来。

在清末和民国期间，由于众多名家的加入，商务印书馆中小学英语教材得到快速持续的建设和发展。除了上述国内著名学者参与自编教材，施女师（E. A. Spencer）、基特里奇（G. L. Kittredge）、阿诺德（S. L. Arnold）、纽森（Newson）、吉·吉斯特（N. Gist Gee，中文名祁天锡）、薛思培（J. A. Silsby）、安迭生以及蔡博敏、蒙哥马利（R. P. Montgomery）等一批英国和美国作者的教材也得以引进和翻译。此外，胡宪生、胡亮生、林天兰也编辑出版了大量英语教材。据有关资料不完全统计，仅商务印书馆一家，在清代时出版的中小学英语教材就有至少55种，民国时更是超过了这个数量。因此，商务印书馆在我国英语教材建设过程中做出了非常重要的贡献。

其次，中华书局异军突起，成为教材出版的新秀。中华书局是集编辑、印刷、出版、发行于一体的出版机构，于1912年1月1日由陆费逵筹资创办于上海。创立之初，以出版中小学教材为主，并印行了大量古籍以及各类科学、文艺著作和工具书等。同时，中华书局还自办印刷厂，至1937年已拥有印刷机械300余架，职工1000余人。

中华书局在民国期间出版了大量的英语教材。据不完全统计，仅从1913年到中华人民共和国成立，中华书局至少出版了中小学英语教材39种。其中很多名家学者如李唯建、朱友渔、龚质彬、杨锦森、钱歌川、赵元任、张士一、李登辉、沈彬、林天兰、李儒勉等都在中华书局出版有英语教材。

再次，世界书局紧随其后，成为教材出版的主力。世界书局系民国时期民营出版发行企业。1917年由沈知方在上海创办。1921年改为股份公司，设编辑所、发行所和印刷厂，在各大城市设分局30余处，沈知方任总经理。初期，以出版小说为主，后编辑出版中小学教材，与商务印书馆、中华书局在教材出版领域形成三足鼎立的态势。

## 四、自立期（1923—1949年）

民国中后期，中国教育改革由以前的向日本学习转为向欧美学习。这是中国教育和英语教育大变革的时期，英语教材建设也迎来了一个繁荣发展时期。

一是1922年“壬戌学制”的颁行给中国教育带来了变化。1922年制定的新学制，主要是采取当时美国一些州已经实行了10多年的“六三三学制”，意味着中国现代教育制度从效法日本转向了效法美国，由军国民主义教育转向了平民主义教育。但它并非盲从美制，而是中国教育界经过长期酝酿、集思广益的结晶。有论者指出，新学制的颁布和实施，标志着中国资产阶级新教育制度的确立，也标志着中国近代以来学制体系建设的基本完成。这一学制的主要特点是：缩短小学修业年限，延长中学修业年限；若干措施注意根据地方实际需要，不做硬性规定；重视学生的职业训练和补习教育；课程和教材内容侧重实用；实行选科制和分科教育，兼顾学生升学和就业两种准备。

1922年“壬戌学制”的颁行是中国现代教育史上影响最深的一次变革，不仅提出了“多留各地方伸缩余地”的弹性教育理念，而且在这场自下而上的教育改革中，民间知识分子教育群体扮演了主角。中国出现了一个全世界的知识分子都纷至沓来的时代。这个学制颁行后一直延续使用到1949年。这一时期的英语教材建设更加完善、更加丰富。

二是1923年英语课程标准的颁行使得英语教育更受重视。1923年胡宪生起草了由委员会复订的《新学制课程纲要初级中学外国语课程纲要》，对英语教学提出了明确要求。比如其“教学目的”部分规定：应使学生能阅读浅易的英文书报，能用英语作浅近的书札及短文，能熟练使用日常的英语。并且对教学方法也做了相应的规定：新学制小学校以不教外国语为原则，故初级中学第一年级学生学英语，应自字母教起。其教授方法规定：[1]

> 1. 应注意反复练习，使能纯熟；
> 2. 多用直接会话，减少翻译；
> 3. 在学生已经学习的范围内鼓励学生自由应用；
> 4. 耳听，口说均须注重；
> 5. 随时提示文法，使能切实应用；
> 6. 并随时指导学习的方法。

朱复起草的《新学制课程纲要高级中学公共必修的外国语课程纲要》也对教学目标、教学过程、所选教材、教学方法等提出了更为具体明确的要求。该课程纲要规定：[2]

> 当以教授初学者的原则，变通而扩充之。……

---

[1]课程教材研究所编《20世纪中国中小学课程标准·教学大纲汇编·外国语卷·英语》，人民教育出版社，2001，第11页。

[2]课程教材研究所编《20世纪中国中小学课程标准·教学大纲汇编·外国语卷·英语》，人民教育出版社，2001，第15—16页。

1. 教初学者，注重于养成学生听觉与发音正确之官能。高中学生，尚须注意于其发音之正确。所以须有语音学的基本知识，和受相当的训练。

2. 教初学者，先宜专重于具体的，循用抽象的教法。如采用实物指示，扮演动作，图画，模型等法为教材。教高级中学学生者，有时亦宜引用此法，以为作文或会话的质料。至于解说字义时，可以用翻译，或定义，或同义字与异义字，或联络文等抽象法。

3. 教初学者，引用归纳法以教文法。教高中学生者，宜采用其精神，并宜注重逐渐实进和练习。并宜持实验态度。例如学修词学者，须将其所习修词学之智识，应用于所读之书报杂志，及其所作之文品，相参而互用之，以阐发其原理和方法。

4. 教高中学生者，宜注重于学生的兴趣，利用其表演的本能。例如使其将所读之故事，戏剧，小说，传记等及其所作的记载文品，加以扮演；将所做所读的辩论文，登坛辩论；将所作所读的描写文口述出来；将所做所读所听的说明文，或互相译述，或登坛讲演，收事半功倍之效力。

5. 教初学者，注重于进程。如先用耳而后用目；先容受而后模仿；先口述而后阅读或写作；先注重形式的，机械的练习，后乃较为自然的自由的。教高中学生者，亦宜本此精神进行：(一) 对于各系之实施，宜有进行之程序。如练习口述时，须注重回答所授之目课，初步只依阅读的课本，命题和讲解回答，然后凭课本为起发点，由学生引用所习语，随意讨论。又如笔述，则先使学生口述其意思，再以笔述之；后则只须口述大纲，对于笔述则须分条缕晰焉。(二) 对于教材之选择，亦须次第进程。如选择读本，须教材丰富，内容新颖，体裁差别，而有伟大之吸引者，其文之难易，意之深浅，篇之长短，又须适应学生程度和需要。

6. 教高中学生者，对于所教外国语之各系须相联络，相引证，以收互助之效；如会话则从阅读，和口述的作文诸方面着手；如阅读则为回答，翻译，作文等之资料，而文法则以分解阅读方面困难诸点，或明晰个人作品之工具。

三是课程标准中“直接法”运用的提出催生了直接法英语教材。1923年课程标准中提出要使用“直接法”教授英语，这是对清末民初“翻译法”的一种改革。

直接法（The Direct Method）产生于19世纪90年代，是通过运用外语本身进行教学的方法，也叫自然法或口语法，代表人物是德国外语教学法专家贝尔利茨（M. D. Berlitz ）和英国语言学家帕尔默（H. E. Palmer）。贝尔利茨主张力求在外语教学中创造与儿童习得母语时相仿的环境，并采用与儿童习得母语相一致的自然方法。帕尔默认为语言是一种习惯，学习一种语言就是培养一种新的习惯，习惯的养成是靠反复使用形成的。自然法是对儿童学习母语的自然过程的模仿，主张把外语和它所表达的事物直接联系起来，在教学中只用外语，排斥母语，通过各种直观手段直接学习，直接理解，直接运用。其主要特点是完全用外语进行教学，通过外语和实物直接建立联系；强调模仿，养成习惯；听说领先；以句子为教学的基本单位；最大限度地扩大学生的语言输入，并且语言输入必须是自然的、可理解的；教师应尽量使用外语，但学生可以使用母语。

这一时期，帕尔默教学法和帕尔默直接法系列教材被引进到中国，对国内英语教学产生了重要影响。张士一参与了1923年课标的制定，并且是直接法的积极倡导者和实验者，他自己动手编写了《初中直接法英语教科书》，用以培养师资，扩大影响。当时，加拿大传教士文幼章也在四川积极推行直接法，并且编写了一套有重要影响的《直接法英语读本》。

## 第二节 英语教材内容衍变轨迹

### 一、从"用"到"文"

清末时期，经过两次鸦片战争，中国日渐沦为半殖民地半封建社会，外国传教士的渗入和教会学校的开办，以及五大通商口岸的开放和民间商贸的进行，使得国人与外界的交流成为必需，英语作为交流的媒介，发挥着前所未有的作用。这一阶段的英语学习还是以实用为主。因此《红毛买卖通用鬼话》类的"别琴英语"读本盛行。有了这种看似可笑的读本，贸易能够进行，交流能够进行，基本够用了。英语语言的实用性使得民间学习英语的积极性空前高涨。起初教材内容也多是以实用为主，后来有了一些变化。比如孙广平在《晚清英语教科书发展考述》中对《中英词汇》(*Chinese and English Vocabulary*)一书中的单词进行了列表统计分析：

《中英词汇》所收录单词统计表

| 门类 | 笔者统计数 | 内田庆市统计数 |
|---|---|---|
| 数目门 | 100 | 100 |
| 单字门 | 318 | 308 |
| 双字门 | 485 | 485 |
| 三字门 | 307 | 未统计 |
| 四字门 | 80 | 未统计 |
| 言语门 | 71 | 未统计 |
| 入口货 | 55 | 64 |
| 出口货 | 77 | 77 |

续表

| 门类 | 笔者统计数 | 内田庆市统计数 |
| --- | --- | --- |
| 谷瓜果 | 24 | 24 |
| 绸缎布 | 30 | 31 |
| 颜色门 | 35 | 36 |
| 皮革门 | 11 | 12 |
| 糖酸果 | 9 | 9 |
| 时岁门 | 55 | 55 |
| 地山水 | 45 | 45 |
| 铁利器 | 10 | 10 |
| 瓦螺壳牙 | 21 | 21 |
| 买办门 | 62 | 62 |
| 花果门 | 28 | 28 |
| 屋宇门 | 28 | 28 |
| 金银器 | 13 | 13 |
| 玻璃器 | 13 | 13 |
| 铝铜铁锡 | 28 | 28 |
| 天文门 | 22 | 22 |
| 水门 | 14 | 14 |
| 各船名 | 14 | 14 |
| 茶门 | 14 | 14 |
| 竹木器 | 40 | 40 |
| 磁器门 | 28 | 28 |
| 禽兽门 | 29 | 29 |
| 鸟门 | 30 | 30 |
| 虾鱼门 | 30 | 30 |
| 虫蚁门 | 12 | 12 |
| 疾病门 | 13 | 13 |
| 人物工匠门 | 92 | 92 |
| 疾病箫琴赌唱门 | 12 | 12 |
| 衣服总门 | 34 | 34 |

续表

| 门类 | 笔者统计数 | 内田庆市统计数 |
|---|---|---|
| 身体门 | 30 | 30 |
| 各国夷人磅数 | 0 | 5 |
| 合计单词数 | 2319 | |

从统计中可以看出，此书的词汇量总数为2319个，是《红毛买卖通用鬼话》所收录词汇总量的五倍多，且词汇门类更为齐全，总计39门，这是《红毛买卖通用鬼话》一类的刻本所不可相比的。不仅如此，《中英词汇》一书还关注了各国在进行贸易时所使用的不同重量单位，并给出与中国对应单位的换算方式。这种做法，是当时中国对外贸易发达的明证，也从另一个侧面说明了该书在社会上的实用价值。

另外，在此书的第2页上，竟然还印有用标准的英语草体书写的版式说明，这与以往的“红毛番话”刻本及手抄本有着十分醒目的区别，可以将此看成是中国英语教育努力从“洋泾浜英语”向正规英语转变的一个重要信号。[1]

1902年以后，英语教育进入国内的中学课堂，英语教材的内容开始由“用”向“文”转变。标志有三：一是正规出版的教材比如《华英初阶》《华英进阶》等不再用方言发音标注英语单词；二是课文选取西方原文，有的加以注解、译释；三是采用翻译法、归纳法教学，课堂教学以读写为主。这些都体现在1902年的《钦定中学堂章程》和《奏定学堂章程》中。

《钦定中学堂章程》第二节“中学堂课程分年表”规定：[2]

---

[1] 孙广平：《晚清英语教科书发展考述》，博士学位论文，浙江大学人文学院，2013，第36—39页。

[2] 课程教材研究所编《20世纪中国中小学课程标准·教学大纲汇编·外国语卷·英语》，人民教育出版社，2001，第1页。

第一年　学科阶段：外国文（读法、习字）。

第二年　学科阶段：外国文（读法、习字、讲解）。

第三年　学科阶段：外国文（讲解、文法、翻译）。

第四年　学科阶段：外国文（同上学年）。

可见，在《钦定中学堂章程》规定的学科阶段中，外国文学习的内容基本为外国文的识字、阅读、讲解、翻译和文法。

《奏定学堂章程》规定：[1]

外国语为中学堂必需而最重要之功课，各国学堂皆同。习外国语之要义，在娴习普通之东语（即日语——编者注）、英语及俄、法、德语，而英语、东语为尤要：使得临事应用、增进智能。其教法应由语学教员临时酌定，要当以精熟为主。盖中学教育，以人人知国家、知世界为主，上之则入高等专门各学堂，必使之能读西书；下之则从事各种实业，虽远适异域，不假翻译。方今世界舟车交通，履欧美若户庭；假令不能读其书，不能与之对话，即不能知其情状；故外国中学堂语学钟点，较为最多。中国情形不同，故除经学外，语学钟点亦不能不增加，当先审发音、习缀字，再进则习简易文章之读法、译解、书法，再进则讲普通之文章及文法之大要，兼使会话、习字、作文。

《奏定中学堂章程》在外国语这门课程的重要性认识上与《钦定中学堂章程》保持了一致的态度，认为“外国语为中学堂必需而

[1]课程教材研究所编《20世纪中国中小学课程标准·教学大纲汇编·外国语卷·英语》，人民教育出版社，2001，第2页。

最重要之功课”。另外在课程内容方面，该章程与《钦定中学堂章程》中所规定的基本一致，强调英语单词的正确发音和拼写，然后上升到简单英语文章的阅读与书写、内容的讲解与翻译，最后达到最高层次即对一般英语文章内容和语法的了解，并掌握对话与写作等技能。从这个内容安排顺序中可以看出，该时期的英语教学仍然重视的是学生的阅读与写作能力，虽然强调单词发音与拼写的正确性，但以掌握英语语法为最终目的。因此，清末民初的教材，语法类的内容占据了很大一部分比例。除此之外，文学类、科技类文章也占有一定比例。

## 二、从“文”到“语”

吴驰认为，从以1904年《奏定学堂章程》的正式颁布为标志的现代学制开始到1949年新中国成立，在这近半个世纪中，中小学英语教科书从无到有；从清末注重“文”逐渐发展为到民国中后期强调“语”。“文”指“英文”；而“语”则指“英语”。“英文”侧重的是文字，即语言学习四项基本技能中的“读”和“写”；而“英语”侧重的是其中的“听”和“说”。在清末到民国中小学英语教科书发展的这个历史过程中，从“文”到“语”的变化尤其明显。[1]

19世纪末期，学习外国语已在国内形成了一种潮流。清政府也逐渐认识到自编教材的重要性与紧迫性。为了解决这个实际问题，清政府鼓励民间自编英语教材。于是，当时一些有西方留学经历的学者就参与到自编英语教材的队伍中来，像伍光建、邝富灼等，其中《帝国英文读本》是经典之作。

《帝国英文读本》是由伍光建所编，商务印书馆于1905年出版。

[1] 吴驰：《由“文”到“语”——清末民国中小学英语教科书之演变》，《湖南师范大学教育科学学报》2012年第3期，第50页。

全书共六册，从字母发音和书写开始。1910年，学部关于“编辑国民读本分别试行”的奏折后附有《学务第一次审定中学堂初级师范学堂暂用书目凡例并表》，其中对伍光建所编的这本英语教材给予了最高评价。

壬子癸丑学制颁行以后，英语教学开始从以“文”为主转向以“语”为主，一改传统的语法翻译法，逐步向听说为主的句型法过渡。

1912年1月，中华民国宣告成立，民国政府开始对政治、经济、文化教育进行彻底改革。这极大地影响了该时期的中小学英语教材发展。民国初期是英语教材稳步发展的时期。随着实用主义的传播，以及国外外语教学改革对中国的影响，这一时期的英语教材逐渐从着重突出“读”“写”能力开始转向强调培养“听”“说”技能，其中尤以《英语模范读本》为代表。[1]

《英语模范读本》系列教材由周越然编纂，商务印书馆出版并发行。第一版于1918年出版后，在两个月内即销售一空，不得不马上加印。在以后的二十余年中，该书经过五六次修订，总发行量超过一百万册。这在整个民国时期的出版史上，也是一个罕见的现象。

从南京国民政府的建立到抗日战争全面爆发之前的十年，是中国相对繁荣的一段时期，政局相对稳定，经济和文化得到了一定的发展。在教育上则仿效西方资本主义国家，重新制定了教育政策，颁布了各项教育法令。这一时期的英语教育得到了快速发展，中小学英语教材的编写也进入了一个相对繁荣的时期，突出培养学生的“听”“说”能力，语法翻译法基本被摒弃，直接法的盛行让英语教

[1] 吴驰:《由“文”到“语”——清末民国中小学英语教科书之演变》,《湖南师范大学教育科学学报》2012年第3期，第52页。

学中的语法学习和母语的使用从清末民初的倚重逐渐转为忽略，甚至是排斥。这一时期的英语教材代表作为《开明英文读本》系列。

20世纪20年代末，开明书店出版了由林语堂编写、丰子恺绘制插图的《开明英文读本》系列教材，并且在之后的二十多年时间里，不断再版。之后为满足修正课程标准的要求，开明书店又于1936年至1937年推出了《开明英文读本》(修正本)三册，初版时间均为1937年7月。这套英语教材影响深远，润泽几代，直到现在仍然被人称道。语言学家陈原回忆他学习外国语的经历时写道：[1]

> 我学过《开明英文读本》，也教过这部书——这部书的编者是林语堂。……这部课本的确给人带来了新鲜的气息。我幼时在家读过商务版《华英初阶》，是带着哭声死啃的。……要问这部课本“突破”了什么？我想大约有两点：一点是内容多彩，不呆板；另一点是插图美，编排新，注音用宽式国际音标，使人不觉得要哭。应当说，这部课本的编辑是同传统的翻译教学法决裂的。

应该说，帕尔默直接法及其教材的引入，加之中国中小学对直接法的实验、推广，使得英语教学“听说领先”得以立足。第二次世界大战中，为满足美国军队四处作战而诞生的“听说法”也被引进到中国，更使“听说领先”成为一种时尚。

## 三、从“语”到“育”

中国英语教材的建设从“用”开始，继而到“文”，随后到“语”，是一个循序渐进的过程。但教育还是以育人为主，这是出发

---

[1] 陈原:《书和人和我》，生活·读书·新知三联书店，1994，第276—277页。

点也是归宿。英语教材是英语教育的载体，是教育内容的体现。因此，随着教材的不断完善、不断繁荣，育人的目的也逐渐显现出来。

早在1923年，朱复起草的《新学制课程纲要高级中学公共必修的外国语课程纲要》“主旨”一节就规定，英语教学要达到如下目的：[1]

1. 养成学生欣赏优美文学之兴趣，增进其阅读书报杂志等的能力，如复述，分解，摘记，领受，能自评其所讲述之内容。

2. 养成学生通常会话的优良习惯，练习其口才，使其听讲均能晓畅，并使其能与外国人谈论日常生活之事件，而不感言语之困难。

3. 鼓励学生自行表演的能力，使其能写日常应用的简短信札，能做简明通顺的有兴趣的短篇文字。（说明的，或辩论的，或描写的，或记载的。）

4. 使学生摘读有系统的文法纲要，或参考较为详细的文法，授以修辞学和作文法的知识，养成正确清顺的翻译作文能力。

分析如上要求，我们看到新学制施行之后的英语教育开始重视学生的兴趣培养、习惯培养以及能力培养，这些都是教育的应有之义，也是英语教育的重要目的之一。这些要求无疑会体现到教材的编写中。

1932年《高级中学英语课程标准》“目标”中规定：[2]

[1]课程教材研究所编《20世纪中国中小学课程标准·教学大纲汇编·外国语卷·英语》，人民教育出版社，2001，第14页。

[2]课程教材研究所编《20世纪中国中小学课程标准·教学大纲汇编·外国语卷·英语》，人民教育出版社，2001，第33页。

（一）使学生练习运用切于实用之普通英语。

（二）使学生略见近代英文文学作品之一斑。

（三）使学生对于需要英语为内容之专门学术建立进修之良好基础。

（四）使学生对于需要英语为工具之专门学术开辟进修之良好途径。

（五）使学生从英语方面发展其语言经验。

（六）使学生从英语方面加增其研究外国文化之兴趣。

1936年《高级中学英语课程标准》“教材大纲”对高中第一学年英语教材的规定：[1]

（一）短篇选文——以用英美作家近代文为原则：需平均采用有文学意味、有科学色彩及有其他兴趣之叙述，描写，说明，议论各体文；特别注意在国家民族方面足资借鉴及富有激励性之文字；以散文为主，诗歌内容之语料须与散文之习用甚为接近者。……（十）外国文化之事实与意义——尤其关于英语民族者及有益于我国民族精神之培养者——在各项教材内便于指出者。

分析这一时期的课程标准，我们发现除强调兴趣外，英语教育还极为重视学生的语言经验积累、科学意识提升和未来可持续发展，强调对世界文明成果的撷取和民族精神的培养。

[1]课程教材研究所编《20世纪中国中小学课程标准·教学大纲汇编·外国语卷·英语》，人民教育出版社，2001，第43—44页。

德国近代教育家赫尔巴特曾经说过："我不承认有任何无教育的教学。"作为英语教学的媒介和载体，英语教材中教育的元素在不断丰富，不断增加。翻阅1923年以后的英语教材，不论是引进的还是自编的，对课标的要求都有充分体现。

第一，教材中编入了很多进行科学知识普及和科学意识教育的文章。如李儒勉《高中英语读本》(第一册)第51页选取的幽默风趣小文《像鸡蛋一样大的谷粒》(*A Grain As Big As a Hen's Egg*)，揭示自然规律，倡导率性顺天，鼓励自己动手，丰衣足食；李儒勉《高中英语读本》(第二册)第162页的科普文章《太阳的力量》(*The Power of the Sun*)就体现了科技知识的普及，同册第240页的科普文章《现代科学的发展》(*The Development of Modern Science*)则让学生了解现代科学的发展状况；林汉达《标准英语》(第三册)第91页《海水为什么是咸的》(*Why the Sea is Salty*)，意在激发学生学习科学知识的兴趣；文幼章《直接法英语读本》(第二编第三册)中的《第8课 科学之地》(*Lesson 8 The Land of Science*)，目的在于鼓励学生进行科学发现与探索。

第二，教材中编入了很多进行公民意识教育和品德教育的文章。如李儒勉《高中英语读本》(第一册)第123页选文《最后一课》(*The Last Class*)，对学生进行爱国主义教育；李儒勉《高中英语读本》(第三册)第1页《习惯法则》(*The Laws of Habit*)教育学生养成良好的习惯，同册第178页《威尼斯商人》(*The Merchant of Venice*)教育学生弃恶扬善、保持善念。又如周越然《英语模范读本》(第二册)第21页《路上的石头》(*The Stone in the Road*)，对学生进行责任担当教育；第205页《乔治·华盛顿与樱桃树》(*George Washington and the Cherry Tree*)，教育学生诚实守信，不能说谎；第213页《孙中山先生》(*Dr. Sun Yat-sen*)，对学生进行"天下为公"的公民教育；第228页则选取了一篇幽默小文《聪明的国王》(*A*

*Very Wise King*），文字浅显，道理很深，读来十分有趣。

除此之外，很多丰富多彩的内容，都在这一时期的英语教材中得到了展现。如林汉达《标准英语》(第一册)第39页《好朋友》(*Good Friends*）讲述朋友之情；陆步青《国民英语读本》(第二册）第150页《第16课 我的朋友们》(*Lesson 16 My Friends*）教育学生朋友之间要以诚相待；陆步青《国民英语读本》(第四册）第55页《第9课 中国》(*Lesson 9 China*）宣扬爱国精神；张梦麟、钱歌川《基础英语课本》(第三册）第52—54页《第18课》(*Division XVIII*）鼓励做好人，行善事；沈彬《初级英语读本》(第六册）第60页《第14课 渔夫和金鱼》(*Lesson XIV The Golden Fish*）告诫人们做人不能贪得无厌；戚叔含、赵廷为《新标准初中教本英语》(第三册）第123页《第38课 勇敢的人》(*Lesson 38 A Brave Man*）教育学生做人要勇敢；龚质彬《英语进阶》第49页《第21课 团结的精神》(*Lesson 21 The Union Spirit*)教育学生要团结；王云五、李泽珍《综合英语课本》(第四册）第76页《第16课 奥林匹克运动会》(*Lesson XVI The Olympic Games*）宣传奥林匹克精神；李唯建《初中英语读本》(第四册）第51—52页《第11课 不同的职业》(*Lesson 11 Different Occupations*）引导学生要树立科学的职业观。

## 【本章小结】

回顾来看，中国中小学英语教材建设长路漫漫，从萌芽开始，经历了几个历史阶段，到逐步走向自立，教材内容从“用”到“文”，从“文”到“语”，再从“语”到“育”，越来越接近英语教育的目的和本质。一部长长的英语教材建设的历史画卷，让我们看到了中国英语教育从无到有、从弱到强的历史发展的脚步，也让我们感受到了中国教育和中国社会发展的历史脉动。

# 第二章　萌芽期英语教材建设（1862年以前）

## 第一节　萌芽期英语教材概述

我国学习外语（印欧语）的历史应该说是很久远的，从后汉桓帝时佛教传入中国，佛教经典著作翻译事业开始后，已经有了萌芽。不过据文献记载，比较正规的、人数众多而有组织的印欧语言（主要是梵文）学习，开始于东晋；到了隋唐、北宋而臻于极盛。[1]到了元朝，出现了我国最古老的外国语文学校"回回国子学"。而英语教学在中国大地上真正生根发芽，应该始于清末外国传教士的教会学校、书院等。在中国近代教育史上，最先创办的新式学校大多是外国语文学校，最早的新式学校是1862年建立的京师同文馆。[2]

从19世纪初到1862年我国第一所新式学校京师同文馆的建立，我们将这一时期称为我国英语教学的"萌芽期"。

1805年，英国传教士马礼逊成为开启新一轮西学东渐序幕的第

[1] 张正东:《中国外语教学法理论与流派》，科学出版社，2000，第504页。
[2] 付克:《中国外语教育史》，上海外语教育出版社，1986，第16页。

一人。他于1807年受英国基督教伦敦会的派遣来中国传教。因清政府在法律上禁止西方传教士在中国传教，且有“禁止华人向外国人传授华语、非经商洋人不得久住广州”等法令，当时马礼逊只好暂居澳门。此后他被东印度公司聘为翻译，并得以以商人的合法身份居住广州。在学习中文、秘密传播宗教的同时，他开始翻译《圣经》，同时还将中国古代的一些经典译成英文，传播到欧洲。

1818年，马礼逊在马六甲创立了一所英华书院，这是西方基督教传教士在南洋开办的第一所教会学校，其宗旨是：“为宣传基督教而学习英文和中文。”学校于1820年落成，先后有20~60名学生，开设的课程有英文、中文、地理、几何、天文、伦理等，首任校长为米怜牧师（William Milne）。1823年，马礼逊编纂了四万余字的《华英字典》，为国人学习英文提供了宝贵资料。1834年，马礼逊去世。当时在广州、香港的一批英美传教士于1835年发起成立马礼逊教育协会，同时筹办马礼逊纪念学校。马礼逊纪念学校于1835年预先招收学生，1842年11月，学校由澳门迁至香港，1849年以前，该校一直按三个班上课。据1844年统计，马礼逊纪念学校当年共有学生32人，为早期香港最大的学校。由于英美传教士之间的矛盾，该校于1850年结束。[1]

与此同时，在当时中国的沿海口岸地区，居民们还流行使用“红毛番话”类的读本来学习英语，以进行简单的贸易交流，满足买卖需要。严格意义上讲，这些读本还不能称为“教材”，但因其在中小学自编教材的发展史上有着“雏形”的作用，我们暂且将其归入中国人自学英语的简易自编读本。“红毛番话”类的读本是口岸居民为方便贸易交谈而用中文标注英文读音、供以学习英语的材

---

[1]李良佑、张日昇、刘犁：《中国英语教学史》，上海外语教育出版社，1988，第2—5页。

料。这是中国人学习英文最原始的方法。

1840年鸦片战争爆发，清王朝闭关自守的大门被西方的大炮轰开，中国开始沦为半殖民地半封建社会，中国的教育也开始向半殖民地半封建性质缓慢过渡。1842年的《南京条约》冲破了禁止外国人在中国传教的规定。1844年签订的中美《望厦条约》，准许美国人在通商之五口岸建造礼拜堂，在中国大门之外等待了近两百年之久的西方各国传教士终于得到在中国传教、办学的权利。1846年2月，道光皇帝下诏解除"教禁"，从而为基督教在中国的进一步传播扫除了法律上的障碍。随着西方传教布道事业的发展，教会学校在中国大地上也逐渐设立起来。但受当时时代所限，求学者甚少。

据统计，19世纪40年代至60年代，美国教会在中国开办的学校仅有几所：1845年美国长老会在宁波创办崇信义塾，1846年美国圣公会文惠廉主教（William Jones Boone）在上海开设一所男塾，1848年美国美以美会在福州开设一所男童学塾，1850年美国长老会在上海开设清心书院，1853年美国公理会在福州创办格致书院，1859年美以美会又在福州开办一所女校。教会学校尽管是以传教为本来目的的，但其发展对中国教育特别是外语教育具有重要的意义：一方面向国内渗透了西方的思想观念，如关于宗教的、经济的、政治的、科技的、文化的；另一方面使得英语教育有了可借鉴的方法模式和经验。[1]

19世纪60年代以前的教会学校数量不多，学生人数也很少，而且主要集中在通商口岸，英语教学成就也是微不足道的，所以它们的影响并不大，对中国根深蒂固的旧教育制度，也没有构成任何根本性的威胁。但是这些早期的教会学校的开办，对中国传统的科

[1] 陈自鹏：《中国中小学英语课程教材教法百年变革研究》，光明日报出版社，2012，第10页。

举教育制度的崩溃和近代新教育制度的产生起到了不可估量的推动作用。[1]

萌芽期的自编教材，大多都是为了满足通商口岸对外贸易的需要而编写的手册或手抄本、速成本，基本上都是“洋泾浜英语”文本。这一时期英语教材的编写还处于无意识阶段。而引进教材，一方面是由兼任教师的商人或传教士“携带”的“各国书籍”，如《圣经》等;[2] 另一方面则是西方传教士为中国人学习英语而编写的专用教材，这也标志着中国人接受正规英语语言教育的开始。

萌芽期的英语教材编写，在中国英语教材编写史上具有开拓性的意义，也是中国人为商业贸易等用途学习英语的初始期。但是由于这一时期英语教材的使用范围有限，对中国传统教育的影响可以说是微乎其微的。

萌芽期（1862年以前）英语教材目录

| 出版年份 | 教材名称 | 编著/编译者 | 备注 |
|---|---|---|---|
| 1823年 | 《英国文语凡例传》（*A Grammar of the English Language*，又名《英吉利文话之凡例》） | Robert Morrison | 引进 |
| 1837年 | 《红毛通用番话》刻本 | 璧经堂、成德堂、富桂堂、荣德堂、以文堂 | 自编 |
| 1835年 | 《训蒙日课》（*Daily Lessons for Children*） | William Young | 引进 |
| 1843年 | 《华英通用杂话》（*Chinese and English Vocabulary*） | Robert Thom | 引进 |
| 1845年 | 《英语语法入门》 | Cornwell | 引进 |
| 1846年 | 《汉英会话》（*The Chinese Speaker*） | Robert Thom | 引进 |
| 1847年 | 《圣经》（*The Holy Bible*） | Elijah Coleman Bridgman | 引进 |

[1] 李良佑、张日昇、刘犁:《中国英语教学史》，上海外语教育出版社，1998，第5—10页。
[2] 张英:《启迪民智的钥匙——商务印书馆前期中学英语教科书》，中国福利会出版社，2004，第7页。

续表

| 出版年份 | 教材名称 | 编著/编译者 | 备注 |
| --- | --- | --- | --- |
| 1848年 | 《英汉字典》(*English Chinese Dictionary*)<br>《汉英字典》(*Chinese English Dictionary*) | Walter Henry Medhurst | 引进 |
| 1852年 | 《旧约》(*The Old Testament*) | J. Stronoch | 引进 |
| 1854年 | 《习汉英合话》(*A guide to Conversation in the English and Chinese Languages for the Use of Americans and Chinese in California and Elsewhere*) | Stanislas Hernisz | 引进 |
| 1855年 | 《华英通语》<br>(*Chinese and English Phrase Book*) | 子卿 | 自编 |
| 1860年 | 《英话注解》 | 冯泽夫 | 自编 |
| | 《增订华英通语》 | (日)福泽谕吉 | 编译 |
| 1862年 | 《英语集全》 | 唐延枢 | 自编 |
| 不详 | 《夷音辑要》 | 不详 | 不详 |

备注：萌芽期教材目录整理来源主要包括孙广平《晚清英语教科书发展考述》和吴驰《清末民国中小学英语教科书研究》等。

## 一、萌芽期引进英语教材简述

在这一时期，引进教材大多来自教会学校和传教士，如为纪念马礼逊而成立的马礼逊教育协会，对学校所用教材即有明确规定："学校课本，乃以读本、作文、数学、地理及其他科学教导学生，并以英语、华语讲授，以收效果。"[1] 英华书院为学生开设了相对完整的英语课程，包括语法、写作、会话等。[2]

其实最早的教会学校的创办是帝国主义列强利用不平等条约在中国取得的特权，这是文化侵略的一个组成部分，只是具体将其付诸实施的是外国传教士。传教士到中国后，初期的主要任务是"传教"而不是教育，为使中国的教民们能够理解教义，关键是要

[1] 转引自李良佑、张日昇、刘犁《中国英语教学史》，上海外语教育出版社，1988，第2—3页。

[2] 丁伟：《伦敦会新教传教士与马六甲英华书院的英语教学》，《广西社会科学》2004年第2期，第192页。

使教民能够读懂《圣经》。为了方便沟通，传教士们首先必须解决语言交流的问题。[1] 为此，马礼逊为中国人学习英语编写了一部中英对译的英语语法教材《英国文语凡例传》(*Grammar of the English Language for the Anglo-Chinese College*)。这部英语语法教材标志着中国历史上第一部中英对译的英语教材的出现。这一时期教会学校逐渐推行英语教学，而且大多针对低年级学段，主要学习课程“不过于宣讲《圣经》之外，教以读、写知识，及算术、字母而已”[2]。传教士们一方面从英美国家引入原版英语教材；另一方面，也努力编写适合中国人学习英语的教材，以及供英语人士学习汉语的读物，尤其是中英对译形式的编译读本，我们也将其暂且归入引进教材系列。

在孙广平博士的论文中，根据2011年广西师范大学出版社出版的伟烈亚力的著作《1867年以前来华基督教传教士列传及著作目录》，我们可知当时供中国人学习英语的书籍很少，仅有马礼逊于1823年在澳门出版的《英国文语凡例传》，麦都思(Walter Henry Medhurst)于1842—1843年在巴达维亚出版的《华英语汇》(*Chinese and English Dictionary*)以及在上海未完成的《英汉对照二十四课》(*Twenty four Lessons in English and Chinese*)等为数不多的几本。[3]

## 二、萌芽期自编英语教材简述

如前所述，在萌芽阶段早期，自编教材多是由中国人自己编写的英语材料。这些材料多是用汉语来标注英语单词发音的小册子，

[1] 张英:《启迪民智的钥匙——商务印书馆前期中学英语教科书》，中国福利会出版社，2004，第10页。
[2] 陈学恂主编《中国近代教育史教学参考资料》(下)，人民教育出版社，1987，第60页。
[3] 孙广平:《晚清英语教科书发展考述》，博士学位论文，浙江大学人文学院，2013，第68—71页。

以抄本或刻本的形式出现，供生活在沿海口岸的下层劳动人民与西方商人进行贸易交流，或在各种劳务中使用，内容多为一种介于英语与汉语之间的“洋泾浜英语”。

“洋泾浜英语”读本有一定的实用性、实效性，学起来比较容易，但还不是严格意义上的英语教材。比如，在王均熙的文集中引用了汪忠贤《上海俗语图说》中的一段在当时比较流行的“洋泾浜英语”顺口溜，发音非常“中式”：

来是“康姆”（come）去是“谷”（go），
廿四洋钿“吞的福”（twenty-four）。
是叫“也司”（yes）勿叫“拿”（no），
如此如此“沙咸鱼沙”（so and so ）。
真崭实货“佛立谷”（very good），
靴叫“蒲脱”（boot）鞋叫“靴”（shoe）。
洋行买办“江摆渡”（comprador），
小火轮叫“司汀巴”（steamer）。
“翘梯翘梯”（tea）请吃茶，
“雪堂雪堂”（sit down）请侬坐。
烘山芋叫“扑铁秃”（potato），
东洋车子“力克靴”（rickshaw）。
打屁股叫“班蒲曲”（bamboo chop），
混账王八“蛋风炉”（daffy low）。
“那摩温”（number one）先生是阿大，
跑街先生“杀老夫”（shroff）。
“麦克麦克”（mark）钞票多，
“瘪的生司”（empty cents）当票多。
红头阿三“开泼度”（keep door），

自家兄弟“勃拉茶”(brother)。
爷要“发茶”(father)娘“卖茶”(mother),
丈人阿伯“发音落”(father-in-law)。

当时，在广东沿海一带还流行着一些手抄的小册子，通篇并无一个英语字母，且无英语语法。在现代人看来，用这些不中不洋的小册子来学习英语，实在是显得可笑至极。可是，正是这些看起来显得可笑的“洋泾浜英语”学习手册，开启了我国英语学习的最初阶段。其中最为有名的当属“红毛番话读本”。卫三畏评价说:“这些小册子所标注的英语发音很糟糕，并且在使用中又夹杂大量的中文成语，这使得这种广东英语成为世界上最奇特的一种语言交流形式。”

总之，萌芽期的英语教材建设，尚处于起步阶段，其数量少之又少，质量也是参差不齐，甚至还不能称之为“教材”，但它对之后中国英语教材的发展起到了一定的奠基作用。

## 第二节　萌芽期典型英语教材介绍与分析

### 一、“红毛番话”读本

#### 1.“红毛番话”简述

孙广平博士研究称，清代的“红毛番话”读本分为官修和民间刊刻两种。目前发现的现存最早的官修“红毛番话”读本是藏于皇宫的《英吉利国译语》，现藏于故宫博物院，一般人员看不到，因此研究的人也极少。民间刊刻的“红毛番话”读本有多种。日本学者内田庆市收集到了许多珍贵的“红毛番话”类刻本和手抄本，有荣德堂的《红毛买卖通用鬼话》、成德堂的《红毛通用番话》、璧经堂的《红毛通用番话》、富桂堂的《红毛番话贸易须知》、以文堂的《红毛番话贸易须知》等等。[1]

2. 特点分析

①汉字标注读音，粤语语音为主

《红毛通用番话》被认为是最早的用汉字标注英语单词读音的英语读本。周振鹤先生在《学习商贸英语的作用》一文中归纳出这些“红毛番话”读音的如下特点：

一是发音简化，尤其是辅音结尾的英语词，对中国人来说不容易读出，常常就把此辅音省去，如milk只读成“搯”[2]。当然有时也有繁化，在辅音后再加一个元音，以符合汉语的发音习惯，如lack读成“厘忌”（lackee），call读作“加林”（callam），please读作“鼻离士”（pilease）。这种发音的中国化，还体现在将汉语中没有的辅音如th-做了改变，如将thing读成“ting”，所以注音为“听”。

二是留有“洋泾浜葡语”的痕迹，一些常用英语单词，如savvy（晓得），maskee（系都好，没关系），padre（和尚）等都是从葡萄牙语来的。

三是有些“洋泾浜英语”单词，并非源于英语，而是从中文转化而来的，如“请”注音“毡毡”，在英语里一般写作chin chin，是从汉语里的“请！请！”来的。我们通读了《红毛通用番话》之后也发现汉字标注的发音基本以粤语语调为主，如一至十的发音分别为“温（one）、都（two）、地理（three）、科（four）、辉（five）、昔士（six）、心（seven）、噎（eight）、坭（nine）、颠（ten）”。一些典型粤语如“乜货：屈听what thing”“唔做得：哪坚都no can do”“俾钱：劫加示give cash”“泔夜：梭坭地so night”“乌糟：凸地dirty”“龟公：

[1] 孙广平：《晚清英语教科书发展考述》，博士学位论文，浙江大学人文学院，2013，第26—37页。

[2] 疑误，或就为“揩”。——编者注

各居 cuckold”等，都体现了粤语方言的发音特点。

另外，周振鹤先生指出“红毛番话”读本的词汇量普遍很小，有的一册不到400个单词，要勉强应付日常交流需要，常常不得不采用一词多用，如“味”，即 me，也可以当 I，mine，we，us，our，ours 使用。

最后，此类读本只重单词而不重句子，因为使用者皆将英语单词依汉语语法串起来讲，如“no can do”这个短语就是典型的汉语句式。

②词语分门别类，迎合商贸需要

从孙广平博士的研究中我们可以摘录到广州璧经堂刊刻的《红毛通用番话》：全书共有中文词语和短语372条，分“生意数目门”“人物俗语门”“言语通用门”“食物杂用门”四门，各93条。该书所选的词语显示了当时的英语交流多用于商业贸易的特点，如开篇“生意数目门”，收录了“一”至“一百、一千、一万”等数量词，“一厘、一钱、一两、一尺、一丈、一箱、半斤、一斤”至“百斤”等计量词，“减些、唔要、中意、唔中意、公道、几多钱、老实”等常用商贸用语93词，显然是为了贸易交际的便利；“人物俗语门”收录了“皇帝、老爷、大班、二班、买办、剃头匠、财主、老公、老婆、干净、乌糟”等93词；“言语通用门”收录了“请、坐、唔好、几多银、价钱、你买、你要、出街”等93词；“食物杂用门”收录了“面头、米糖、沙糖、西瓜、咸鱼、牛乳”等93词。食物类词汇最为丰富，如鱼类有“鲈鱼、鳙鱼、草鱼、白蟮、咸鱼”等。读本多选择最实用的日常生活和商贸用语，如表达计数、量词、器具、称谓、礼仪等的简单词汇和短语，并将发音尽量简化。尽管这个读本非常粗糙，但却是中英商业文化交流中最早的一种工具书，勉强满足了当时人们与外国人进行商品贸易往来的需要。

## 二、马礼逊与《英国文语凡例传》

1. 马礼逊

（1）个人简介

马礼逊（Robert Morrison，1782—1834），基督新教传教士、翻译家、汉学家。出生于大不列颠岛，先后就学于霍克斯顿学校（Hoxton Academy）和戈斯波特传教士学院（Gosport Missionary Academy）。1798年，马礼逊加入长老会（Presbyterian Church）。1804年5月，马礼逊被伦敦传教会派到中国开辟新的传教区，成为英国派赴中国的第一个传教士。由于受到清政府的限制和东印度公司的敌视，他不敢暴露自己英国人的身份，只能冒充美国人。在广州他受到美国商人的接待，得以掩盖真实身份，安顿下来。1818年，马礼逊在马六甲创立英华书院（Anglo-Chinese College），招收华侨子弟前来就读，以培养中国的教牧人才。1834年8月，马礼逊在广州病逝。1843年，英华书院迁往香港，1856年停办。

（2）学术成就

马礼逊创办的英华书院是西方传教士为中国人开办的第一所教会学校，是中国人接受正规英语教育的开端，也是中英双语教学的开始。他是中国境内全译《圣经》的第一人，也是中国大陆首位基督新教传教士。他的代表作品有《华英字典》《英国文语凡例传》等。

2.《英国文语凡例传》

《英国文语凡例传》是马礼逊在1823年编著的英语语法教材，被视为中国历史上第一部英汉对照的英语语法教材。该书现藏于英国大英图书馆。因本书不易获得，特引用部分学者已有的研究成果。

（1）特点分析

①语法内容为主，体例结构清晰

《英国文语凡例传》以讲解语法内容为主。全书共97页，没有目录页，分别从14个方面对英语语法进行简要介绍。这14个方面又被整合为四个部分——Orthography，Etymology，Syntax and Prosody，即字头论、字从来论、字成句论、字音韵论。用今天的话说，就是拼字法、词源学、句法学、音韵学。本书编写体例简单清晰，结构完整。

②讲解浅显易懂，适合入门初学

孙广平博士评价，在这本书中，马礼逊极力用最简单的语言，对英语语法的主要方面做了简短的介绍，所用的例词和例句浅显易懂，语法知识的介绍也非常明了，没有艰涩的语法术语，非常适合英语学习的入门者。

③面向学生教授，兼具传教特点

与之前贸易用的那些洋泾浜英语速成小册子不同，本书面向的是英华书院的学生，教授比较系统。具体内容包括：字头论，即英语的26个字母；字从来论，介绍9种词性知识——冠词、名词、代词、动词、小品词、副词、连词、介词和感叹词；字成句论，是对于句法的介绍；字音韵论，即字词的正音，包括重音、音长、强调、停顿、语调等。[1] 除此之外，书中还谈到了音节的概念，讲到了名词单复数的变化方法，论及了词“性”（Gender）和词“格”（Case）的问题，形容词的比较级和最高级变化情况，动词的时态变化等，甚至包括几种常见英语标点符号的日常用法。同时，作为新教传教士，马礼逊在编著语法教材时，仍不忘将宣教任务融入其中，因此

---

[1] 黄兴涛：《第一部中英文对照的英语文法书——〈英国文语凡例传〉》，《文史知识》2006年第3期，第57—63页。

该书中的一些文句，也传达出基督教的教义。

（2）课文举隅

早先，由于传统汉语中没有专门区别男性和女性的第三人称代词，所以一般情况下，遇到 she，her 和 he，him，his 时，人们通常翻译成“他或伊（的）”。马礼逊在这方面做了处理。

如书中第12—14页：[1]

He：他，指男之他字；She：他，指女人之他字。

Him：他，指男；Her：指女之他字。

如书中第65页：[2]

She told me：他（妇人）告诉我；

I saw her：我见他（妇人）。

This is his：这个是他（男人）的；

That is hers：那个是他（妇人）的。

一直到“五四”时期刘半农首次提出用“她”字指代第三人称女性，这一问题才得以解决。

---

[1] 黄兴涛：《第一部中英文对照的英语文法书——〈英国文语凡例传〉》，《文史知识》2006年第3期，第60页。

[2] 黄兴涛：《第一部中英文对照的英语文法书——〈英国文语凡例传〉》，《文史知识》2006年第3期，第60页。

## 三、罗伯聃与《华英通用杂话》

### 1. 罗伯聃

（1）个人简介

罗伯聃（ Robert Thom，1807—1846），英国外交官、汉学家、语言学家，在华十三年，曾任英国驻宁波首任领事。1807年8月10日出生于苏格兰的格拉斯哥，1828年6月，前往委内瑞拉首都加斯拉斯，在那里从商三年，其间学会了西班牙语，并在与天主教牧师们的友好讨论和工作上表现出惊人的才能，名声大振。此后在墨西哥停留一年半，于1833年初回到英国。1833年7月经法国前往中国，之后在怡和洋行（Messrs. Jardine，又译广州渣甸商行）就职，很快利用余暇学会了汉语，是当时少数几个认识汉字的外国人之一。1840年，他在英国领事馆担任翻译，鸦片战争爆发后，随英军在广东、舟山、镇海和澳门等地活动，1841年10月至1842年5月间任镇海民政长官，颇受好评。1844年5月5日，他被任命为宁波第一任英国领事。1846年9月14日，在宁波病逝，享年39岁。[1]

（2）学术成就

1843年8月，罗伯聃编著出版了《华英通用杂话》（*Chinese and English Vocabulary*）。1846年，他编著的《正音撮要》（*The Chinese Speaker*）（上卷）在宁波华花圣经书房出版。后又编译了英汉对照的82篇本伊索寓言《意拾喻言》（*Aesop's Fables*）。相传，罗伯聃能说一口流利的汉语，这在当时很了不起。因为当时中国政府为了阻挠外国人学习汉语，是不允许当地人向外国人教授汉语的。卫三畏曾写道："为了避免被加上帮助我们学习中文的罪名，我记得经常有一些中国人明明听懂了我对他们说的中文，却坚持用英文来回答

---

[1] 栗叶：《罗伯聃与〈华英说部撮要〉》，硕士学位论文，华东师范大学对外汉语学院，2011，第5页。

我，罗伯聃与所有来怡和洋行的中国人自由交谈的做法对于消除这种恐惧起到了一定的作用。”[1] 可见罗伯聃的汉语水平非同一般。

罗伯聃编著的《华英通用杂话》，专为中国人学习英语之用，与西方传教士们所编著的其他英语教材一样，对中国人的英语学习产生了一定的影响。并且，该书还曾远渡扶桑，成为日本人学习英语的启蒙教材之一。

2.《华英通用杂话》

孙广平博士分析的版本是1843年8月10日刊刻于广州的《华英通用杂话》，其英文译名为“*Chinese and English Vocabulary*”。罗伯聃在完成编写后，自费出版该书并在当时的五个开放口岸免费向当地居民及一些机构发放。《华英通用杂话》的封面为蓝色软纸，封面无书名，亦无任何文字。全书共分为七个部分：序、英文字头分别总目、诵读华英通用凡例、生意数目门、日常口头语、刊印错误说明、致读者。

（1）特点分析

总体来看，该书有以下几个特点：

①汉语官话注音，服务口岸商贸

本书最大的特点就是书中字母和单词都配有汉语官话注音，一改以前的粤语发音，从而使英语学习人群由通商口岸逐步向内地民众推行。甚至有的还用满文标注，以期引起朝廷官员的重视，改变他们鄙视英语的态度。如：four 佛儿；fine 非因；gone 郭因；more 抹儿；nine 乃因；when 回因；where 回儿；two chairs 都赤儿士；等等。[2]

另一方面，服务口岸对外贸易的特点明显。罗伯聃在自序中清

[1]（美）卫斐列：《卫三畏生平及书信——一位美国来华传教士的心路历程》，顾钧、江莉译，广西师范大学出版社，2004，第20页。

[2] 孙广平：《晚清英语教科书发展考述》，博士学位论文，浙江大学人文学院，2013，第110页。

楚地写道："余故选其贸易中必须之句，译出汉字英语，纂成书本，使学者有所头绪，乃能用心，不至诿之无路也。且自生民以来，士农商贾亦必各有所专。当此盛朝之世，生齿日蕃，虽至微糊口之务，莫不争先恐后，兹者大开方便，乃数百年来第一机会也，尚容迟延观望乎？惟智者不肯坐失其时，余愿服商贾之业者，尚争先学成英语，早登利路……"[1] 我们可以看出，他主要是为了商业上的便利，希望从商之人，能够竞相学习英语，希望该书能够成为"贸易中之一大助"。如："我卖的都算现银不是赊卖的啊！ I sell all for ready money! I don't sell on credit!""我办的事都是正经事，难道你当我是行偷漏不成？ The business I do is all honest business; perhaps you take me for a smuggler-eh!""你听我说，做买卖呢，总要公道，也要正经。Listen to me! In trading you must be just, and honest."[2]

②增加日常交际，对话内容居多

本书除了包含一些商贸往来方面的对话内容，还涉及天气、时间、星期、月份、季节等日常交际的对话内容。这在英语教材以词汇为主的萌芽期，是一项很大的突破。如：[3]

高姓阿：What is your name?

贱姓：My name is...

贵处呢：Where do you come from?

敝处英伦国：From England.

贵庚多少：How old are you?

---

[1] 转引自孙广平《晚清英语教科书发展考述》，博士学位论文，浙江大学人文学院，2013，第108页。

[2] 孙广平：《晚清英语教科书发展考述》，博士学位论文，浙江大学人文学院，2013，第114页。

[3] 孙广平：《晚清英语教科书发展考述》，博士学位论文，浙江大学人文学院，2013，第113页。

虚度……岁：I am...years old.

③原文英汉对照，文化差异明显

有学者研究称："……汉语称谓词语中，不仅兄、弟、姐、妹都有单独的命名，而且堂、表、内、外、伯、舅、姑、姨等等都有明确的区分；而西方在亲属称谓的分类上，英语要比汉语笼统简单得多，英语三代以内的亲属分类命名还不到汉语的1/3。"而本书在"日常口头语"部分也特别介绍了各种称谓词，如"祖父又外祖父 grand-father""祖母又外祖母 grand-mother""伯父又叔父又舅父 uncle""姑母又姨母 aunt"等等。其中还有不少有意思的译法，如将"Your worship"译为"大老爷"，将"My good friend"译为"你老大哥"，将"My fine fellow"译为"你老人家"。[1]

这些译法较以前的读本都有明显进步。可以看出罗伯聃非常重视在中外跨文化交际中，具有不同文化背景的中国人与西方人在某些文化语境中的沟通，以使双方的贸易活动得以顺利进行。

（2）课文举隅

第4页：[2]

发财么：Have you made profit?

不发财：I have not made profit.

为甚么不发财呢：Why have you not made profit?

因命不好之故：Because I am unlucky.

你会说汉话么：Can you speak Chinese?

[1] 邹振环：《19世纪早期广州版商贸英语读本的编刊及其影响》，《学术研究》2006年第8期，第95—96页。

[2] 孙广平：《晚清英语教科书发展考述》，博士学位论文，浙江大学人文学院，2013，第113页。

汉话都不会说：I can't speak Chinese.

你通得英国话么：Do you understand English?

英国话通得：I understand English.

通得几句：I understand a few words.

说得很有限：I speak very little.

英话易学：English is easy.

汉话难学：Chinese is difficult.

第一部分"生意数目门"最后一部分：[1]

你听我说，做买卖呢，……也要认真，也要珍重，也要留神，也要小心。Listen to me! In trading you must...and serious, and circumspect, and attentive, and take great care!

也要勤敏，也要勤慎，也要省俭，也要体面。Be diligent and active, diligent and cautious, economical, and respectable.

不可懒惰，不可管闲事，不可误事，不可朝三暮四。You must not be lazy, nor be a busy-body, nor kinder business, nor be unsteady.

不可乱信人，不可失信，不可骗人。若骗人呢，Nor trust all people, nor break your word, nor deceive people. If you deceive people,

天总不依。说话呢，也要老实，也要礼貌。HEAVEN will not be pleased! In speaking, you must speak truth, and be polite.

也要正音，伶牙俐齿，说一是一，说二是二。And

[1] 孙广平：《晚清英语教科书发展考述》，博士学位论文，浙江大学人文学院，2013，第114页。

pronounce properly and speak fluently, say "one" is one, say "two" is "two" .

不可随口应人，不可欺人，不可凌人，不可骂人。Don' t answer at random, don' t make fools of people, don' t insult people, don' t abuse people.

不可吓唬人，不可讲粗，不可大声，不可吵嚷。Don' t bully people, don' t talk vulgarly, don' t speak loudly, don' t bawl & make noise.

人不拘到那里，总要讲情理，我这些话不要忘记了。No matter where a man goes, he must always speak reason, these words of mine you must not forget!

第二部分"日常口头语"：[1]

君子不念旧恶：The good man does not remember injuries.

君子报怨以德：The good man repays evil with good.

君子雪中送炭：A good man indeed is [2] a friend in need.

君子一诺千金：A good man' s word is his bond.

人遗子，金满篮：Man leaves to their children baskets filled with gold.

我教子，惟一经：And I give for their instruction THIS LITTLE BOOK!

[1] 孙广平：《晚清英语教科书发展考述》，博士学位论文，浙江大学人文学院，2013，第115页。

[2] 原文作"in"，疑误。——编者注

## 四、冯泽夫与《英话注解》

1. 冯泽夫

冯泽夫，族名冯祖宪。从慈湖书院的博客文章《冯泽夫与〈英话注解〉》一文中可知，作为沪上钱业界领袖，冯泽夫长期担任上海北市钱业会董，曾创办多家钱庄。但他因著有《英话注解》才为世人所知。据说1860年，太平天国忠王李秀成率大军在相继攻克青浦、松江两城之后，开始围攻驻有英法联军的上海。上海顿时陷入了一片兵荒马乱之中，官员纠集兵力抵抗，商人紧急转移财产，居民纷纷扶老携幼逃生避难。在这枪炮声中，冯泽夫编写的《英话注解》在上海印制发行了。

2.《英话注解》

在教材收藏家李保田先生的帮助下，我们见到了同治元年(1862)版的《英话注解》。开篇《序》中写道："……吾邑藉于此者十居七八，自宜互相习学，然亟欲习学英话者，亦苦无门可入耳。向有《英语》一书，所注均系广音，好学者仍无把握，今余会商宝楚张君、对山冯君、紫芳尹君、久也郑君、叙五姜君等，汇资著《英话注解》一书……"[1] 冯泽夫等六人汇资出版《英话注解》是在1860年，我们从李保田先生处所见到的《英话注解》印有"咸丰十年岁次庚申仲冬"字样。

《英话注解》当年一版再版，流布广泛，但这种用过即弃的"一月通"速成读本，能留存到百年后的今天实属不易。吴义雄认为，《英话注解》的出版"在某种意义上，可以说它已预告了著名的洋泾浜英语的诞生"。[2] 周振鹤认为，"今天能看到的这类书，最早的

---

[1] 转引自周振鹤《鬼话·华英通语及其他》，《读书》杂志1996年第3期，第135页。
[2] 吴义雄:《"广州英语"与19世纪中叶以前的中西交往》，《近代史研究》2001年第3期，第191页。

一种是用宁波话标音的《英话注解》”，因为“至今未发现两江籍人著有比《英话注解》更早的英语教材。说不定正是宁波人最先打破了粤人通事（翻译）的一统天下”。[1] 上海市历史博物馆薛理勇研究员认为，用宁波方言注音的《英话注解》刊行后，直接影响了以后用上海方言注音的英语教材的出版。

（1）特点分析

①宁波方言注解，打破固有传统

《英话注解》全书共162页，采用从左到右的编排顺序，符合当时国人的阅读习惯。与此前多用粤语方言、上海方言等注音不同，《英话注解》中的英语单词、词组、句子一律用宁波话注音，例如：“茶杯 Tea cup”（梯，克泼），“自来火（Matches）”（袜乞史），“茶馆 Tea shop”（梯，畜泼），等等。[2] 这打破了之前的英语读本多以粤方言标注英语发音的传统。

②商务目的明显，满足贸易之需

如前所述，从冯泽夫所作的《序》中，我们可以了解到此书出版的背景，是五口通商之后，上海成为贸易中心，两江一带（指江苏、安徽与江西三省）通事乏人，无法应付日益发展的中外贸易之需，而宁波人学习英语无门可入。基于此，冯泽夫等人斥资出版了《英话注解》，用“勾章乡音”（即宁波方言）标注英语发音。该书出版的主要目的是希望在中外贸易交流中能够发挥作用。因此，有学者曾把该书看作是早期的商务英语教科书，也不为过。

③词语分门别类，侧重商务用途

《英话注解》中的汉字均是从右至左读，英文单词、句子及注音则从左至右读，编者将单词分成“各国镇头门”“天文门”“地理

[1] 周振鹤:《鬼话·华英通语及其他》,《读书》杂志1996年第3期，第134—135页。
[2] 吴驰:《从〈英话注解〉到〈帝国英文读本〉——清末自编英语教科书之兴起》,《湖南师范大学教育科学学报》2013第3期，第35—36页。

门”“时令门”“君臣门”“人伦门”“师友门”“器皿门”“床铺门”“花草竹木门”“进口货物”等门类。全书篇幅并不大，正文有92页，总条目为2275项，其中短语及句子占709项。在正文中，《英话注解》共列出39类单词及句子。具体见下表：

| 项目名称 | 项目数量 | 项目名称 | 项目数量 | 项目名称 | 项目数量 |
| --- | --- | --- | --- | --- | --- |
| 各国镇头门 | 32 | 人身门 | 34 | 天文门 | 34 |
| 禽兽门 | 36 | 地理门 | 62 | 花草竹木门 | 20 |
| 时令门 | 54 | 数目门 | 36 | 君臣门 | 72 |
| 银数目门 | 10 | 人伦门 | 47 | 洋数目门 | 11 |
| 师友门 | 17 | 五金门 | 25 | 工匠门 | 32 |
| 颜色门 | 26 | 宫署门 | 73 | 蛇虫门 | 22 |
| 屋宇门 | 31 | 秤尺什件门 | 44 | 账房门 | 24 |
| 税捐门 | 25 | 船车门 | 38 | 进口货物 | 131 |
| 军器门 | 27 | 出口货物 | 71 | 器皿门 | 57 |
| 一字语门 | 286 | 床铺门 | 12 | 二字语门 | 272 |
| 筵席门 | 19 | 三字语门 | 144 | 衣服门 | 26 |
| 四字语门 | 144 | 五谷门 | 21 | 五字语门 | 85 |
| 食用门 | 71 | 长句语门 | 64 | 医道门 | 40 |

从上表的统计可知，全书所收词条及句子共2275项。其中分类词语有1380项；常用语，即从“一字语门”至“长句语门”共收录995项。在各词语分类中，涉及商业的内容占了很大的比重，如关于进出口货物的单词就有202个。其余的几个门类，如“银数目门”“洋数目门”“五金门”“颜色门”等，也都与外贸活动有关。这充分表明了该书的出版发行是为商务服务的。[1]

[1] 孙广平：《晚清英语教科书发展考述》，博士学位论文，浙江大学人文学院，2013，第183页。

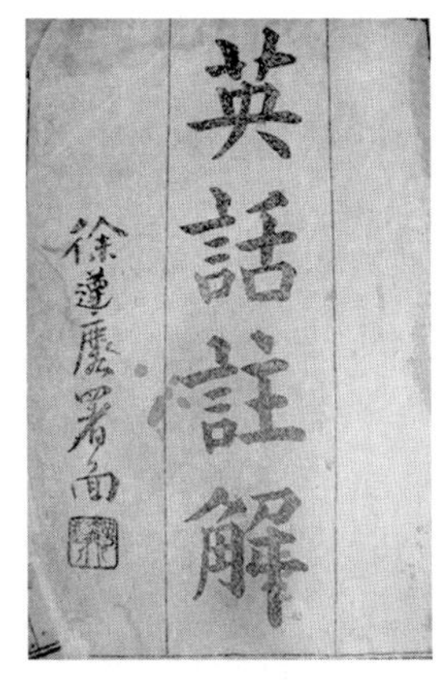


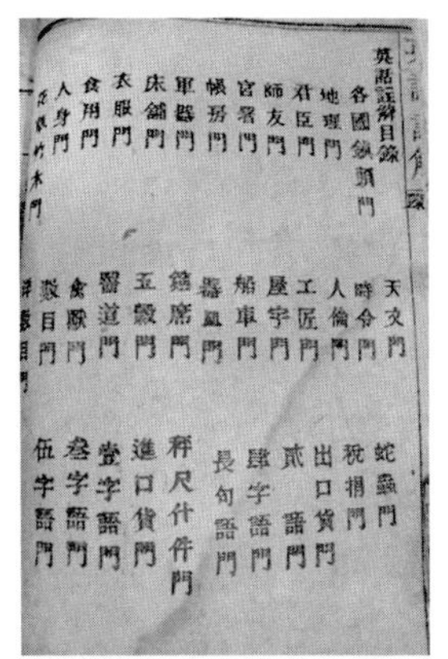
英話註解目錄
各國鎮頭門
地理門
君臣門
師友門
官署門
帳務門
軍器門
床舖門
衣服門
食用門
人身門
天文門
時令門
人倫門
工匠門
屋宇門
船車門
器皿門
筵席門
五穀門
醫道門
禽獸門
數目門
蛇蟲門
稅捐門
出口貨門
貳字語門
肆字語門
長句語門
秤尺什件門
進口貨門
壹字語門
叁字語門
伍字語門

《英话注解》封面和内页

④语言规范较差，“洋泾浜”特点明显

孙广平博士研究称，从《英话注解》中，我们也可以看到当时的中国人对于国外的世界还存在着不少常识性的错误认识。如在“各国镇头门”中，“印度”被译成“Indian”，而“小西洋”被译成“India”;“America”被译成“花旗”，“United States”被译成“合众”，现在我们都知道这两个词指的其实都是美国。这些有关国家名称方面的错误，体现了当时人们对世界地理的不了解。另外，《英话注解》还有一个显著特点是“洋泾浜英语”的使用。如“二字语门”中：看戏(look play)，打球(play ball)，划船(chop boat)，等等；“三字语门”中：已买进(have buy)，未买进(No buy)，等等；“四字语门”中：什么字号（What chop），此货新牌（This cargo new mark），不要陈货(No want old cargo)，等等；“五字语门”中：我现在不要(Just now no want)，我不能做主（I no can make law），此事过不去（This busy no can pass），等等。这些很明显是将英文单词按中文语序编写的词组或句子，并不符合英语语法，“洋泾浜英语”特点明显。

（2）课文举隅（第一行汉字从右至左，第二行英文及第三行发音从左至右）

| | | |
|---|---|---|
| 票牌<br>Warrant<br>华而蓝脱 | 杆旗<br>Flag pole<br>勿腊克，巴而 | 宫皇<br>Palace<br>派腊司 |
| 篾火<br>Slip of bamboo<br>司立匹，哑夫，办蒲 | 门头<br>Front door<br>勿郎脱，它拗 | 馆公事领<br>Consulate<br>康修来脱 |
| 房吏<br>Writing office<br>而立丁，哑非司 | 堂大<br>Hall of justice<br>好而，哑夫，财司的司 | 堂拜礼<br>Church<br>渣处 |
| 房户<br>Board office room<br>扒挨脱，哑非司，弄姆 | 堂二<br>Second hall<br>失根，好而 | 房捕巡<br>Police office<br>巴力司，哑非司 |
| 房礼<br>Rite' s room<br>而来处，弄姆 | 房上<br>First apartment<br>否司，爱派脱盟脱 | 捕巡<br>Police man<br>巴力司，蛮 |
| 房兵<br>Barrack，Military room<br>排而来克，蜜立推雷，弄姆 | 库<br>Treasury<br>托来樵立 | 墙照<br>Shed-wall<br>舍厅华而 |
| 房刑<br>Punish room<br>孛热褕，弄姆 | 厅花<br>Court chamber<br>考脱，春脖 | 门辕东<br>East barrier gate<br>依司脱，排雷，戳脱 |
| 房工<br>Work room<br>洛克，弄姆 | 桌案<br>Judge table<br>祖助，推勃而 | 门辕西<br>West barrier gate<br>回司脱，排雷，戳脱 |

## 【本章小结】

萌芽期的英语教材，从严格意义上来讲还不能称为“教材”，充其量只是供中国人学习英语的“材料”，引进教材多为教会学校使用的翻译材料，自编教材多为贸易口岸供经商交流的洋泾浜小册子。比较正规的教育材料当属英、美等国开办的教会学校所使用的教材。由于当时中西方文化与传统的差异，加之新学未开，学习英语的学生寥寥无几，这些教材对我国中小学英语教学产生的作用也微乎其微。但英语教学渗透到中国传统教育中，却对近代中国教育制度的变革起到了不可低估的作用。

# 第三章　启动期英语教材建设（1862—1911年）

## 第一节　启动期英语教材发展背景

从京师同文馆建立一直到辛亥革命，英语教材建设渐趋正规，我们把这一时期称为“启动期”。这一时期，国内中小学英语教育的发展受到多方面因素的影响。

第二次鸦片战争以后，帝国主义国家从当时的清政府手里得到了更多特权，也取得了往北京派驻使节的权利，尤其是在京师设立“总理各国通商事务衙门”（简称“总理衙门”）后，急需通晓外语的翻译人员，这就迫使政府需要开办官方的培养翻译人才的学校。另外，1860年洋务运动兴起，洋务派力主学习西方课程，政府开办了一大批新式学堂，大多数均开设了英语课程。正是基于这样的政治和文化背景，早期中小学英语教学正式启动了。

### 一、中国官办的第一批新式学校

受洋务运动的影响，清政府主张开办新式学堂，引进学习西史、西艺、西政，并派人出国留学，学习西方的科学技术。在这些新式学堂中有一类学堂还是外国语专门学校，如京师同文馆、上海广方言馆、广州同文馆、湖北自强学堂、译学馆等。

1. 京师同文馆

京师同文馆是“狗逮猫时代”中国建立的第一所外国语学校。张功臣著《洋人旧事：影响近代中国历史的外国人》一书中有这样的记载：[1]

> 这天早晨，议和钦差大臣桂良带着一干人马，把大队洋兵簇拥着的英法公使额尔金、葛罗一直送到西便门外，心里像是落下了一块石头，甚至有点对他们感激不尽的意思。向两个洋人拱了拱手，仍觉得意犹未尽，于是搜肠刮肚，想出了一句：“狗逮猫！”（“早上好！”）这是他奉旨办理对外交涉、与洋鬼子周旋了几个月以来，学会的唯一一句洋话。两个洋大人居然听懂了，相视一乐，咕哝了句什么，掉转马头，扬尘而去了。

想必这便是“狗逮猫时代”的由来吧。

1859年前后，由于第二次鸦片战争，中国被拖到谈判桌上来了。但当时我国翻译人才奇缺，在与外方交涉中极为不便。为了办理好外交事务，中国急需培养一大批熟谙外语的翻译人才，于是主管外交事务的恭亲王奕䜣便于1861年上奏皇帝，建议筹建同文馆，教习外语。奏折中说：[2]

> ……窃查咸丰十年冬间，臣等于通筹善后章程内，以外国交涉事件，必先识其性情，请饬广东、上海各督抚等分派通解

[1] 张功臣：《洋人旧事：影响中国近代历史的外国人》，新华出版社，2008，第117页。
[2] 陈学恂主编《中国近代教育史教学参考资料》（上），人民教育出版社，1986，第26页。

外国语言文字之人，携带各国书籍来京，选取八旗中资质聪慧年在十三四以下者，俾资学习。……

……臣等伏思欲悉各国情形，必先谙其言语文字，方不受人欺蒙。各国均以重资聘请中国人讲解文义，而中国迄无熟悉外国语言文字之人，恐无以悉其底蕴。……

此奏折呈上仅仅七天以后，就得到皇帝批准。经过一年多的筹备，1862年7月11日，京师同文馆正式开学。

同文馆初设英文馆，同治二年（1863），奕䜣又上书清廷，请求增设满文馆、俄文馆。同治十一年（1872）又增设德文馆。光绪二十二年（1896）再添设东文馆。1901年同文馆并入京师大学堂。同文馆从设立到合并，整整四十年，是我国近代第一所外国语专门学校，在我国近代教育史上占据非常重要的位置。

关于同文馆各年级所使用的教材，目前尚未发现较完整的资料，不过可以推测，当年英文馆所用的大都是英文原版教材。其中汪凤藻当时翻译的《英文文法举隅》一书，被后人誉为“第一本介绍英国文法入中国之书”。

2. 上海广方言馆

同治二年（1863），江苏巡抚李鸿章深感培养外语人才的必要，仿京师同文馆例，上奏皇帝。奏折中说：[1]

窃臣前准总理衙门来咨，遵议设立学习外国语言文字学馆为同文馆等因。伏惟中国与洋人交接，必先通其志、达其意、周知其虚实诚伪，而后有称物平施之效。互市二十年来，彼酋

[1] 李鸿章:《请设外国语言文字学馆折（同治二年正月二十二日）》，载顾廷龙、戴逸主编《李鸿章全集1·奏折一》，安徽教育出版社、安徽出版集团，2008，第208—209页。

之习我语言文字者不少，其尤者能读我经史，于朝章宪典、吏治民情，言之历历，而我官员绅士中绝少通习外国语言文字之人。各国在沪均设立翻译官一二员，遇中外大臣会商之事，皆凭外国翻译官传述，亦难保无偏袒捏架情弊。中国能通洋语者，仅恃通事。凡关局、军营交涉事务，无非雇觅通事往来传话，而其人遂为洋务之大害。……京师同文馆之设，实为良法，行之既久，必有正人君子、奇尤异敏之士出乎其中，然后尽得西人之要领而思所以驾驭之。绥靖边陲之原本，实在于此。……臣愚拟请仿照同文馆之例，于上海添设外国语言文字学馆，选近郡年十四岁以下资禀颖悟、根器端静之文童，聘西人教习，兼聘内地品学兼优之举贡生员课以经史文艺。……

上海广方言馆于同治二年（1863）成立，初名上海外国语言文字学馆，后名上海学习外国语言文字同文馆，四年后定名为上海广方言馆。光绪三十一年（1905），该馆改为兵工中学堂，成为五年制的中等工业学堂。值得一提的是，上海广方言馆比京师同文馆有一定进步，突出表现在招生范围上，不限于八旗子弟，广为招生，普及面要大得多了。

3. 广州同文馆

同治三年六月初十（1864年7月13日），毛鸿宾奏设教习外国语言文字学馆，该馆是仿上海广方言馆例设立，地址在广州大北门内朝天街，亦名广方言馆。馆内章程规定，如能将西洋语言文字翻译成书者，分别派充将军、督抚、监督各衙门翻译官，准其一体乡试。广州同文馆初设学额20名，内旗人16名，汉人4名，招收20岁以下14岁以上向习满汉文字的世家子弟。另设附学生10名，招收20岁以上愿习外语的旗汉举监生员等。该馆除教授西学、西文、汉文外，兼习“清学”“清语”。光绪五年（1879）增设法文及德文两馆。三馆各设学额10名，附学生5名。但从办学情况看，广州同文馆的规模及开放程度不如上海广方言馆。

4. 湖北自强学堂

湖北自强学堂于光绪十九年（1893）由湖广总督张之洞奏设于武昌。该学堂前身是一方言商务学堂，是我国近代早期一所重要的外国语学堂，初设方言、格致、算学、商务四斋。其后将算学归并于两湖书院，格致、商务停开，只留方言一门。方言门设有英文、法文、德文、俄文4馆，每馆学生30名，至光绪二十四年（1898）又增设日文馆。光绪二十九年（1903）改为外国文普通学堂。[1]

5. 译学馆

1901年，京师同文馆并入京师大学堂，于1903年改为大学堂的译学馆，不久又改由学部大臣管辖而不再隶属于大学堂。译学馆教学以外文为主，要求学生通晓中国文义，学制为五年，课程分为三大类：外文；普通课程；专门学科。该馆至宣统三年（1911）停办，共招收学生5届，合700余人，毕业仅300余人。

方言学校开了中国近代学校教授外语的先河，对中国现代外语教育的发展起到了极大的推动作用。办学过程中有经验，也有教训。中国外语教育的开展推动了西学东渐的进程，也是洋务运动的主要内容之一，从某种程度上看，也是中国近现代化重要的实现途径之一。[2]

## 二、影响中国英语教育的三件事

经历了京师同文馆等阶段的办学以后，中国的英语教育随着现代学制的建立与改革也开始普及起来。这期间有三件事对中国中小

---

[1] 顾明远主编《教育大辞典》(上)，上海教育出版社，1998，第585页。

[2] 陈自鹏：《中国中小学英语课程教材教法百年变革研究》，光明日报出版社，2012，第13—14页。

学英语教育影响较大，一是壬寅、癸卯、壬子癸丑学制的颁布或施行，二是庚款兴学，三是教会学校的进一步发展。

1. 三个有影响的学制

（1）壬寅学制。1902年，清政府委任管学大臣张百熙拟定了一个《钦定学堂章程》，因为是年为壬寅年，又称为“壬寅学制”。这是清末第一个由政府制定并颁布的含有英语教学相关要求的学制系统。虽然颁布后由于种种原因并未施行，但其对中国英语教育的影响作用不可低估。

一是表明中国政府开始重视英语教育。其实，中国政府开始重视英语教育由来已久，以洋务运动中最甚。当时，最高统治者非常重视英语教育，甚至皇帝本人也开始学习英语，史料中亦有这方面的记载。先看光绪帝学习的记载：“四年以前，有两位校友从海外归来，果如董（恂）所言，被派教授光绪帝的英文。光绪为尊崇老师起见，虽然王公觐见都得膝地跪着，却特许他俩就座。这种体态的关系是很重要的。”皇上的带头作用很好，于是“一时学习英文之风极盛，亲王大臣都去读书受教”。[1] 再看慈禧：“……清廷重臣开始延聘洋人或知识分子教授自己子女学英语。甚至连封建王朝的总头目慈禧太后也竟然同意在中南海开办一个英语学习班。”[2]

二是首次在近代学制中规定了外国语教师资格以及将英语作为主要的外语课程的教学要求。《钦定中学堂章程》规定：“以上各科，均由中教习讲授，惟外国文一门必用外国教习，或以中教习之通外国文者副之。将来各学堂通外国文者渐多，中学堂教习即可辍聘西人以省经费。所以外国文以英文为主，法文、日文科任择一国兼

[1] 朱有瓛主编《中国近代学制史料·第1辑》(上)，华东师范大学出版社，1983，第181—182页。
[2] 李良佑、张日昇、刘犁：《中国英语教学史》，上海外语教育出版社，1988，第71页。

习。”[1]

（2）癸卯学制。1903年，张百熙、张之洞、荣庆等又拟定了一个章程，即《奏定学堂章程》，又称“癸卯学制”，于1904年1月正式公布。《癸卯学制》是中国近代教育史上最早施行的全国统一学制，它奠定了中国近代学制的基础。“癸卯学制”对外国语的作用和英语地位的阐述更为充分。《奏定学堂章程》第四节“四 外国语”部分是这样表述的：“外国语为中学堂必需而最重之功课，各国学堂皆同。习外国语之要义，在娴习普通之东语、英语及俄法德语，而英语、东语尤为重要：使得临事应用，增进智能。”[2] 这个学制确立了外语在中学课程中的地位，并明确了英语的地位和重要性。

（3）壬子癸丑学制。这是民国政府于1912年至1913年制定公布的学校系统，因这两年分别是壬子年、癸丑年，因此这一学制被称为“壬子癸丑学制”。这一学制设普通教育、师范教育、实业教育3个系统，其中普通教育分3段4级；初等教育共7年，初小4年，男女同校，高小3年，男女分校；中等教育4年，男女分校。这一学制沿用至1922年。[3] 值得注意的是，在这一学制颁行期间，于1912年9月颁行的《小学校令》第三章“教科及编制”第十二条规定：“视地方情形，农业可以从缺，或改为商业，并可加设英语；遇不得已时，手工、唱歌亦得暂缺。”[4] 这是中国教育史上官方文件里首次明确规定小学阶段可以开设英语课。

---

[1]课程教材研究所编《20世纪中国中小学课程标准·教学大纲汇编·外国语卷·英语》，人民教育出版社，2001，第1页。
[2]课程教材研究所编《20世纪中国中小学课程标准·教学大纲汇编·外国语卷·英语》，人民教育出版社，2001，第2页。
[3]孙培青：《中国教育管理史》（第2版），人民教育出版社，2013，第353页。
[4]章咸、张援编《中国近现代艺术教育法规汇编（1840—1949）》，教育科学出版社，1997，第66页。

2. 庚款兴学

1900年，“八国联军”对中国发动侵略战争，镇压了具有反帝爱国主义性质的“义和团”运动。翌年9月，清政府与各侵略国签订了丧权辱国的《辛丑条约》，条约规定中国要按人口（每人一两）向各侵略国赔偿白银四亿五千万两，连同利息共计九亿八千多万两。这便是史称的“庚子赔款”。美国从中分得三千二百多万两白银，合两千四百多万美元，外加年息四分。1904—1905年间，清政府驻美公使梁诚根据美国国务卿海约翰（John Hay）曾有“美国所收庚子赔款原属过多”的表示，一再向美国政府交涉，要求核减退还，并一面上书朝廷“请将此项赔款归回，以为广设学堂，遣派游学之用”。[1]1908年，根据是年5月25日美国国会参、众两院的联合决议，美国退还了中国按照《辛丑条约》的条件应付美国赔款的一大部分。其他一些参战国也仿效美国，相继退还赔款。中国政府用这批退款，兴办了留学预备学校，如清华学校（清华大学的前身）。正因为如此，清华学校早期又被称为“赔款学校”（Indemnity College），也有人称其为“国耻纪念碑”。[2]

“庚款兴学”建立起的学校，因大多是为留学准备的，所以格外重视英语教育，从招生到教学，要求均是如此。因此，从某种程度上说，“庚款兴学”启动和发展了中国的英语教育。之后的几次派人留学也对国内的英语教育产生了影响。出国的学生身临其境，学到了很多国外英语教育的理论和方法，搜集到了第一手的英语教学材料，为他们以后回国从事英语教学创造了有利的条件，从另一



[1] 陈学恂主编《中国近代教育史教学参考资料》（下），人民教育出版社，1987，第283页。
[2] 陈学恂主编《中国近代教育史教学参考资料》（下），人民教育出版社，1987，第282页。

个角度又推动了中国英语教育的进一步发展。[1]

3. 教会学校的进一步发展

自第一次鸦片战争后，在不平等条约的保护下，来华传教士在中国通商口岸和香港相继建立了传教据点，开始了英语教学和教材编译。随着洋务运动的兴起和外国在华开办企业的增多，国内急需懂得西艺西语的人才，西学由此得到重视。到19世纪末20世纪初，中国的教育主要有三种办学形式同时并存：一是传统的、落后的科举制书院及民间私塾；二是清政府官办的或各地士绅兴办的各种新式学堂；三是外国传教士创办并控制的教会学校。“三者之中，发展最快，影响最大、教学效果最好的，可能要数教会学校。”[2]

## 第二节　启动期英语教材概述

随着新式学堂的广泛建立以及《钦定学堂章程》的颁布，在中国的各级各类学校教育中，教育者都把英语作为一门必修的主课，英语教材也在当时广泛的社会需求中获得了相当大的发展。

1. 英语教材的来源更加多元化。既有从西方直接引入的原版教材，又有受到日本明治维新的影响而大量引入的日本英语教材，还有中国学者自己编写的专为中国人学习英语所使用的教材。

2. 英语教材的门类更加细化。既有语法类教材、商务英语类学习读本，也有英语口语类教材等。更为重要的是，此时出现了由中国人专为适应具有现代教育意义的中小学分年级英语教学而编写的系列课本，这在此前的英语教材编写中尚无先例。

---

[1] 陈自鹏：《中国中小学英语课程教材教法百年变革研究》，光明日报出版社，2012，第12—17页。

[2] 李良佑、张日昇、刘犁：《中国英语教学史》，上海外语教育出版社，1988，第79页。

3. 英语教材的编写更加规范化。这一时期的英语教材编写无论从内容上、体例上还是结构上都较萌芽期更加规范了，而且也有意识地体现了当时的教育理念。同时也能看出，这一时期的英语教材编写受日本教育理论的影响很大。

4. 英语教材出版机构渐趋繁荣。1897年，商务印书馆创建，创办人夏瑞芳、鲍咸昌、鲍咸恩、高凤池等都是在上海的浙江籍基督教徒，与谢洪赉是旧识世交，也是姻亲。他们共同经营商务印书馆，刚成立时举步维艰，濒临破产。当时供人们学习的英文课本有七八种，但全书都是英文，对初学者来说难度较大。商务印书馆看准了这个势头，请谢洪赉将其中使用最广的英国人为印度人编写的一种课本——*Primer*，翻译成中文，并给课文单词配上汉语释义，以《华英初阶》、《华英进阶》(一至五集)之中译名出版，“行销极广，利市三倍”[1]。这是商务印书馆的第一部出版物，商务印书馆由此名声大振，名利双收。

《华英初（进）阶》严格来讲应该属于引进编译教材，此书原为英国人为其印度殖民地居民编写的英语入门课本，商务印书馆对其内容进行删减、翻译并附上中文注释，以中英两种文字编排出版，成为我国编译出版的最早的英语教材之一。该书在编排组织上遵循循序渐进的原则，形式上图文并茂，并首次采用中西文对照排版，于1898年正式出版。

由于国内英语教育的快速发展，以商务印书馆为首的各类出版机构开始繁荣，并出版了大量英语教材。据张英研究，商务印书馆在出版《华英初阶》，开创了中国编辑、出版、发行英语教材的新时代之后，于1904年又出版了中国第一套科目齐全的中小学教

[1] 蒋维乔:《创办初期之商务印书馆与中华书局》，载张静庐辑注《中国现代出版史料》，中华书局，1959，第395页。

材——《最新教科书》。[1] 随后各出版社和书局相继效仿，开启了自编教材的初步繁荣。各大出版社的出版者都具有一定的专业性，编纂的英语教材包括各种启蒙类课本、中学课本、大学课本等。

启动期的英语教材虽然较萌芽期有了很大的发展，但在质量、内容、版式等各方面尚停留在初始和起步阶段。随着民众学习英语的热情越来越高，人们急切地盼望有更多、更好的英语教材可供选择。以下是启动期的一些典型教材。

启动期（1862—1911）英语教材目录

| 出版年份 | 教材名称 | 编著者/出版商 | 备注 |
|---|---|---|---|
| 1864年 | 《英话文法小引》<br>( *Chinese-English Grammar* ) | Wilhelm Lobscheid | 引进 |
| 1867年 | 《海客日谭》 | 王芝 | 自编 |
| 1870年 | *A Common School Grammar of the English Language* | Simon Kerl | 引进 |
|  | *Grammar for Beginners* | Alexander Allen & James Cornwell | 引进 |
| 1872年 | 《英华初学》<br>( *Chinese and English Lessons* ) | 露密士（A. W. Loomis） | 引进 |
| 1874年 | 《英字入门》 | 曹骧<br>商务印书馆 | 自编 |
| 1875年 | 《英华字汇》 | 梁述之 | 自编 |
| 1878年 | 《文法初阶》 | 郭赞生 | 自编 |
| 1879年 | 《华英文字合璧》 | 点石斋 | 自编 |
|  | 《英字指南》 | 杨勋 | 自编 |
|  | 《英文举隅》 | 汪凤藻<br>京师同文馆 | 自编 |
| 1880年 | 《华英说部撮要》 | 点石斋 | 自编 |
|  | 《无师自通英语录》 | 绿竹山房 | 自编 |
|  | 《翻译小补》 | 吴嘉善 | 自编 |

[1] 张英:《启迪民智的钥匙——商务印书馆前期中学英语教科书》，中国福利会出版社，2004，第19页。

续表

| 出版年份 | 教材名称 | 编著者/出版商 | 备注 |
|---|---|---|---|
| 1881年 | 《华英通用要语》 | 点石斋 | 自编 |
| 1885年 | 《英语汇腋》 | 邝其照 | 自编 |
| 1892年 | 《英文法程初集》 | C. D. Tenney<br>上海美华书馆 | 引进 |
| 1896年 | 《华英文法捷径》 | 陆敬科 | 自编 |
| 1898年 | 《英文话规》 | 张德彝<br>香港TSUI CHAN出版社 | 自编 |
| 1898年 | 《华英初阶》《华英进阶》（共6册） | 谢洪赉<br>商务印书馆 | 引进 |
| | 《英华初学》（共2册） | 施女师著，颜泳京译 | 引进 |
| 1899年 | 《增广英字指南》 | 杨勋 | 自编 |
| 1900年 | 《华英国学文编》（全4册） | 商务印书馆 | 自编 |
| | *The Mother Tongue* | G. L. Kittredge | 引进 |
| | 《华英国学文编》 | 商务印书馆 | 自编 |
| | 《华英亚洲课本》 | 商务印书馆 | 自编 |
| | 《华英亚洲启悟集》 | 商务印书馆 | 自编 |
| 1901年 | 《音注中英蒙学图》 | 华英养正书馆 | 自编 |
| 1902年 | 《纳氏英文法》<br>（*English Grammar Series*，共4册） | J. C. Nesfield | 引进 |
| 1903年 | 《正则英文教科书》<br>（*English Language Primer*，共5册） | 斋藤秀三郎著，<br>湖北中学教科书社纂译 | 引进 |
| | 《英文典答问》 | 汪千仞<br>作新社 | 自编 |
| 1904年 | 《汉译英文教科全书》 | 上海文明书局 | 自编 |
| | 《英文汉诂》 | 严复 | 自编 |
| | 《唐字调音英语》 | 莫文畅<br>香港锦福书坊 | 自编 |
| 1905年 | 《英文初范》 | 商务印书馆 | 编译 |
| | 《帝国英文读本》（共6册） | 伍光建<br>商务印书馆 | 自编 |
| | 《华英合璧二十世纪读本》 | 广智书局 | 自编 |
| | 《最近英文法教科书》 | 斋藤秀三郎著，藐姑射山人编译 | 引进 |
| 1906年 | *English Grammar* | George R. Carpenter | 引进 |
| | 《华英初学》（共2册） | 施女师<br>约翰书院 | 引进 |
| | 《华英要语类编》 | 商务印书馆 | 自编 |

续表

| 出版年份 | 教材名称 | 编著者/出版商 | 备注 |
|---|---|---|---|
| 1907年 | 《中学英文典教科书》 | 何崇礼<br>上海科学会编译所 | 引进 |
| 1908年 | 《英文范纲要》 | 伍光建<br>商务印书馆 | 自编 |
| | 《初等英文典》《中等英文典》<br>《高等英文典》各版本 | 神田乃武 | 引进 |
| | 《英语捷径》前后编 | 斋藤秀三郎著，谢洪赉改译 | 引进 |
| 1908年 | 《新体英语教科书》 | 蔡博敏 | 自编 |
| | 《英语会话教科书》 | 邝富灼、徐铣 | 自编 |
| | 《英语作文教科书》 | 邝富灼<br>商务印书馆 | 自编 |
| 1909年 | 《纳氏英文法讲义》（共4集） | 赵灼译<br>群益书社 | 编译 |
| | 《初学英文规范》 | 邝富灼、徐铣 | 自编 |
| | 《增广英文法教科书》 | G. L. Kittredge，S. L. Arnold编；<br>徐铣译订 | 引进 |
| | 《英文新读本》 | Roy s. Anderson<br>邝富灼校订 | 引进 |
| | 《英文教程》 | 商务印书馆 | 不详 |
| | 《初级英语读本》（共4册） | 商务印书馆 | 自编 |
| | 《英文益智读本》（共5册） | N. Gist Gee著，邝富灼校订<br>商务印书馆 | 编译 |
| | 《英文范详解》 | 伍光建/<br>商务印书馆 | 自编 |
| 1910年以前 | 《华英智环启蒙新编》 | 商务印书馆 | 自编 |
| 1910年 | 《简要英文法教科书》 | Newson | 引进 |
| | 《新世纪英文读本》（共6册） | 邝富灼、袁礼敦、李广成 | 自编 |
| 1911年 | 《英文格致读本》（全5册） | N. Gist Gee著，邝富灼校订 | 编译 |
| | 《英语锐进》 | J. A. Silsby | 引进 |
| | 《自识英语图》 | 马辅仁 | 自编 |
| | 《华英翻译金针》 | 李文彬，甘永龙 | 自编 |
| 萌芽期内出版，但具体时间不详的 | 《英语会话音识》 | 香山人 | 自编 |
| | 《初级英语作文教科书》 | 何鼎新<br>广智书局 | 自编 |
| | 《绘图增注华英三千字文》 | 拙补居士，姜岳（孝夔） | 自编 |

续表

| 出版年份 | 教材名称 | 编著者/出版商 | 备注 |
| --- | --- | --- | --- |
| 萌芽期内出版，但具体时间不详的 | 《华英会话重增幼学琼林》 | 程允升<br>上海大文书局 | 自编 |
|  | 《西洋古格言》 | 徐云<br>上海医学书局 | 自编 |
|  | 《华英文法释义》 | 商务印书馆 | 自编 |
|  | 《文规启蒙》 | 商务印书馆 | 自编 |
|  | 《实用英语阶梯》 | 商务印书馆 | 自编 |
| 萌芽期内出版，但具体时间不详的 | 《英文法阶梯》 | 邝富灼 | 自编 |
|  | 《英语文规》 | 商务印书馆 | 自编 |
|  | 《新法英文教程》 | 邝富灼 | 自编 |
|  | 《日用英语读本》 | 葛弼 | 自编 |
|  | 《汉文英译教科书》 | 英学会<br>上海昌明公司 | 自编 |
|  | 《简易英文法教科书》 | 上海昌明公司 | 自编 |
|  | 《生徒会话》 | 上海昌明公司 | 自编 |
|  | 《英语学生会话》 | 王振东 | 自编 |
|  | 《英文初级教科书》 | 英学会<br>上海昌明公司 | 自编 |
|  | 《英语学初桄》 | 商务印书馆 |  |
|  | 《英语作文初步》 | 商务印书馆 |  |
|  | 《英华文通》 | 商务印书馆 |  |
|  | 《分类英语》 | 商务印书馆 |  |
|  | 《华英通用要语》 | 商务印书馆 |  |
|  | 《英语撮要》 | 商务印书馆 |  |

备注：启动期教材整理来源主要包括孙广平《晚清英语教科书发展考述》、吴驰《清末民国中小学英语教科书研究》和张英《启迪民智的钥匙—— 商务印书馆前期中学英语教科书》。

## 一、启动期引进英语教材简述

在启动期，不管是传教士们创办的教会学校，还是清政府自己设立的洋务学堂，引进英语教材大多采取“拿来主义”，即直接采用英美国家的原版教材，间或有来自传教士等人特地为中国人所编写的英语教材，另外还有一部分是从日本引进的教材。这些英语教材在促进中国早期的英语教育方面起了启蒙的作用。

还有一部分英语教材是同文馆的学生们编译的。他们在同文馆学习期间，也利用所学习的知识与外语，编译了一些传递西方文化知识的书籍，进一步推进了中国西学的发展。

从孙广平博士的论文《晚清英语教科书发展考述》中我们看到，同文馆师生辑译的书籍共有22种，如下表：

| 原书名 | 译书名 | 译者 |
|---|---|---|
| *Wheaton's International Law* | 万国公法 | 丁韪良（W. A. P. Martin） |
| *Natural Philosophy* | 格物入门 | 丁韪良 |
| *Chemistry for Beginners* | 化学指南 | 毕利干（Anatole Billequin） |
| *Code Napoleon* | 法国律例 | 毕利干 |
| *Guide Diplomatique* | 星轺指掌 | 联芳、庆常 |
| *Woolsey's International Law* | 公法便览 | 汪凤藻、凤仪 |
| *English Grammar* | 英文举隅 | 汪凤藻 |
| *Fawcett's Polit Economy* | 富国策 | 汪凤藻 |
| *History of Russia* | 俄国史略 | 俄文馆学生 |
| *Outlines of the World's History* | 各国史略 | 杨枢、长秀 |
| *Advanced Chemistry* | 化学阐原 | 毕利干 |
| *Mathematical Physics* | 格物测算 | 丁韪良 |
| *Physiology* | 全体通考 | 德贞（Johni Dudgeon） |
| *Astronomical Almanac* | 中西合历 | 海灵敦（Mark W. Harrington） |
| *Astronomical Almanac* | 中西合历 | 费礼饬（Dr. Fritsche） |
| *Astronomical Almanac* | 中西合历 | 骆三畏（S. M. Russell） |
| *Bluntschli's International Law* | 公法会通 | 联芳、庆常 |
| *Mathematical Exercises* | 算学课艺 | 席淦、贵荣 |

续表

| 原书名 | 译书名 | 译者 |
|---|---|---|
| *International Law in Ancient China* | 中国古世公法论略 | 丁韪良 |
| *Elements of Astronomy* | 天学发轫 | 骆三畏及其学生 |
| *Penal Code of Straits Settlements* | 新加坡律例 | 汪凤藻 |
| *Franco-Chinese Dictionary* | 汉法字汇 | 毕利干 |

## 二、启动期自编英语教材简述

这一时期，中国人自编英语教材无论从数量上、种类上、质量上还是版式编排上，相比萌芽期都有非常大的进步。尤其是“壬寅学制”和“癸卯学制”颁布以后，中国人对英语教育的重视程度空前。这种重视，无疑为国人自编英语教材的发展提供了绝好的契机。国人自编英语教材编写的形式、质量等，日益受到西方教育理论的影响，体现出与时代同进步的特征。但同时，从中国英语教材发展的整个历程来看，这一时期还处于起步阶段，还不能充分满足当时“癸卯学制”对各教学阶段英语教学的要求。

这一时期，国人自编英语教材呈现出如下新特点：

一是教材编著队伍扩大，内容有所扩充。这些自编英语教材的编写者，有一些是曾在教会学校学习的中国学生，还有一些是毕业于洋务学堂的学生，以及一些曾出国留洋的中国学生。与萌芽期的那些“番话”读本不同，这一时期的自编英语教材除了用中文标注英文发音，开始有了英语的书写形式，有些还在书中简略提及英语的语法内容。同时，为继续满足口岸居民对外通商贸易的需求，仍然编写一些可供读者自学英语的材料或读本。

二是教材门类有所增加，开始出现分级教材。一些自编英语教材，从单纯的英语词语类读物逐渐发展到包括英语语法、翻译及会话等细致分类的综合读本。还有英汉对译的英语单词集，如曹骧于1874年出版的《英字入门》，杨勋于1880年出版的《英字指南》。语法方面的英语教材有郭赞生于1875年出版的《文法初阶》，汪凤藻于1879年翻译出版的《英文举隅》。翻译方面的教材有吴嘉善于1881年前出版的《翻译小补》。会话方面有洋务学堂教习舒高第、学生朱格仁合著的《英话入门》。孙广平博士认为，此时出现了由中国人自己编写的、初具现代英语教材模式的英语分级教材——《英语汇腋》。这是由邝其照于1885年陆续出版的一套英语教材。他将英语学习的过程分成循序渐进的不同级别，分别对应《英语汇腋》初集至三集。这套书可以说是中国人自编英语教材中最早的具有分级教学特点的教材，也说明了当时人们已将英语作为一门独立的学科来认识。[1]

## 第三节　启动期典型英语教材介绍与分析

### 一、露密士与《英华初学》

#### 1. 露密士

露密士（Augustus Ward Loomis，1816—1891），1816年出生于康涅狄格州哈特福德郡安多弗，1841年毕业于汉密尔顿大学，转入普林斯顿神学院进修神学。1844年毕业后，携妻来华，先在澳门学习汉语，后到舟山及宁波等地传教。1850年，因身体状况不佳，携妻回到家乡。1959年前往加利福尼亚，在当地的中国人中传教，并反对排华。著有《舟山风光及传教工作》（*Scenes in Chusan*，*or Missionary Labours by the way*）、《孔子与中国经典：中国文学读本》

[1] 孙广平：《晚清英语教科书发展考述》，博士学位论文，浙江大学人文学院，2013，第142页。

(*Confucius and the Chinese Classics or Reading in Chinese Literature*)、《英华初学》(*English and Chinese Lessons*)等。

2.《英华初学》

露密士编写的《英华初学》于1872年由上海美华书馆印制。该书采用当时先进的铜版印制，因此字迹非常清晰。全书共188页，作者选取了1600多个英文单词，遵循循序渐进、由浅入深的编写原则，将这些英语单词按照字母的多少进行排列，并把这些单词融入英语句子中，以使学生在有意义的语言环境中，进一步理解单词的含义。

《英华初学》一书包含序、字母表、数字表、点书之法（即标点符号）、拼读练习、正式的课文（共68课）、各种书信样本、缩略语用法举例、乘法口诀表、字母歌等项内容。总体来说，有如下几个特点：

①宣传教义为主，兼有实用知识

露密士是一位传教士，他始终没有忘记自己来中国的目的，那就是传播基督教教义。所以在《英华初学》中，我们可以明显地看出这一目的。另外，《英华初学》的出版地上海，当时对外经济已经有了长足的发展。相对广州来说，上海对外国人的态度相当温和，不似广州那样强烈排斥。这种宽松的氛围，吸引了许多外国商人及传教士纷纷落户上海，这也进一步促进了上海地区经济尤其是对外经济的繁荣。因此，英语学习，特别是商务英语的学习，成为在上海的中国人发家致富的必要条件。为了适应这部分人的英语学习需求，《英华初学》一书中除了宣扬基督教教义以及传授自然知识的相关内容外，还增加了商务英语的内容。例如：书中提供了几种书信样本，一是家信，二是朋友间来信，三是商业往来信件，以及对外贸易中常用的提单、收条等文件的书写。

②排版方式新颖，兼有插图插画

《华英初学》内页插图

从该书可以看出西方人为中国人所编写的英语教材的版式与国人自编英语教材的版式略有不同。前者所采用的版式，其英文部分，均是横排，从左到右书写，而中文部分，有时为了版面的方便，也会采取从左到右的横排方式。当然，遇有大段的中文内容，仍然会采用中文的传统排版方式，从右至左竖排。

另外，《英华初学》还附有图画，这些图画都与课文内容密切相关，能够激发学生的兴趣，这也是当时的中国传统教材所不具备的，因此给人耳目一新的感觉。

③注音未用中文，自学难度较大

《英华初学》采用的是西方的教材编写模式，强调课程由易到难，但没有用中文标注英文发音，必须在教师的指导下才能学习。因此，这对于没有任何英语基础的中国人来说，自学难度相当大，要学透几乎是不太可能的。不过那个时代的中国人不可能人人都上得起学堂；那些想上学堂的人，大多数的读书目的也是考取功名，所学的知识，也仅限于八股知识，具有这样保守思想的读书人，是无论如何不会去西方人所开办的教会学校读书的。这样的社会背景，必然限制了《英华初学》这类教材在中国的使用范围。[1]

[1] 孙广平：《晚清英语教科书发展考述》，博士学位论文，浙江大学人文学院，2013，第83—84页。

## 二、曹骧与《英字入门》

1. 曹骧

曹骧（1844—1923），号润甫，上海人。据《上海通志·第四十四卷·人物》记载，其曾入外国人所设蒙塾习中西文。清同治元年（1862），入英租界工部局任译务。同治十年（1871），入县庠。1874年著《英字入门》行世，为国人所编英文字典之始。

2.《英字入门》

《英字入门》初版于1874年。我们从教材收藏家李保田先生处看到的现有《英字入门》版本不是初版，印于光绪壬寅年（1902）。封面写有“同治十三年孟夏镌”“英字入门”“上海申昌书装校印”等字样。在“序”的前面印有“仿泰西法石印”，版面整洁，字迹清晰。

《英字入门》的整体框架分为五个部分：第一部分是“英字入门序”；第二部分是“英字入门凡例”；第三部分是“英字入门目录”；第四部分是正文；最后一部分是“书英字入门后”，录有两则关于当时的报纸对《英字入门》的评价。[1] 下面结合孙广平博士对初版的介绍以及我们看到的1902年版《英字入门》的实物，做一简要分析。

（1）特点分析

①首次以“课”呈现，初具现代雏形

《英字入门》的一个显著特点是其编写方式以具有现代教材形式的教授单元——“课”的形式呈现，这在以前的自编教材中尚无先例。李保田先生在其博文《最早英语课本不是〈华英初阶〉》中讲道：“《英字入门》是按照教科书而不是按照读本的编辑体例，划分了‘第一课、第二课……’。”这是读本转变为教材的一个最显著

[1] 孙广平：《晚清英语教科书发展考述》，博士学位论文，浙江大学人文学院，2013，第207—208页。

的特征。据李保田先生研究：“从现有的老课本资料看，这是我国老课本中第一次出现‘第一课、第二课’的课时概念和名称。”孙广平博士也提到：“课程内容真正体现了循序渐进的特点，第一课至第十二课没有单词的学习任务，只是列出一些音节，要求学生学会拼读，为以后的学习打下基础。从第十三课开始，学习英语单词，同时还附有一些英语的简单句。单词的学习，也是由浅入深，先是只有两个字母的单词认知，逐渐过渡到七个字母及以上。每课

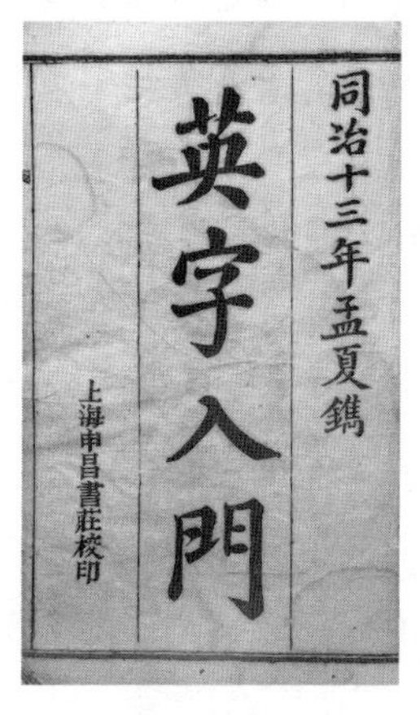
同治十三年孟夏鐫

英字入門

上海申昌書莊校印

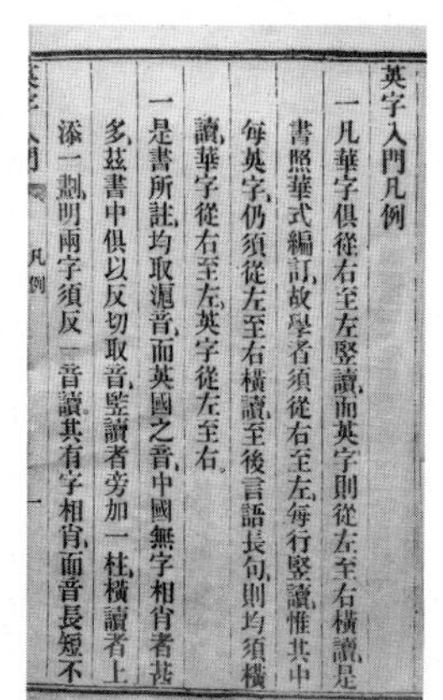
英字入門凡例

一凡華字俱從右至左豎讀，而英字則從左至右橫讀，是書照華式編訂，故學者須從右至左，每行豎讀，惟其中每英字，仍須從左至右橫讀，至後言語長句，則均須橫讀，華字從右至左，英字從左至右。

一是書所註，均取滬音，而英國之音，中國無字相肖者甚多，茲書中俱以反切取音，監讀者旁加一杜，橫讀者上添一劃，明兩字須反一音讀，其有字相肖，而音長短不

英字入門　凡例　一

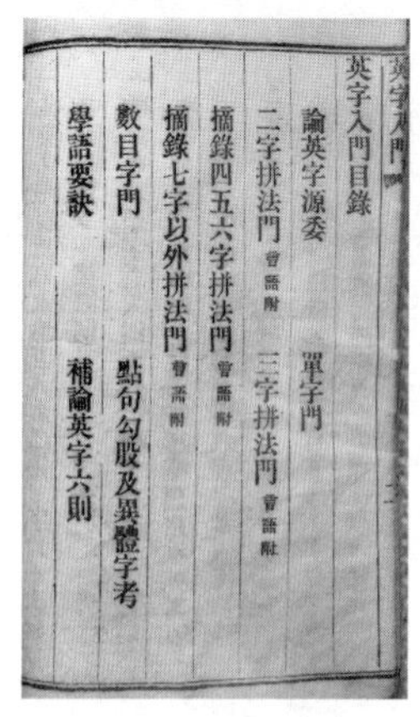
英字入門目錄

論英字源委　單字門

二字拼法門 附語　三字拼法門 附語

摘錄四五六字拼法門 附語

摘錄七字以外拼法門 附語

數目字門　點句勾股及異體字考

學語要訣　補論英字六則

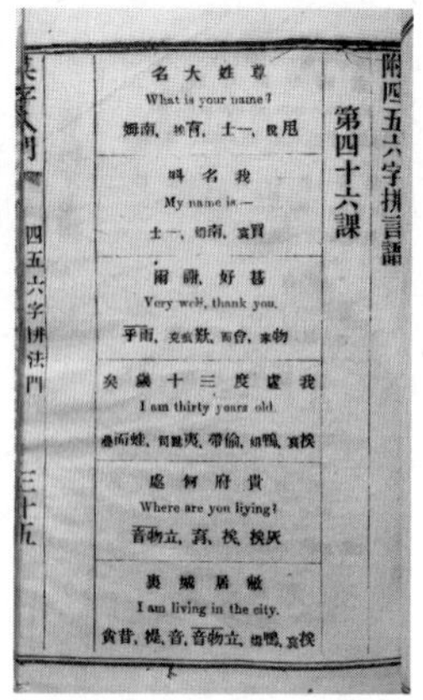
附四五六字拼言語

第四十六課

尊姓大名
What is your name?

我名叫
My name is —

甚好，謝爾
Very well, thank you.

我虛度三十歲矣
I am thirty years old.

貴府何處
Where are you living?

敝居城裏
I am living in the city.

英字入門　四五六字拼法門　三十五

《英字入门》封面及内页

的长度，也呈递进式增加。这种方式，完全符合西方教育中的由表及里，由内而外的教学要求。以‘课’为单位进行教学，使教师和学生的教与学都有明确的目标，这比那种按门类整理的英语词语教科书，更适合中国儿童的英语学习。”[1]

②首次“沪”言标注，满足外贸需求

《英字入门》一改以往用宁波方言或广东粤语方言标注读音，而是使用“沪音”即上海方言进行注音，这应该与上海通商口岸的繁荣和发展有关，也为上海人对外贸易提供了英语学习的速成材料。

如，在《英字入门》的序言中讲道：“……今方通商之国，莫甚于欧罗巴洲，而欧洲中，固推英国为巨擘，其余如俄普法荷等国之商人，大半皆能识英字，道英语者。无他，欲其贸易之盛，懋迁之广，不得不学之以相与有成也。……尔来各口岸习学英国字语者，日新月盛，我国人之研究西学者，往往有所撰述，如粤东唐景星先生之《英语集全》、邝容阶先生之《字典集成》，浙宁冯泽夫先生之《英话注解》等书，大抵皆殚精研虑，足以嘉惠后学。然所注均非沪音，我邑人之欲习者，终以未易学步为憾。夫……爰不揣鄙陋，辑译是书，注以沪音，既竣，即付剞劂，以公有心人之同好焉。……”[2]很明显，当时英语是各国贸易交流中的通用语言。为了贸易需要，曹骧编写了这部用上海话注音的英语学习文本，并尽力使这本书体现英语学习由易到难、由浅入深、循序渐进的过程。

③标点首入中文，改进中文句读

《英字入门》出版之前，中文还没有使用过标点符号，也不容易区分停顿。在《英字入门》中，中国人第一次将西方的标点符号

[1] 孙广平:《晚清英语教科书发展考述》，博士学位论文，浙江大学人文学院，2013，第207—208页。

[2] 转引自孙广平《晚清英语教科书发展考述》，博士学位论文，浙江大学人文学院，2013，第204页。

引入中国文字。书中对标点符号的用法也进行了讲解：[1]

点句勾股及异体字考：

英书中有点句勾股，以及异样字体，初学者每无从考究，今特缀录于左。

, 一句点也。; 亦点也，较之一句为稍长矣。

. 用此点则意思说完而止矣。

? 问也，如 why? 是。

! 呼声也。如 alas! 是。

^ 字失去添注，则用此，如 dol^lar 是。

§ 一段也，有此则又一段书矣。

“” 人之言语，或援引他书，则用此。

’ 此点于字上，一为缩字用，如，I’ ll 即 I will 是，一作之字解，如 Boy’ s pen 是。

- 连字用也，如 ink-stand 是。

（ ）另欲注明，则书其中。

¶ 另一段起，有时用此。

……

《英字入门》的中文内容采用了标点符号，这在当时的中国是一个伟大的创举。

④首次系统讲解，创新自编体例

a. 语音教学首次提及拼读法

如在“二字拼法门”中讲道：“凡学拼法，须字与音连读而出，

[1] 孙广平：《晚清英语教科书发展考述》，博士学位论文，浙江大学人文学院，2013，第208页。

则易于司其声韵，如Ba本音培，而读须念皮爱培，Be本音皮，而读须念皮衣皮，后仿此。”这在当时尚无音标进行标注的情况下，是十分有效的学习发音的方法之一。另外，《英字入门》较为详细地说明了英语中由7个以上字母组成的单词的拼法及其重音。

b. 首次对语法进行系统讲授

对英语语法的介绍，是《英字入门》的一个鲜明特色。以前的英语词语类读本都没有对英语语法进行过介绍，独曹骧书有。这也说明中国人学习英语进入了一个较高级的阶段，开始从单纯的英语单词的学习、语句的模仿，进入到有意识地去理解英语的语言结构，用语法知识实现以文法规范语言应用的阶段。曹骧将此译为“英国学语之法”，主要从词性分类入手进行系统讲授。[1]

一是实字 noun substantives，即名词。涉及名词的性、数、格等。值得一提的是，书中列出了13个不规则的名词复数形式，并以文字来说明这些不规则名词复数形式的转换方式。另外，还列举了8对阴性和阳性名词的拼写方式，即：male 男，female 女；man 人，woman 女人；emperor 皇帝，empress 皇后；widower 鳏，widow 寡；he-goat 雄山羊，she-goat 雌山羊；man-servant 仆人，maid-servant 女佣；bull 雄牛，cow 雌牛；ram 雄羊，ewe 雌羊。

二是加实字 adjectives，即形容词。这部分介绍了形容词的比较级和最高级的变化方式，包括规则变化和不规则变化。

三是称呼字 pronoun，即代词。着重介绍了人称代词的数、格，以及疑问代词的用法。

四是纲目字 article，即冠词。

五是动作字 verb，即动词，属重点内容。这部分不仅介绍了动

[1] 孙广平：《晚清英语教科书发展考述》，博士学位论文，浙江大学人文学院，2013，第209页。

词的时态和语态变化，而且还列出了16个不规则动词，并进行举例说明。这16个动词是：eat，do，go，come，take，begin，give，fall，write，do，have，will，be，shall，can，may。

六是加动作字adverbs，即副词。

七是位置字prepositions，即介词。

八是相连字conjunctions，即连词。

九是呼声字interjections，即感叹词。

第四种及后四种只做简单介绍，也符合当时国人对基础入门英语的学习需要。此外，书中还介绍了英语的一些词缀知识，有助于初学者理解和记忆单词，在当时的自编教材里也是很少见的。同时，词汇辨析书中也有涉及，比如同字异音异解词：wind风、wind旋转，等等；异字同音词：cite传审、site基址，air空中之气、heir子嗣，等等。[1]

⑤首次改变版式，体现印刷优势

《英字入门》一改当时的手刻方式，而用当时先进的铅印本，因此字迹非常清晰，版面整洁干净；页码的编排也采用现代的方式，更接近现代书籍出版形式。可以说，《英字入门》在国内英语教材出版印刷方面有着历史性的贡献。

总之，《英字入门》作为当时的英语教材，不论从传授英语语言知识方面，还是从排版方式、印刷手段上，都领先于那个时代。在初版《英字入门》的最后，作者还附有当时的两家报纸对该书给予的高度评价，一是同治十三年十一月十六日的《申报》，二是同治十三年十一月二十三日的《汇报》。这样的一本英语教材，迎合了当时上海地区所盛行的"英语热"，必定对当时的英语学习者，

[1] 孙广平：《晚清英语教科书发展考述》，博士学位论文，浙江大学人文学院，2013，第210页。

尤其是以沪方言作为母语的上海学习者产生了巨大的影响。该书所倡导的英语拼读法，也为后来中国人自编英语教材的编写提供了良好的借鉴。[1]

（2）课文举隅

第四课

| Ma | me | mi | mo | mu | my |
|---|---|---|---|---|---|
| 梅 | 迷 | 买哀 | 麻 | 米育 | 买哀 |
| Na | ne | ni | no | nu | ny |
| 男 | 你 | 那哀 | 拿 | 你育 | 那哀 |

第四十五课

| Read<br>而利叠<br>诵读学习[2] | Mail<br>煤而<br>信船 | Down<br>堂红<br>下面 |
|---|---|---|
| Swear<br>司会挨<br>发誓 | Stay<br>司贪<br>歇住停等 | Gown<br>犄杭红<br>长衫 |
| Their<br>待挨<br>伊等的 | Either<br>衣头<br>抑或 | Town<br>汤红<br>城邑镇市 |

[1] 孙广平:《晚清英语教科书发展考述》，博士学位论文，浙江大学人文学院，2013，第216页。

[2] 右为注音，左为中文意思，后同。——编者注

第四十七课

| |
|---|
| 来国中到时几尔[1]<br>国中[2]<br>How long have you been in China?<br>那哀郄、音、痕皮、宥、辐瞎、郎、何哈[3] |
| 矣年十已国中来我<br>经曾　来已<br>It is ten years since I came to China.<br>那哀却、士、姆开、哀挨、司新、司欧夷、吞、士一、脱— |
| 否财发曾尔<br>Have you made profit?<br>脱非落泼、迭美、育、辐瞎 |
| 财发曾未我<br>做已<br>I have not made profit.<br>脱非落泼、迭煤、脱诺、辐瞎、哀挨 |
| 价何要物此<br>What is the price of this?<br>司敌、伏哑、司哀拉泼、提、士一、脱甩 |
| 半元二十<br>Twelve dollars and a half.<br>甫哈、爱、迭俺、司拉大、甫而会脱 |

## 三、汪凤藻与《英文举隅》

### 1. 汪凤藻

汪凤藻（1851—1918），字芝房、云章。江苏元和人，上海广方言馆英文班毕业生。曾为译书纂修官，撰有英文语法书《英文举隅》一册，并译有《万国公法》《英文文法》《政治经济学》等书。1868年，因成绩优异，被上海广方言馆选送到京师同文馆继续深

[1] 整句中文意思，从右往左读，下同。——编者注
[2] 重点单词中文意思，从右往左读，下同。——编者注
[3] 中文注音，从右往左读，下同。——编者注

造。1879年，其编著的《英文举隅》经丁韪良鉴定，由京师同文馆出版。1883年授翰林院庶吉士；1891年7月29日以翰林院编修赏二品顶戴署理驻日钦使；1892年7月9日正式任驻日钦使。后因中日战争爆发，清政府不为重用，回国后绝意仕途，“家居不再出”。

2.《英文举隅》

《英文举隅》属于编译类文法书，出版时间为1879年。根据该书的“凡例”，可知该书编译所借鉴的蓝本为美国喀尔氏文法第21次刊本《美国喀尔氏文法》（Simon Kerl，*A Common-School Grammar of the English Language*，New York）。中国国家图书馆现藏有该书的1879年同文馆集珍版。[1]

《英文举隅》的篇章结构包括序、凡例、总论及正文，共22节，59页。现对其特点分析如下：

①善于举例说明，学生易于掌握

《英文举隅》书名乃取“举一隅而反三隅”之意。因此以举隅即举例的方式讲解英文语法是该书的一大特色。在具体讲解过程中，该书一般先论述语法，继而逐条举例，依次讲解。在中国人学习英文语法的最初阶段，这样一种醒豁易懂的方式，有助于读者快速掌握必要的学习英文语法的方法与技巧。[2]

②语法系统全面，项目全面庞杂

《英文举隅》所涉及的语法条目非常多，内容庞杂，学术水平较高，相比早期的其他英文文法读本已经渐趋成熟。

汪凤藻明确将“Grammar”翻译为“文法”。“总论”中依次介绍了26个英文字母，以及元音与辅音的区别。同时将词汇分为九

---

[1] 孙广平：《晚清英语教科书发展考述》，博士学位论文，浙江大学人文学院，2013，第366页。

[2] 邱志红：《〈英文举隅〉与〈英文话规〉——同文馆毕业生编译的早期英语文法书》，《寻根》2008第5期，第36页。

大类，介绍说："因言制字，奚啻万千，综其类可析为九，谓之字类 Parts of speech。九类惟何？曰静字 Noun，曰代静字 Pronoun，曰区指字 Article，曰系静字 Adjective，曰动字 Verb，曰系动字 Adverb，曰绾合字 Preposition，曰承转字 Conjunction，曰发语字 Interjection。"也涉及"性""人称""数""格"等，甚至还涉及词的"阴阳之别"，单复数变化，形容词的比较级和最高级的一般和特殊变化。动词中也涉及了"势"(语态)、"状"(语气)、"时"(时态)、"位"(人称)和"数"的变化，其中以动词的语态、语气和时态问题为重点。如语态分"主作(势)和主受(势)"，即主动语态和被动语态；语气分为五种，分别是"敷陈(状)""悬拟(状)""权度(状)""提命(状)"和"无限(状)"，相当于现在的陈述语气、虚拟语气、可能语气、祈使语气和不定语气；时态也分为现在时、过去时、将来时、现在完成时、过去完成时和将来完成时，书中分别译为"当时""曩时""异时""今成""昔成"和"将成"。[1]

《英文举隅》作为同文馆编译出版的第一本关于英文语法方面的专业书籍，内容全面而且相对成熟。它几乎把英语所有的语法项目都汇集到一本书中，涵盖面广，完全可以作为一本备查的英语语法书来使用。但它也有不利的一面，学生一下子面对这么多的新知识，一时难以全面接受，容易产生焦虑心理，反而不利于英语语法的学习。

③译文文言风格，目标读者受限

汪凤藻是清朝同文馆的学生，深受中国儒家思想文化的熏陶。因此，在《英文举隅》这本中英文语法书中，中文部分的语言使用的还是标准的文言文形式。可见此书的目标读者只能是那些受过儒家教育，并具有一定英文水平的中国知识分子。因此这本书对一些

[1] 邱志红:《〈英文举隅〉与〈英文话规〉——同文馆毕业生编译的早期英语文法书》,《寻根》2008第5期，第38页。

大众读者不太适用。同时，这本书出版以后，主要作为同文馆英文语法教材而供学生学习使用，最初并没有在社会上流传，正如《申报》上所说“总理衙藏版，民间罕得而见之”。随着以后的石印版本翻印，这本书才逐渐风行海内。[1]

## 四、邝其照与《英语汇腋》

1. 邝其照

（1）个人简介

邝其照，1843年生，广东新宁人，字容阶。他是早期受清政府选派赴美留学的学生之一。精通英语，曾编写过不少的英语学习材料。

（2）学术成就

邝其照在英语教材编写、字典编纂出版等方面，以及新闻行业都有着举足轻重的地位。

①邝其照在英语教材编写和英汉字典编著出版方面颇有建树。

他编写的《华英字典集成》曾被许多学者誉为第一本由中国人编著的英语学习字典，在中国的英语学习史上占有重要地位，后来被商务印书馆重新编订，辑成《商务书馆华英音韵字典集成》，予以发行，受到极大的推崇。2002年，周振鹤博士与游汝杰合写了《方言与中国文化》一文，文中提到，最早编写英汉字典的外国人是马礼逊，最早编写英汉字典的中国人是邝其照。邝其照所编著的其他英语学习读本还有《英语汇腋》系列教材，以及《英文成语》《地球说略》《应酬补笈》《台湾番社考》等。此外，邝其照编写的《英文成语词典》于1881年和1901年分别在美国和日本出版发

[1] 邱志红:《〈英文举隅〉与〈英文话规〉——同文馆毕业生编译的早期英语文法书》,《寻根》2008第5期，第39页。

行，这是中国的第一本，也是19世纪末至20世纪初全世界最完整的一本英文成语词典。

值得一提的是，邝其照编写的《华英字典集成》的出版发行，不仅对我国普及英语学习起到了很好的作用，而且也对日本产生了较大的影响。1869年，上海美华书馆的美国活版技师把活版印刷术带入了日本，在整个日本掀起了一场出版与知识革命。后来，日本的永峰秀树将邝其照的《华英字典集成》翻译出版发行；1899年，日本的增田藤之助又以《华英字典集成》为蓝本，“校订编纂附译”而编成《英和双解熟语大词汇》出版发行。文学家周作人写过一篇叫作《翻译与字典》的文章，文中提到，当年福泽谕吉（1835—1901，汉学家，日本人）学英文就是从用邝其照编的这本英汉字典开始的。直到今天，日本还有人在研究《华英字典集成》。

②邝其照在报刊创办方面也有一定成就。

1886年，邝其照在广州创办《广报》。该报内容包括著论、本省新闻、中外新闻及物价行情等，当时畅销上海、广东等地区及新加坡、马来西亚、泰国、越南、美国等国家。1891年，《广报》因揭露某大员丑闻，被番禺、南海县查封。后邝其照又创办《中西日报》，著论指责政治。1895年，孙中山成立兴中会，邝其照主办的《中西日报》成为其领导广州起义的宣传舆论阵地。1900年，《中西日报》因刊登义和团获胜和八国联军败绩的新闻而被查禁，后改称《越峤纪闻》，但不久再告停刊。

邝其照在清末办报十多年，成为内地及港澳、东南亚地区的新闻人物，可谓清末报业的巨子，亦被人尊为“广东报业先驱”。

2.《英语汇腋》

《英语汇腋》，英文书名为 *The First Conversation Book*。在该书序言中，我们得知这套书共出版了三集。但是有学者认为邝其照只出版了两集:“英语初阶英语汇腋邝容阶氏所编之书，海内著名。《初阶》为《汇腋》之引梯，《汇腋》为习语之锁钥，非读本正宗也。《汇腋序例》言编定三集，今惟二集行世。初集辑常用之字，已称略备，二集分类语言。”[1]

鉴于笔者未找到《英语汇腋》的原书，故只能根据目前收集的资料和孙广平博士已有的研究成果来进行分析。孙广平博士研究的蓝本是从台湾复制而来的。该书于1885年前后在上海出版。书的封面上刻有“光绪十年镌铜”字样，据此可以判断该书制版的时间是1884年；但是其英文的版权页上标注的出版时间为1885年。目前对这部著作的研究主要基于王韬的序言和邝其照自己所写的序。现对其特点分析如下：

①重视语言应用，意在强国强民

王韬在该书的序言中写道：“彼西国安得以我所不知而挟制凌侮我也哉？是则参军著书之功，当不在于甲兵战胜者下也。”[2] 只有中国人的英语水平提高了，当再度与西方列强对话时，才不致被对方欺蒙，并获得公平的机会。这在中国的对外政治、经济交往方面所起到的作用，不亚于“甲兵战胜者”。

在王韬序言之后，是邝其照自己写的序，其内容及表达的主旨与王韬的序言大体相同。邝其照也认为，中国人学习英语要有适合自己的教材，而不应直接采用西方已有的英语教材，原因是“西人本通西语，其读塾中之书，自无窒碍。若华人则必先辨音而后识字。其辨音则必先辨之齿舌唇腭之间，故与西童同一诵读是书，而难易分焉，功之迟速巧拙亦遂判焉”[3]。

[1] 宋原放主编，汪家熔辑注《中国出版史料：近代部分》(第2卷)，湖北教育出版社，2004，第16页。转引自孙广平《晚清英语教科书发展考述》，博士学位论文，浙江大学人文学院，2013，第150页。

[2] 转引自董乃斌主编《中国文化读本》，上海大学出版社，2007，第509页。

[3] 转引自孙广平《晚清英语教科书发展考述》，博士学位论文，浙江大学人文学院，2013，第152—153页。

②用自然教学法，内容由浅入深

《英语汇腋》初集所收录的内容，大多与日常用语及贸易相关，学习者如能够循序拾级，不仅在英语会话上，在英语写作方面也能达到一定的程度。《英语汇腋》初集一共收录英语单词3200个左右，在对单词的编排上，采取先易后难的顺序，并在每课的正文中，将这些单词组合成句子，使学习者能在句子中加深对所学单词意义的理解。《英语汇腋》采用的教学法属于自然法，即仿照人类学习母语的方式来学习英语。在书中没有专门列出语法知识，邝其照认为，只要按照书中的内容进行阶段性的学习，则学习者自然可以对英语的语法知识有所领悟。

该书的内容及文法，均体现了由浅入深的特点，使学生在学习中，能够明显看到自身的进步，从而更有自信心，保持学习的兴趣。

③接近西式体例，创新自编形式

在编写体例上，《英语汇腋》是鸦片战争到甲午战争期间国人自编英语教材中与西方教材最为接近的一种。这一方面与该书的作者曾学习英语二十余载，对英语语言及文化的了解非常深入有关；另一方面也与他曾在美国留学多年，对西方教材的编写体例耳濡目染有关。他的留学美国和英语学习的经历，使他对如何编写具有现代意义的英语教材有着切身的体会。这种体会与领悟会不自觉地渗透到他对英语教材的编写上。邝其照为中国人学习英语所编写的一系列教材，为当时中国的教材市场注入了新鲜的活力，极大地促进了中国英语教材的现代化发展。

## 五、谢洪赉与《华英初阶》《华英进阶》

### 1. 谢洪赉

（1）个人简介

谢洪赉（1873—1916），字鬯侯，别号寄尘，后自署庐隐，浙江绍兴人，是清末民初知名的中国基督徒翻译家、著述家。因受家庭影响，自幼信奉基督。母亲也是基督徒。11岁入基督教监理会主办的东吴大学的前身——博习书院（the Buffington Institute）就读，21岁以第一名的总成绩从博习书院毕业。在校期间，受到院长潘慎文（Alvin P. Parker）赏识，协助其翻译了《格物质学》《代形合参》《八线备旨》等数理化课本。1897年，商务印书馆创建，受夏瑞芳、鲍咸昌、鲍咸恩、高凤池等之邀，谢洪赉加入商务印书馆，译注了《华英初阶》与《华英进阶》，还编译了十多种数理化教科书。

（2）学术成就

谢洪赉是对中国基督教早期文字创作事业有相当影响的人，被誉为“当时唯一伟大之基督徒作家”，也是19世纪末我国少数几个能独立译书者之一。

谢洪赉虽为基督徒，但其著述并不以宗教自限。例如，在他翻译、撰写的98部中文著作中，既有涉及宗教、自然科学等门类的，也有涉及语言词典、人生励志心理学等门类的。其著作大致有如下数种：高等、中小学教材类16本；基督教类译作13本，著作32本；青年会类15本；人生励志心理学类12本；自然科学类4本；英语类4本；其他2本。

2.《华英初阶》《华英进阶》

在谢洪赉所编译的众多著作中，当属《华英初阶》与《华英进阶》两本英语教材在当时的影响最大，尤其是《华英初阶》。《华英初阶》初版于1898年，是商务印书馆出版的第一部英语教材。时值维新年代，提倡新学、学习西学成为一种社会时尚，上海是全国最重要的商埠，有英语学习需求的人自然很多，只是苦于教材难觅。夏瑞芳敏锐地察觉到其中的商机，便把教会学校中用的英国人为印度小学生编的课本 *Primer* 翻印出版，风行一时。但该课本只有英文，对初学者有一定难度，夏瑞芳就请谢洪赉逐课翻译成汉文并加上白话注释，用中英两种文字排版印刷，定名为《华英初阶》，出版后大受欢迎。接着，商务印书馆又请谢洪赉把高一级的课本以同样的形式翻译出版，名《华英进阶》，分为初、二、三、四、五集。商务印书馆出版的《华英初阶》《华英进阶》成为当时英语学习者的首选课本，一版再版，畅销多年。据史料记载，至1917年该书已印行63版，1921年印到了第77版，甚至在1946年的时候，该书还在重印。可见，《华英初阶》《华英进阶》盛行于晚清至民国几十年，是新中国成立前使用时间最长的英语教材之一。商务印书馆也因此名声大振，《华英初阶》《华英进阶》出版后，"宇内风行，凡中外之书院，皆以教授，凡西塾中塾皆奉此书为宝筏，不啻家弦户诵异口同声"[1]。蔡元培先生曾回忆说："（商务印书馆）其始翻译印度英文读本，而以华文译注之，名曰《华英初阶》及《进阶》，在当时初学英文者甚便之。"[2]

（1）特点分析

因时代久远，教材难觅，现根据所掌握的有限资料，仅对《华英初阶》做简要分析。

①英汉双语并排，便于学生学习

谢洪赉曾就读于教会学校，在校期间学习过英语，对英语课堂教学显然有所了解。当时教会学校的英语课采用的均是外国原版教材，这些教材对英文初学者来说，存在两个方面的难题。一是学生不明白课文意思，不便于自学，即便有教师进行口译，学生即时记录中文释义，也很费时费力；二是由于没有中文注释，教师教学没有参考依据，教学的准确性难以保证。因此，教师和学生都迫切需要有准确译文的英语教材。在这种背景之下，商务印书馆意识到对

---

[1] 石鸥：《百年中国教科书忆》，知识产权出版社，2015，第125页。
[2] 蔡元培：《商务印书馆总经理夏君传》，载《1897—1987：商务印书馆九十年——我和商务印书馆》，商务印书馆，1987，第1—2页。

原版教材加注中文释义既便于教师教学，也有利于学生在课前课后使用教材进行预习复习和揣摩，于是采取中英文两种文字对照编排的《华英初阶》诞生了。国内学者石玉指出：“（《华英初阶》中）比较准确的中文注释为英语教学提供了依据，教师以此做参考，教学的准确性得以基本保证，特别是为学习者提供了自学的可能性。这种于教师与学生在使用上的便利性，使得许多学校均采用此教科书，大大促进了当时中国英语教育的发展。”[1]

《华英初阶》封面

②重视语音学习，讲究梯度渐进

《华英初阶》为英文学习入门阶段所用，该书从语音开始，逐步渐及字母、拼写、单词、短句，而且注重读音，类似于中国汉字的集中识字教学，方便记忆。全书共32页。《华英进阶》开始采用语篇形式，从初阶到进阶，梯度渐进，由易到难。[2]

为了引起老师对语音学习的重视，《华英初阶》在前言部分的《教师指导》（*DIRECTIONS TO THE TEACHER*）中还专门有一段论述谈发音教学，翻译成中文，大意如下：

“发音——要是孩子们一开始就学会糟糕的发音，他们就一辈

---

[1] 石玉：《我国自编英语教科书之开端：〈华英初阶〉与〈华英进阶〉》，《湖南师范大学教育科学学报》2008年第3期，第37页。

[2] 石鸥：《百年中国教科书忆》，知识产权出版社，2015，第127—128页。

子改不掉了。教师要特别注意中文中没有的英语发音。在对某些字母发音时，教师还需借助于嘴唇和牙齿等部位来展示给学生。学生必须像他们正在谈话时那样，在不断地操练中记住这些发音。"[1]

这段文字强调了语音学习的优先性和重要性，并指明了语音教学的重点和难点，以及突破难点的方法。

除了重视语音教学，《华英初阶》在梯度设计方面也有明显的特点。例如，在学习元音字母"o"时，该书用九篇课文分别呈现该字母在绝对开音节、闭音节和相对开音节中的拼读规律。从组织结构上可以看出，随着课程的不断推进，单词的长度在逐渐增加，难度也在平稳增长。这种从字母到单词再到句子的编排方法，体现了编者音不离词、词不离句，层层递进的编写思路。

（2）不足之处：

①内容原文照搬，脱离国内实际

由于《华英初阶》是商务印书馆把英国人为印度殖民地小学生编的课本直接翻译过来的，所以在内容方面处处带着英国殖民主义色彩与印度地方风味。除此之外，就是一些关于印度地理气候方面的内容，而没有任何内容与中国相关。通过一段时间的使用之后，编者显然也意识到了这一问题，在民国十一年（1922）十月七十九版《序》中写道："其书专为印度人而作，凡所称述，或未必尽合于吾中国之学子……"[2]

②宗教色彩浓厚，服务教会宣教

《华英初阶》的编者谢洪赉先生是一位虔诚的基督徒，因此他所编译的教材也体现了宗教主义的色彩，其中最直接的表现就是书中有许多《圣经》的内容。例如，在全书的最后部分，编者选取了

---

[1] 张英：《启迪民智的钥匙——商务印书馆前期中学英语教科书》，中国福利会出版社，2004，第71—72页。
[2] 转引自邹振环编《疏通知译史》，上海人民出版社，2012，第217页。

九课的内容作为学生熏修宗教课程的载体，这种在学校教科书中植入宗教课程，影响涉世未深、童稚未开的孩童，从而达到传播宗教教义、培养宗教教徒目的的做法，可以称得上是当时教会编选英语教材的一大历史特色。

（3）课文举隅

黄蜂与蜜蜂

**63.THE WASP AND THE BEE**

Wasp（wosp）, a kind of insect 黄蜂　Re-ceive' ,  get 得

Busy（biz' -zy）, diligent 勤　E' -vil, harm 恶事

Ex-pect' , look for 望

A wasp met a bee and said to him, Pray, can you tell me why men are not kind to me, while they are so fond of you?

We have both wings. We are much alike, but my rich wings make me look better than you.

We both love honey, and we both sting, yet men hate me, and try to kill me , but not you.

I go into their houses, and fly in their rooms, and let them see my fine dress. You are shy and do not go near them, yet they build for you a home, and take care of you, and feed you when you want food.

The bee said to the wasp, you are idle whilst I am busy all day long to make honey for them. They are kind to me for I am kind to them.

Do good if you expect to receive it.

Do evil and look for it.

黄蜂遇蜜蜂而谓之曰：请你可否告我何以人不善待我，而甚喜你?

我们皆有翼，我们甚相似、且我之美翼令我较你更美貌。

我们皆爱蜜，而我们皆有刺，但人恨我欲杀我，不欲杀你。

我入其屋，飞于其室，令其见我美服。你乃避人而不近之，但他们为你造屋、照顾你，你缺食则喂你。

蜜蜂语黄蜂曰：你乃闲，我乃终日为他们勤作蜜。他们善待我因我善待他们。

如你望得善则宜行善。

作恶则望恶报。

| | | | |
|---|---|---|---|
| Wing 翼 | hon' -ey 蜜 | hous' -es 屋 | build 造 |
| Rich 美 | sting 刺 | room 房 | whilst 同时 |

ENGLISH AND CHINESE

Questions

What question did a wasp ask a bee?

How did their wings differ?

What did they both like, and what did they both do?

How did men treat them?

Where did the wasp go? Why?

What did the bee do? What was done for the bee?

How did the bee answer the wasp?

To receive good what must we do?

If we do evil what may we expect?

## 六、斋藤秀三郎与《正则英文教科书》

### 1. 齐藤秀三郎

（1）个人简介

斋藤秀三郎（1866—1929），日本著名的英语学家。他出生于日本宫城县仙台，父亲是音乐教育家斋藤秀雄。1879年毕业于宫城英语学校，1880年考入东京帝大工部大学，专攻化学与造船，受到英籍英文教师 James Main Dixon 等学者的熏陶和专门训练。后执教于宫城中学校，1887年任第二高等学校助教等职务。1896年创设正则英语学校，并长期担任该校校长。1904年出任东京帝国大学文科大学讲师。1929年11月9日，斋藤秀三郎病逝。

（2）学术成就

斋藤秀三郎在英语词典、文法教科书、作文书、教材和教学参考书等编纂和翻译方面著作颇丰，堪称日本英语教材编纂方面的大家，在日本英语教育学界有很高的声誉。可以说，斋藤秀三郎在日本有着广泛的影响，开创了日本明治英语学界的所谓"斋藤时代"，尤其是1903年由斋藤秀三郎主编的《正则英文教科书》第一编和第二编相继出版，对中国英语学界亦产生很大影响。

其他学术成就还有：词典类先后编有《熟语本位英和中辞典》（1915），《英和·和英辞书》《斋藤和英大辞典》（1928）；英文教材有《英会话文法》（*English Conversation Grammar*，兴文社，1893），《初级英语第一书》和《初级英语第二书》（*First English Primer*，*Second English Primer*，金港堂，1896），《实践英语语法》（*Practical English Grammar*，全四卷，兴文社，1900）。此外，他还编著或翻译了很多英语教材和教学参考书，如《世界英语课本》（*The World's English Lessons*，日英社，1911），《中学英语课本》（*Middle School English Lessons*，全五卷，兴文社，1908），《简明中学英语课本》（*Shorter*

*Middle School Lessons*，全五卷，兴文社，1911），等等。

2.《正则英文教科书》

斋藤秀三郎于1903年出版的《正则英文教科书》（*English Language Primers*）第一编，共五册，由美国 R. H. Andison 校字，湖北中学教科书社纂译，上海昌明公司出版。同年7月，《正则英文教科书》第二编，由美国 S. H. Oloson 校字，湖北省同乡会中学教科书社编译，清国留学生会馆于上海出版。

我们为什么要选取斋藤秀三郎的这套教材来做分析呢？原因有二：一是除了从英美引进原版教材外，我们还有相当一部分英语教材是从日本引进的；二是因为正则系列英文教科书具有很高的学术研究价值。

现将该书第一编特点做如下分析：

①强调英语原版，语言地道准确

何为“正则”？日本思想家、教育家福泽谕吉在1883年发表的一篇《要提高洋学的地位》中说：[1]

> 我国洋学的沿革已有百年，百年前的事姑且不论，仅就明治维新以来的情况加以考察。明治初年建立的大学南校是沿革的开始，自设立文部省时起，洋学之道在全国逐渐打通，呈兴旺发展之势。但不知当时出自何人的想法，要求请洋人，直接从洋人那里学习洋学，其教授方法完全根据西洋方式。从前我国的洋学家向学生传授洋学的东西则称之为“变则”，而洋人直接传授的东西则称之为“正则”。因此，雇用西洋人，设立所谓“正则学校”受到勉励，……

---

[1] 冯克城总主编《日本近代启蒙教育思想与论著选读》，人民武警出版社，2010，第75—76页。

从福泽谕吉这段话中，我们可以知道，所谓“正则”，即由洋人直接教授的知识。那么“正则英文教科书”，也就是传授正规地道的英语知识的教科书。斋藤秀三郎将其编写的英语教科书命名为《正则英文教科书》，是为了强调该书在传播英语知识方面的标准性，内容更贴近正规的英语，并不是说该书是由西洋人所编。

②符合学习规律，译著广为畅销

《正则英文教科书》在编写体例及内容安排上，符合当时的英语教育理念与儿童的认知规律，因此，当时日本的学校大多选择《正则英文教科书》作为学生学习英语的系列读本。光绪二十八年（1902），中国留美学生刘成禹及留日学生但焘将该书的日文部分译成中文，通过上海的昌明公司进行寄售，1903年正式出版发行。

③配有习题答案，方便教学检测

在邹振环先生所著的《斋藤秀三郎与正则英语教科书在中国的编译与传播》一文中，提到了1904年5月30日《中外日报》上刊登的“正则英文教科书·第一学年第一册·第二学年第二册改正再版已到”的广告：[1]

……内容先列英文句语，次以汉文，间英语述文法，次列英问题，次列汉问题，由浅入深，每学年一册，共五学年，五大册读毕，中学英文法会话均获完善。第三、四册准五月初出版外，第一、二册问题之答今月出版，务使教者受者两得便利。第一、二册各大洋六角，问题之答各大洋一角五分。发行所上海四马路东华里昌明公司。

[1] 转引自邹振环《斋藤秀三郎与正则英语教科书在中国的编译与传播》，《东方翻译》2013 年第3期，第38页。

可见当时上海昌明公司除了发行《正则英文教科书》之外，还配有该书的习题答案。这些“问题之答”旨在为教师的教学参考和学生的自我学习检测提供帮助，实用性强。这也贯彻了原作者强调的通过练习来巩固和强化英语知识学习的理念。

## 七、邝富灼与《英文新读本》

### 1. 邝富灼

(1) 个人简介

邝富灼（1869—1931），号敬西，字耀西、曜西，英文名 Fong Foo Sec，广东新宁（今台山市）人。中国翻译家、英语专家。1882年，邝富灼到美国打工，为了补习英语，上了一所夜校。一位华裔基督教牧师陈绣石（Chin Toy）帮助了他，使他皈依了基督教。后来在旧金山的救世军总部任职，接受了速记和打字训练。1897年，到波莫纳学校（Pomona College）学习，五年时间里，读完了高中课程和大学预科。1902年考进加利福尼亚大学，1905年获得文学学士学位。此后进入哥伦比亚大学师范学院，获文学硕士及教育学硕士学位。毕业后，被中国驻美国公使梁诚举荐给两广总督岑春煊。回国后，任广州方言学堂、两广高等学堂英文教师。1907年到北京获授进士。此后在学部任职。1908年4月，应张元济的邀请到上海商务印书馆编辑所任英文部总编辑、主任。1920年太平洋学会成立，任首届董事。1922年被波莫纳学校授予法学博士学位。1926年前后，出版了一本自己的英文著作《远东的国际关系》，表达了对当时初成立的国民党政府外交的不满。书出版后，国民党政府曾致函商务印书馆查询责难，邝因此与编译所长王云五发生矛盾而退休。

邝富灼曾任中华基督教青年会全国协会会长，上海中华基督教青年会会长，齐鲁大学校董，南洋商学院名誉校长，上海广东中华基督教会长老。

（2）学术成就

邝富灼先后在商务印书馆工作了二十余年，一生编写了大量英语教材，为中国早期的英语教育做出了很大贡献。邹振环在《邝富灼与清末民初商务印书馆“英文部”》一文中，用大量篇幅叙述了“邝富灼及其编译的英文教科书”。文中写道：“邝富灼一生的主要贡献是在英文教科书的编译。邝富灼加入商务印书馆的当年就出版了英文教科书……”“正是由于他不懈的努力，才使该馆的英文书籍受到了各方的好评……”

邝富灼参与编纂的英语教材主要有《英语会话教科书》（1908年编纂）、《初学英文教范》（1909年编纂）、《新世纪英文读本》（1910年编纂，全6册）、《英文规范》等，参与校订的英语教材包括《英文格致读本》（全5册）、《英文益智读本》、《英文新读本》、《初级英语读本》、《英语作文教科书》、《初学英文轨范》、《增广英文法教科书》（附华文注释）、《简要英文法教科书》、《新法英文教程》以及《英语会话教科书》等。

2.《英文新读本》

我们选取1909年由商务印书馆出版发行、邝富灼校订、美国安迭生（Roy S. Anderson，中文名孙明甫）编纂的6卷本《英文新读本》（*New English Readers*）做简要分析。

商務印書館
英文新讀本
卷壹
COMMERCIAL PRESS
NEW ENGLISH READERS
Volume I
COMPILED BY
ROY S. ANDERSON
(Soochow University)
EDITED BY
FONG F. SEC, M.A.
(Teachers College, Columbia University)
SHANGHAI
COMMERCIAL PRESS LTD.
1912.

《英文新读本》内封

（1）特点分析

①取材丰富多样，符合中国国情

当时英文读本大多为英美学者编写，因此书中内容往往选择英美的历史人物和事件作为素材，与中国学生的口味未必完全切合。而《英文新读本》是商务印书馆特邀出生在苏州、对中国文化比较了解的美国人孙明甫负责编辑，并由邝富灼悉心校订。在选材方面，编者尽力考虑到中国学生的成长背景，所选内容多合于中国人的性情风俗。

②摒弃陈旧难词，适合学生学习

初版中出现的选材过长，同时有些由中国文学作品翻译过来的文章不适合于课堂教学，因此再版时删掉了那些较长、较难的材料，用一些措词和风格较为简易的材料来取代。新材料选用有内涵、有价值的文章来传达普通信息。保留下来的有些文章被分成短小精悍的课文，有些在原文中出现的难词也被简化或删掉了。考虑到中国学生在开始学习英语时年龄上已趋于成熟阶段，因此，删略了那些儿童化的有关动物和日常事物的描绘内容，而多采用发明、发现、传记、历史事实等题材。

③适当中文注释，便于学生学习

本套书共6册，供中学及高等小学堂使用。课文的取材以适合我国的风土人情及激发奋勇精神的内容为主，主要采用了阅读理解的学习形式。各个篇章均用阿拉伯数字对段落进行标注，便于学生快速找到相关信息。对疑难语句和习语表达用中文做了注释，单词也用中文注释词义。

④注解配有插图，便于学生理解

全书由编辑大意、前言、目录、正文、单词表及注释构成。重难点课文中配有插图，可以帮助学生更好地理解课文大意。对较难的词组和句子采用斜体印刷，以吸引学生重点关注。

⑤关注学生学情，教法简单明了

本书主要采用直接教学法来编写，这相对于翻译法或语法讲解法来说，是一种进步。

（2）课文举隅

《英文新读本》卷一的第2—3页。这是一篇兼有科普特色的寓言故事。

**The Birds, The beasts, and The Bat**

Once there was a great battle between the birds and the beasts. The bat did not join either side at first. He thought he would wait and see how the battle turned.

At last he saw that the beasts were likely to win the fight. Then he went among them.

When they saw him, they thought he was a bird. "Tear him to pieces," they cried.

But the bat said, "Look at the hair that covers my body. Do you see any feathers? And look at my sharp teeth. Do birds have teeth? Does a bird' s mouth look like mine?"

"Sure enough, he is a beast," said the others. And they let him alone.

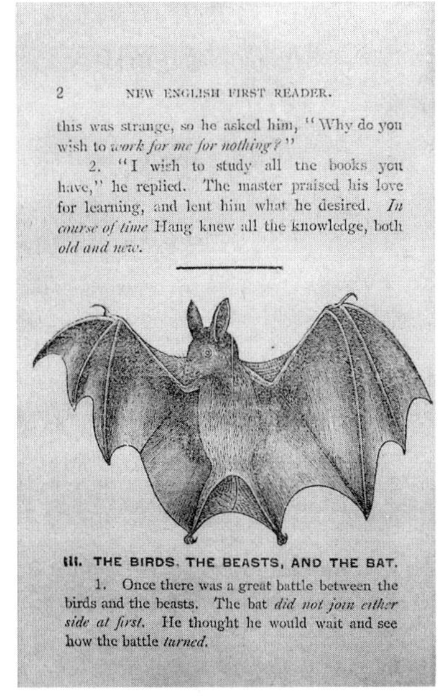

2 NEW ENGLISH FIRST READER.

this was strange, so he asked him, "Why do you wish to *work for me for nothing?*"

2. "I wish to study all the books you have," he replied. The master praised his love for learning, and lent him what he desired. *In course of time* Hang knew all the knowledge, both *old and new.*

III. THE BIRDS, THE BEASTS, AND THE BAT.

1. Once there was a great battle between the birds and the beasts. The bat *did not join either side at first.* He thought he would wait and see how the battle *turned.*

《英文新读本》内页

But the battle was not yet over. The birds won the victory afterall. Then the bat vanished from among the beasts. He hid in the tree tops a while. When he thought it safe, he showed himself among the birds.

"Here is a beast!" cried the birds, "See his hair and his teeth. Look at his mouth. He is not one of us. Peck him to death!"

But the bat flapped his wings and cried, "Just see me fly. Do you not perceive that I am a bird?"

Upon this the birds decided not to kill him. But they would have nothing to do with him. They were sure they had seen him on friendly terms with the beasts.

AESOP.

## 八、伍光建与《帝国英文读本》

### 1. 伍光建

（1）个人简介

伍光建（1867—1943），原名光鉴，字昭扆，笔名君朔、于晋。广东省新会县人，生于新加坡，晚清及民国时期翻译家。15岁那年，即1881年考入天津北洋水师学堂，1884年毕业。1886年被清廷派遣到英国格林威治皇家海军学院深造。一年后又转入伦敦大学学习数学、物理和天文等方面的知识，兼学欧美文学。1892年学成回国，任北洋水师学堂教习，并开始研究中国文学、历史、哲学等。1898年，伍光建应邀为汪康年在上海创办的《时务日报》（同年改名为《中外日报》）撰稿，介绍西方的科学文化，并以"君朔"为笔名发表了许多白话翻译作品。1905年，伍光建任出洋考察政治大臣头等参赞，随载泽等五大臣到欧美考察宪政，对西方政治与文化有了更多的了解。1906年归国后，历任学部二等咨议官、海军处顾问、海军处一等参赞官、军枢司司长等职务。1910年，伍光建以道员任海军部顾问官。1911年，伍光建、张元济等发起成立中国教育会，伍光建任副会长。1929年3月，任中国驻美国公使伍朝枢的秘书。1931年6月，随伍朝枢离任归国，随即退休并迁居上海。1943年6月10日，于上海逝世。

（2）学术成就

早在就读于天津北洋水师学堂期间，伍光建就接受了十分严格的外语和专业训练。1905年，他从西欧和美国考察回国后，陆续编写了物理、化学、英语等学科的教材，如《帝国英文读本》（五卷）、《英文范纲要》、《英文习语辞典》、《西史纪要》（二卷）等，前二者还成为学部审定的教材。除此之外，多年的留学生活和严格的专业训练使伍光建具备了较高的英文读写和听说能力，这为他从事专门的翻译工作打下了良好的基础。为了让读者了解西方国家的社会现状，他将有关小说翻译过来，其中法国大仲马的《侠隐记》（即《三个火枪手》）、《续侠隐记》（《二十年后》）的译文十分传神，受到读者的热烈欢迎。除了大仲马的作品之外，伍光建还翻译了狄更斯的《劳苦世界》（《艰难时世》）和《二京记》（《双城记》）、斯威夫特的《伽利华游记》（《格列佛游记》）、夏洛蒂的《孤女飘零记》（《简·爱》）、雨果的《海上的劳工》、陀思妥耶夫斯基的《罪恶与惩罚》（《罪与罚》）、塞万提斯的《疯侠》（《堂吉诃德》）等。传记方面则有福雷的《拿破仑论》和路德威格的《俾斯麦》。晚年的伍光建，在翻译外国文学作品的同时，也翻译了一些哲学、历史方面的著作，例如麦尔兹的《十九世纪思想史》、基佐的《法国革命史》、麦考莱的《英国史》等。

2.《帝国英文读本》

伍光建所编《帝国英文读本》，是清末国人自编中小学英语教材的重要代表。

（1）特点分析

①各卷结构相仿，内容逐渐深入

整套课本全部用英文撰写，无汉字翻译。目前所见版本的《帝国英文读本》卷首，没有作者对教材如何使用的说明。卷二至卷四的正文前都有“前言”和“致教师”部分，结构相同。随着学习内容的深入，每册都增加了新的要求。

②内容全面丰富，题材广泛多样

帝國英文讀本
叁卷
THE
EMPIRE ENGLISH READERS
THIRD READER
SELECTED BY
WOO KWANG KIEN
編輯者新會伍光建
上海商務印書館出版
SHANGHAI:
Printed and Published at the Commercial Press, Ltd.
1907

《帝国英文读本》内封

该教材以“学以致用”为教学目的，较突出思想情感教育，课文选材上知识性和思想性并重，题材比较广泛，原文选编多，自编和改写的比重小，语篇内容真实自然，历史和人物传记及寓言故事所占比重大。从张英老师搜集的材料来看，此书内容方面有两个明显特点：一是不载诗歌，多采小说；二是课文短小、有趣。[1]

③容量逐渐增多，学习难度较大

该套教材随着卷次的增加，内容逐渐增多。卷首内容最少，为64页，共50篇课文；卷二为202页，100篇课文；卷三为270页，共100篇课文；卷四为552页，共151篇课文。其中卷三和卷四所

---

[1] 张英:《启迪民智的钥匙——商务印书馆前期中学英语教科书》，中国福利会出版社，2004，第33页。

选用的文章都较长，为了降低难度，均将它们分成了2~5篇课文不等。总体上看,《帝国英文读本》属于文选型教材，练习比较单一，且生词量大，内容难懂，学生学起来难度颇大。

④重视培养习惯，强化语音训练

该套教材非常重视学习习惯的培养，特别是语音训练。就拿卷首来说，内容编排主要围绕语音训练来展开，其中，第1—3页是字母的读音、拼写及分类；第4—22页是字母的读音规则训练；第23—24页为重音符号的讲解；第25—57页是单词和句子的发音训练；第58—64页为每课的重点词汇表。我们可以看出该套教材的特点之一，就是重视语音训练。

⑤注重读写结合，听说略显不足

《帝国英文读本》的编写是以语法翻译法为基础，重视学生的语音基础、词汇积累和句子的语法分析和翻译。从作者撰写的“致教师”中可以看出作者在英语教学方法方面的一些主张，即重视书面语的读写，重视知识的准确、熟练，重视词汇知识和句子的语法结构分析，强调翻译和背诵等。这些主张反映出当时中西方外语教学中普遍流行的“语法翻译法”的典型特征。可见，该套教材虽然注重知识学习、语法分析及读写译能力的培养，但对听说技能培养重视不够，缺乏专门的听说训练内容。[1]

(2)课文举隅

《帝国英文读本》卷三第4—5页，第3课。

**3. A Nail Wanting**

Dis'-mount'-ing　ne-glects'　jour'-ney　dis'-loc-at-ed

neigh'-bour-ing　vi'-ol-ence　en-dure'

[1] 吴驰:《由“文”到“语”——清末民国中小学英语教科书之演变》,《湖南师范大学教育科学学报》2012年第3期，第51—54页。

Paul saddled his horse to ride the neighbouring town, with the half-year' s rent of his farm. As he mounted, he saw that a nail of one of the horse' s shoes was wanting. "It is not worth the trouble of dismounting," said he, "the want of a nail will not hinder my horse on the journey." So he rode off. He had gone three miles when he saw that the horse had lost the shoe that wanted the nail. "I might be able," said he, "to get a shoe put on at the neighbouring smithy: but no, I shall lose too much time, my horse will reach the town quite easily with three shoes."

Further on, a great thorn pricked the foot of the horse, sorely wounding it. "I shall be able," said Paul, " to dress the wound when I reach the town; it is only a mile distant."

A little after, the horse took a false step, and fell. Paul was thrown with great violence, and had his arm dislocated at the shoulder.

He was taken to a house near by, where he lay for ten days unable to move. His horse was much hurt and of little use afterwards. Paul lost his time, had to spend a good sum of money, and to endure much suffering. "All this, " said he, "has come of those little neglects. If I had put a nail in my horse' s shoe, it would not have been lost; If I had got a shoe put on, the horse' s foot would not have been wounded, it had not stumbled and fallen, nor should I have been lying here like a log."

## 九、严复与《英文汉诂》

### 1. 严复

(1)个人简介

严复(1854—1921),初名传初,后改名为宗光,字又陵,后又改名为复,字几道。福建侯官人。严复是中国近代著名的启蒙思想家、翻译家、教育家,中国近代史上向西方国家寻找真理的“先进的中国人”之一。1867年,严复考入福州船政学堂,学习英语及西方近代科学知识。1871年成为该学堂的第一届毕业生;1872年获取道员资格。1877—1879年被清政府派往英国留学两年。在英留学期间,严复在学习海军知识外,更留心西方社会制度,研读西方政治经济学著作,尤其是达尔文的进化论,对其影响颇深。1879年回国后,任福州船政学堂教习。1880年任天津北洋水师学堂总教习,兼任俄文馆总办(即校长)。1900年在维新派人士所组织的“中国国会”中被推举为副会长。1902年就职京师大学堂编译局总纂。1908年在清学部任职审定名词馆总纂。1909年获文科进士出身。1911年任海军部一等参谋官。1915年,卷入袁世凯复辟活动。1921年病逝于福州。[1]

(2)学术成就

严复翻译了多部有关西方近代政治、经济、哲学等领域的名著。《天演论》以期“鼓民力、开民智、兴民德”,提倡“物竞天择,适者生存”的进化论观点,在唤醒中国人救亡图存的意识方面,影响极大。同时,严复还在天津《直报》上发表了多篇政论文章,如《论世变之亟》《原强》《救亡决论》《辟韩》等,宣扬西方科学技术和平等、自由等思想,在社会上引起很大的轰动。《英文汉诂》是

[1] 孙广平:《晚清英语教科书发展考述》,博士学位论文,浙江大学人文学院,2013,第369页。

严复唯一的一部语言学著作，也是晚清以至民国在英语语法学习方面最具影响力的教材之一。

2.《英文汉诂》

《英文汉诂》于清光绪三十年（1904）五月（新历6、7月间）由商务印书馆首次出版[1]，此后又多次再版。现对该书的特点分析如下：

①语法内容全面，注释艰涩难懂

严复在《英文汉诂·叙》中称《英文汉诂》是其“杂采英人马孙、摩栗思等之说，至于析辞而止。旁行斜上，释以汉文，广为设譬，颜曰《英文汉诂》”。全书分十八篇：一是发凡（Introduction），二是正书（Orthography），三是字论（Etymology），四是名物部（Nouns），五是区别部（Adjectives），六是称代部（Pronouns），七是云谓部（Verbs），八是疏状部（Adverbs），九是介系部（Prepositions），十是挈合部（Conjunctions），十一是嗟叹部（Interjections），十二是制字（Word-making），十三是句法（Syntax），十四是句主与谓语（Subject and Predicate），十五是句法分类（Classification of Sentences），十六是造句集例（Summary of Rules of Syntax），十七是析辞（Analysis of Sentences），十八是句读点顿（Punctuation）。[2]

书中的汉语言翻译多为学术文言语言和创新翻译词汇，学术水平较高，从中也能看出严复深厚的语言功底。但也正因如此，这也造成了一个问题，那就是当时一般民众对此书内容的理解比较困难。尽管如此，不少他创造的新词仍被现代英文语法著作沿用至今，已为读者普遍接受。如“元音”（Vowels），“句法”（Syntax），

[1] 欧梦越、林大津：《严复〈英文汉诂〉考辨》，《福建师范大学学报（哲学社会科学版）》2014年第2期，第82页。
[2] 邹振环：《翻译大师笔下的英文文法书——严复与〈英文汉诂〉》，《复旦学报（社会科学版）》2007年第3期，第53—54页。

“主语”(Subject),“谓语”(Predicate),“虚拟语气”(Subjunctive Mood),“祈使语气”(Imperative Mood),动词的“及物”(Transitive)和“不及物”(Intransitive),“句读点顿”(Punctuation),等等。[1]

②解析清晰生动，注重语言联系

如严复用韩愈的诗句“张生手持石鼓文，劝我试作石鼓歌”为例，按照英语句法的构造，即句主(主语)+谓语构成句子的这一规则，来分析汉语中的句子内部对这一规则的运用。严复认为，“张生”即为该诗句的主语，“劝我作歌”为谓语，而“手持石鼓文”，可以视作子句，修饰“张生”。同时，严复在分析这句诗文时也认为:“中西文字不同，故同一词而有数式之译，至于仂语(即复合句)子句，尤为难分，所可知而不易者，则张生于此必为句主，劝我作歌，必为谓语而已，所以知上七字为成句，不与下七字并列为合沓句法 Compound Sentences 者，则诗意重在作歌，其手持石鼓文，乃一时附见之事，理不得与作歌并重，凡此则意之所可通者矣。”这表明中西两种语言在内部结构上存在着一定的相似性。[2]

再如，在“论字母与其音”一节中，严复在论及英语的元音时写道:“同于中国之宫商角徵羽; a 商、e 角、i 徵、o 宫、u 羽也；亦有变音，与中国同，谓之双音 diphthong，如 oi 之在 boil, ai 之在 aisle，皆变徵之音也。”其他如用《千家诗》中的“傍花随柳过前川”的诗句和“曾参杀人”“高力士脱靴”“黔之驴”等中国典故来解释英文之处亦比比皆是。[3]

---

[1] 邹振环:《翻译大师笔下的英文文法书——严复与〈英文汉诂〉》,《复旦学报(社会科学版)》2007年第3期，第57页。

[2] 孙广平:《晚清英语教科书发展考述》，博士学位论文，浙江大学人文学院，2013，第378页。

[3] 邹振环:《翻译大师笔下的英文文法书——严复与〈英文汉诂〉》,《复旦学报(社会科学版)》2007年第3期，第56页。

③强调寻根溯源，注重语法源流

严复在讲述英文文法时不是一般地阐述文法规则原理，而是非常强调语法现象的源流关系。如在“篇二”中他指出：“英字重音有两法，其本为条顿之字者，所重多在其根：如 love', lovel'iness，其原于拉丁与法兰西语者，则所重多在末，字音多者，往往在末第三音，次之则在末第二，其新由法语引入者，或如其旧，竟在尾声；如见于 monop'oly，the'atre，remon'strate，ben'efac'tor，police'，physique' 等字是已。”再如“篇十二”在谈论动词的后缀时指出：“盖英之云谓部，其取材于拉丁语者最多，溯其由然，则中古宗教之力也。然大要不出二途，一取其现在简式而用之，比如 intend（起意），defend（防守），manumit（放任），incline（偏倚），opine（设想，思惟）等字是已；一取受事式略变而用之，如上之第一条，如 create 创造（由 cre-atus 所造）、conduct 将事（由 conducious 所进）。”[1]

④排版承前启后，标点创新应用

在该书的最后一章，严复介绍了西式标点符号，译为“句读点顿”。他介绍了四种主要的标点符号，即 comma 逗（即逗号）、semicolon 半支（即分号）、colon 支（即冒号）、full-stop 满顿（即句号），并对这些标点符号所表达的意义做了详细解释。另外，对其他的一些符号，也做了简要介绍，如 note of interrogation 发问记号（即问号）、note of exclamation 惊叹记号（即感叹号）、bracket 括弧（即括号）、dash 横画（即破折号）、double or inverted commas 双单之引号（即单、双引号）、ellipsis 中略（即省略号）等。

欧梦越和林大津认为，《英文汉诂》是近代较早由中国人自己

[1] 邹振环：《翻译大师笔下的英文文法书——严复与〈英文汉诂〉》，《复旦学报（社会科学版）》2007 年第 3 期，第 55 页。

编写的较为系统的汉文版英语语法教科书。[1]

⑤注重版权保护，唤起版权意识

大多数学者都认为《英文汉诂》标志着中国版权保护意识的诞生，还有的学者认为《英文汉诂》是中国第一本标注版权信息的著作。对于后一种观点，浙江大学的孙广平博士认为是不符合实际的，并列出了相关著作和观点，在此就不再赘述了。尽管严复的《英文汉诂》并不是中国最早标明版权的著作，但其所体现出的强烈的版权意识，是值得称许的。《英文汉诂》一书除有英文版权保护声明“All Rights Reserved”外，版权页上还出现了“侯官严氏版权所有，翻印必究”的著作权方形印花。此后，许多商务印书馆的英文教材的版权页，都会标注“版权所有，翻印必究”的专门汉语书业用语，且至今仍是中文书刊版权保护方面的规范用语。[2]

## 【本章小结】

启动期以1862年创办的外国语学校——京师同文馆为起始点，终于辛亥革命民国建立。这一时期的中小学英语教学主要是受洋务运动的影响，新式学校、教会学校、私塾书院繁荣发展。此间自编教材和引进教材都得到了发展，英语教材在编写内容和形式上越来越接近现代教材的雏形了。

---

[1] 欧梦越、林大津:《严复〈英文汉诂〉考辨》,《福建师范大学学报(哲学社会科学版)》2014年第2期，第85页。

[2] 孙广平:《晚清英语教科书发展考述》，博士学位论文，浙江大学人文学院，2013，第392—393页。

# 第四章　发展期英语教材建设（1912—1922年）

## 第一节　发展期英语教材概述

1911年，辛亥革命爆发。1912年1月，中华民国临时政府成立。为使教育系统尽快步入正轨，政府开始对其进行彻底改革。先是取消清政府成立的学部，并于同年1月9日成立教育部，由蔡元培出任教育总长。再是十天后颁布了第一个改造封建教育的法令——《普通教育暂行办法》。该办法对教科书的出版和使用进行了明确的规定："凡各种教科书，务合于共和民国宗旨，一律禁止使用清末学部颁布的教科书。"[1]

1912年2月，时任教育总长的蔡元培发表了题为《关于教育方针的意见》的文章。文章中他批判了"忠君、尊孔、尚公、尚武、尚实"的教育宗旨，提出了军国民教育、实利主义教育、公民道德教育、世界观教育和美育教育等"五育"并举的教育方针。同年7

[1] 李国钧、王炳照总主编《中国教育制度通史·第7卷》，山东教育出版社，2000，第10页。

月，全国临时教育会议在北京召开，这次会议讨论了有关教育方针的问题，并形成了“注重道德教育，以实利主义、军国民教育辅之，更以美感教育完成其道德”的新教育宗旨，于9月2日公布实施。[1]

除此之外，早在晚清时期，随着“西学东渐”的深入，近代工商业的产生与发展及大量西方文化的输入，国内英语教育已开始逐步升温。到了民国初年，学校的发展也变得较为迅速。在课程设置方面，中学外语课时已经与国文持平甚至有超过的趋势，因此，对英语教材的需求量也有了大幅度的增长。在这样的社会背景下，加之英语教材的民编部审制度日趋成熟，英语教材在民国初期有了很大的发展。

随着时间的推进，到了1922年，教育部又颁布了《学校系统改革令》，亦称“壬戌学制”。新学制的制定与施行，使当时的中国教育界掀起了一股英语学习的热潮。受此影响，英语教材建设也得到了蓬勃的发展。1912—1922年，由于受到教育系统改革及新学制颁行的影响，我国的英语教材建设逐渐走上规范化发展的道路，我们称之为“发展期”。

## 一、发展期引进英语教材简述

清末我国中小学开设英语课程之初，办学经验缺乏，师资缺乏，教材更为缺乏，因而，引进教材就是必然的了，这形成了教材引进的第一次高潮。

教材引进有两种方式，一是搬来就用，二是编译再用。在英语教材的引进和编译方面，教会学校功不可没。据有关文献记载，1902年以前，在华基督教传教士学校和教科书委员会自1877年成

[1] 李国钧、王炳照总主编《中国教育制度通史·第7卷》，山东教育出版社，2000，第12—13页。

立到1890年的十三年间，一共出版发行了约三万册教科书及各种图表，其中也包括数理化读本和外国史地教科书。我们现时使用的“教科书”一词就是那时产生的。[1]

进入发展期以后，直至1949年，除了英语学科教材，其他学科的英文版教材也开始大量被引入、编译，促进了我国教育的发展和教材建设的繁荣，也为英语教材和其他自然科学学科教材的本土化奠定了基础。

1911—1922年是我国英语教育迅速发展的时期，也是英语教材迅速发展的时期。这一时期培养出不少后来的英语名家和其他领域的专家。以下是从各种英语教育研究著作中撷取的部分资料，或许可以帮助我们了解当时英语教材的发展情况。

范存忠的回忆：[2]

> ……那是1915年春天，在崇明庙镇小学。……
>
> ……我用的第一本教科书是商务印书馆出版的，……第二本教科书是从外国来的，叫做什么《国学文编》，从儿童如何玩跷跷板谈起，同第一本教科书不相衔接，老师也换了人。后来进了太仓中学，情况好了一些。英文课有读本，还有语法。……
>
> ……
>
> ……1920年暑期，我考入上海交大附属中学二年级。我一进交大，就觉得它同我以前上过的学校都不一样。它设置的课程，除“国文”和“修身”而外，都用英语课本，也用英语讲

[1] 李良佑、张日昇、刘犁：《中国英语教学史》，上海外语教育出版社，1988，第82页。
[2] 季羡林等：《外语教育往事谈——教授们的回忆》，上海外语教育出版社，1988，第48—49页。

解，真是国内学习外语的良好环境！……在史地、数学、理化、制图、工厂实习课上，听的是英语，读的全是英语，其中有些内容甚为奇特。例如“公民学”一课用的是美国中小学的课本，谈论美国公民的权利和义务！

附中二年级的英语课程分三项：读本、语法、练习。语法课上用日本人斋腾编的《英语语法》，要比当时国内通行的语法详细得多。

葛传槼的回忆：[1]

我学英语是从1917年秋季进入县立高等小学一年级开始的。……

……我有的唯一的英语书是英国人编的*English Primer*，汉语名《英文初阶》。书上没有语法，也没有注音。……

梁思庄的回忆：[2]

天津中西女子中学是美国美以美会传教士开办的。中西女中必须冠上“天津”二字，以此来区别上海——同名教会女中“上海中西女塾”。……我是1919年秋季从天津严氏（天津著名人士、南开中学创办人严范孙）女学初小毕业后考入该校的，在那里学习将近六年，1925年离开。……

……

[1] 季羡林等：《外语教育往事谈——教授们的回忆》，上海外语教育出版社，1988，第63页。

[2] 朱有瓛、高时良主编《中国近代学制史料·第4辑》，华东师范大学出版社，1993，第363—364页。

……课程以英语为主，完全将美国课本搬过来。英语之外，其它如史、地、数、理、化课程，也是全部由外国人用英语讲授。……最可笑的，必修课之一的“公民学”，用的是美国课本，实际上是想把我们培养成美国公民，那时美国搞的文化渗透到了何等程度呀！……

陆佩弦的回忆：[1]

1916年，我出生在一个知识分子家庭里。父亲十几岁时在满清末年最后几科科举中考上秀才。之后，他自学英语，从故乡常熟来到上海，考上了当时的“游学预备科”(即清华前身)。1909年他赴美留学，于1914年获哥伦比亚大学化学硕士学位后回国。由于他受过中西合璧的教育，所以我小时候在家里既背过四书五经，也跟父亲以“读夜书”的方式学英语，用的是当时商务出版的《华英初阶》《英文津逮》《泰西五十轶事》等等。……

薛正的回忆：[2]

在立案前所用的课本，除语文外，一律都是英文的，连中国的历史、地理课本也是美国人编写、在美国出版的，而且还由美国教师教的。翻开这些史地课本，触目的就是抽鸦片烟、缠小足、拖辫子、留长指甲、茅草棚、乞丐等侮辱性的材料，

[1] 季羡林等：《外语教育往事谈——教授们的回忆》，上海外语教育出版社，1988，第251—252页。
[2] 朱有瓛、高时良主编《中国近代学制史料·第4辑》，华东师范大学出版社，1993，第303页。

而其他英文课本，都是些美丽花鸟、“英雄肖像”、“辉煌的战绩”以及高楼大厦等等。这个对比给初学的青少年留下什么样的印象，造成什么样的心理？它的危害性是不言而喻的。

胡明杨的回忆：[1]

……我是从中学才开始学外语的，学的是英语。课本用的是生活书店的英语课本。老师先教了我们国际音标，然后读生词，读课文，讲语法，做练习，跟现在的英语课差不多，只是课文全是原文，有伊索寓言，也有泰西五十轶事的选文，不同的是没有中国人自己写的中国式的英文课文，也没有口语和会话的内容。……

桂诗春的回忆：[2]

我在二战后，即香港光复后，进入当地的所谓英文书院（English Colleges，相当于普通中学，当地人叫做 Anglo-Chinese schools）学习。……我在校前后五年，基本上跨越了初中和高中阶段。因为战争的影响，流离奔波，我进入书院前所受的教育是不健全的，包括先后请过两位家庭教师来教英语和《古文观止》。因为已经接触过英语（教材先用 Lamb 的 *Tales from Shakespeare*，后用一个美国人写的关于中国的教科书，书名好像叫 *China*，里面还有一些拖着辫子的中国人的照片），所

[1] 束定芳主编《外语教育往事谈（第二辑）——外语名家与外语学习》，上海外语教育出版社，2005，第94页。
[2] 束定芳主编《外语教育往事谈（第二辑）——外语名家与外语学习》，上海外语教育出版社，2005，第109—110页。

以进校后听老师用英文上课没有多大困难。……

通过上述各位大家的回忆记录，我们可以间接洞悉当时那个阶段引进教材的一些特点：

1. 小学英语教材开始出现

从教育对象年龄较小的角度考虑，清末新学制建立之时，规定小学堂禁止开设英语。在统治者看来，因为儿童接受外语教育容易受西方思想影响和熏陶，势必对他们的统治产生不利的影响。因此，清末几乎没有专门为小学生编写的英语教材。直至民国时期，教育部才允许有条件的高小开设外国语科目。在使用过程中，有的教材是直接引进，有的则为国内书坊自编。在引进的教材中，比较有代表性的是《英文津逮》(*Mastery of English*)。

2. 内容脱离学生生活实际

当时所用的英语教材多是原版引进教材，其内容选材比较偏重于西方文化生活。这类教材在未经改造、全盘照搬的情况下使用，势必脱离学生的实际生活环境，不符合当时学生的学情需要。即便有一些反映中国生活的材料，也像薛正教授回忆的那样，“触目的就是抽鸦片烟、缠小足、拖辫子、留长指甲、茅草棚、乞丐等侮辱性的材料。而其他英文课本，都是些美丽花鸟、‘英雄肖像’、‘辉煌的战绩’以及高楼大厦等等”。由此可见，使用原版教材虽有益于学生感受西方的文化，但易使学生滋生崇洋媚外、自我否定的心理，久而久之，甚至还会产生民族自卑感。

3. 教材缺乏统一性、稳定性及连贯性

从范存忠教授的回忆记录中我们可以看出，这一时期的英语教材来源不固定，既有国内出版机构自行编著的教材，也有直接从国外照搬过来的教材。两者在内容、编排结构方面都存在差异。例如他提到第一年的课本和第二年的就存在无法衔接的问题。可见，不同的教材、学段之间互不照应、缺少连贯性的现象还是普遍存在的，受此影响，学生的系统学习得不到保障。

从数量上看，民国初期的教材虽然较多，但内容上全国并不统一，各地各校使用的教材都由教师自行选定，显示出一定的灵活性和自由度。为了了解当时的情况，现根据北京图书馆所编的《民国时期总书目》，将当时使用的部分引进教材罗列如下：

发展期（1912—1922）部分引进英语教材

| 出版年份 | 教材名称 | 作者 | 出版机构 |
|---|---|---|---|
| 1911年 | 《英文格致读本》（*Science Readers*，全5册） | N. Gist Gee编纂，邝富灼校订 | 商务印书馆 |
| 1914年 | 《英文第一新读本》《英文第二新读本》 | 吴继杲编纂，哈·亨利校订 | 商务印书馆 |
| | 《近世英文选》（*Selected English Readings*） | T. W. Chapman编辑，C. S. Medhurat校订 | 中华书局 |
| 1915年 | 《实习英语教科书（第一册语言练习）》（*English Learned by Use*，*Book1*，*First Lessons in Speaking*） | Brownell Gage编 | 商务印书馆 |
| 1917年 | 《实用英语教科书会话法规》（*English Learned by Use Second Book of Lessons in Speaking*） | Brownell Gage编纂 | 商务印书馆 |
| | 《日用英语会话教本》（*The English Echo*） | J. Ingram Bryan编纂 | 商务印书馆 |
| 1918年 | 《新体英文法教科书》 | 商务印书馆编译所编 | 商务印书馆 |
| 1919年 | 《英文津逮》（*Mastery of English*） | H. B. Graybill编著 | 上海伊文思公司 |
| | 《柯提拿英语教科书》（*Crotina English for Chinese Conversation Book*） | 美国函授学校编 | 中华书局 |
| | 《中等英文典》（*Intermediate English Grammar*） | 神田乃武著 | 商务印书馆 |
| 1921年 | 《高级英文范》（*Progressive English Grammar*） | R. P. Montgomery编纂 | 商务印书馆 |

## 二、发展期自编英语教材简述

晚清时期，国内就已经出现了民间如教会形式或官方形式的教材，其内容既有英语语言方面的，也有涉及自然科学领域的。中国近代的英语教材的编写始于清末商务印书馆，当时的教材还未形成固定的使用对象。为了实施对教材的管理，清政府学部开始涉足教材的审定工作。到了民国初年，民间教材的编写得到了进一步的发展。此时期除了引进编译的部分教材外，也自编了大量的英语教材，这些教材不但包含了"读本"类课本，还有"会话""文法""作文"等类课本，它们在英语教学中发挥了重要作用。

对于发展期自编英语教材的发展状况，可以简要概括如下：

首先，出版机构增多。随着当时民编部审制度的实施，许多书坊抓住有利时机，纷纷出版了不同形式的英语教材，较之启动期，发展期出版的英语教材类型从单一向多样化发展，其中最具影响力的出版机构是商务印书馆和中华书局。从总量上看，商务印书馆出版了21种英语教材，而中华书局则出版了18种。

其次，著者名家居多。如邝富灼、周越然、张士一、李登辉、杨锦森等这些名家受中西方文化知识思想的影响，英文积累比较深厚，其编写的英语教材质量较高，思想相对独立。

第三，结构趋向综合。从类型上看，该时期的英语教材以集读本与文法于一身的综合性教材为主，改变了以往词典、文法教材一统天下的局面，偶尔也会出现以会话、阅读为主的文选读本及写作性质的尺牍教材，其编排特点呈现出从单一结构向多元结构发展的趋势。

第四，内容有所继承。就连贯性而言，民国成立之后，为防止教育受到清末教材的影响，规定清学部颁行的教材一律禁用。在这种背景下，一些有远略的书坊如中华书局、商务印书馆等出版机构纷纷对已出版的清末教材进行修订、增添和删除，在此基础上更名并进行再版，因而在内容方面体现出一定的延续性和继承性。

从总体上看，民国之后，英语教材进入一个新的发展阶段。这个阶段，国人更倾向于自编教材，特别是到了二三十年代，中学教材得到了迅速发展，英语教学也开始从注重读写转向听说能力的培养。

此间，全国使用范围较广的自编英语教材如下表所示：

发展期（1912—1922）部分自编英语教材

| 出版年份 | 教材名称 | 作者 | 出版机构 |
|---|---|---|---|
| 1912年 | 《中华高等小学英文教科书》（全4册） | 冯曦、吴元枚编纂 | 中华书局 |
| | 《中华中学英文教科书》 | 李登辉、杨锦森编纂 | 中华书局 |
| | 《英华会话合璧》 | 张士一编纂，张元济、邝富灼校订 | 商务印书馆 |
| | 《英语易通》 | 不详 | 商务印书馆 |
| 1913年 | 《最新英华会话大全》 | 李登辉、杨锦森编纂 | 中华书局 |
| | 《共和国民英文读本》 | 苏本铫编，邝富灼校订 | 商务印书馆 |
| | 《共和国教科书高等小学英文读本》 | 甘永龙等参订 | 商务印书馆 |
| | 《英文法阶梯》（原名《共和国教科书：中学英文法》（全4册） | 邝富灼编纂 | 商务印书馆 |
| | 《共和国教科书：中学英文读本》（全4册） | 甘永龙、邝富灼、蔡文森编纂 | 商务印书馆 |
| 1914年 | 《英文尺牍教科书》 | 张士一编纂 | 商务印书馆 |
| | 《中华英文会话教科书》 | 辜景华编纂 | 中华书局 |
| | 《新制英文读本》 | 李登辉、杨锦森 | 中华书局 |
| | 《中华英文尺牍大全》 | 李登辉、杨锦森编纂 | 中华书局 |
| 1915年 | 《新编高等小学英文教科书》 | 李登辉、杨锦森著 | 中华书局 |
| | 《英文文学读本》 | 王宠惠编纂 | 中华书局 |
| | 《初级英文法英作文合编》 | 吴献书编纂，邝富灼校订 | 商务印书馆 |
| 1916年 | 《初等英文法》 | 刘崇裘编纂 | 中华书局 |

续表

| 出版年份 | 教材名称 | 作者 | 出版机构 |
| --- | --- | --- | --- |
| 1917年 | 《纳氏英文法》 | 沈彬改订 | 中华书局 |
| | 《英文造句教科书》 | 张秀源编纂 | 商务印书馆 |
| | 《简易初等英文法详解》 | 商务印书馆编译所编 | 商务印书馆 |
| | 《高等小学英文新读本》 | 吴献书编纂，邝富灼校订 | 商务印书馆 |
| 1918年始 | 《英语模范读本》（全4册） | 周越然编纂，邝富灼校订 | 商务印书馆 |
| 1919年 | 《中等英语会话》 | 周越然编纂 | 商务印书馆 |
| 1920年始 | 《新教育教科书：英语读本》（全3册） | 沈彬校阅 | 中华书局 |
| 1921年 | 《新教育教科书英文法》（全2册） | 戴克谐编，沈彬、马润卿校阅 | 中华书局 |
| 1922年 | 《新法英语教科书》（全2册） | 周越然编纂 | 商务印书馆 |
| | 《新中学英语读本》 | 沈彬、马润卿编纂 | 中华书局 |

备注：发展期教材目录整理来源主要包括张英《启迪民智的钥匙——商务印书馆前期中学英语教科书》、平心《生活全国总书目》、李良佑等《中国英语教学史》和周流溪《中国中学英语教育百科全书》等。

## 第二节　发展期典型英语教材介绍与分析

### 一、葛理佩与《英文津逮》

#### 1. 葛理佩

葛理佩（H. B. Graybill，又译作“格雷比尔”），美国人，早年就学于格连贝赖亚长老会学校、华盛顿大学。毕业后来华，任教于广州格致书院，1903年任岭南中学校长。1906年回国，到哥伦比亚大学师范学院进修，获硕士学位。旋返华，后任教于岭南大学文理学院。其间主持创办教育系，任系主任。1926年辞职回美国。著有《英文津逮》《现代中国》《新中国》等作品。

2.《英文津逮》

自民国十一年（1922）新学制颁布之后，整个教育环境都发生了重大的变化，加之各地各校学生的受教育程度参差不齐，因此在教材使用方面情况比较复杂。[1]虽然各地教材名义上是根据当时政府制定的“课程纲要”“课程标准”的要求编写的，但实际情况出入很大。就使用范围来看，当时流行较广的是《英文津逮》(*Mastery of English*）这套教材。该教材是一套综合教材，由上海伊文思公司出版并发行。全书共3册，含1299个单词，供全国中学生作为英语课本使用。该书采用的编写方法是直接法。

（1）特点分析

①重视听说读写，强调全面发展

《英文津逮》比较重视听、说、读、写的全面训练，整套教材

《英文津逮》第一册、第二册封面

[1] 蒋小敏：《建国以来我国初中英语教科书研究》，博士学位论文，湖南师范大学，2008，第109页。

以语法为主要线索，课文、语法、练习综合编排。课文分讲读课和语音课两种类别。

②采用课文练习，方式灵活多样

该套教材中，练习主要以课文形式出现，篇幅占30%～50%，方式比较灵活多样。

③配备参考用书，突出重点难点

对于重点和难点的学习内容，书中都明显加以强调。为了方便教师教学，该套书还配有教师参考用书。

④重视直接方法，强调环境熏染。

黄钰生先生在其《早期的南开中学》一文中有这样一段描述：[1]

> ……我的第一个英语课本叫《英文津逮》，是当时天津北洋大学堂的一位美国教员专为中国学生编的，颇有些地方色采，如说“塘沽离天津90里”之类的例句。我们那时候学英语，不象现在从发音规则学起，循序渐进，我们认、读、写英文字象认、读、写汉文方块字一样，先生硬教，我们硬学，天天默单字，天天背课文。……

由此我们可以窥探《英文津逮》的一些细节特征。

（2）课文举隅

本文取材于《英文津逮》第二册的第58—59页。

**38.Whose**

Learn these kinds of sentences exactly. Don’ t get one of them wrong.

---

[1] 杨志行、纪文郁、李信主编《解放前南开中学的教育》，天津教育出版社，1989，第48页。

Which pronouns are singular and which are plural?

Whose hat is this?

| | |
|---|---|
| It is my hat. | These are our clothes. |
| That is your pen | Those are your seats. |
| This is his sister. | These are their books. |
| That is her boat. | Where is my seat? |
| This is its place. | What is your name? |

What did you say about your pen?

My pen is not here.

Your sentence is wrong.

His hat has no top.

Her school is out.

Its top is off.

Our seats are broken.

Your names are the same.

Their players are good.

Whose watch did you get?

Whose story did you like?

What is that?

That is one of my old hats.

Perhaps this is one of your books.

He gave me one of his pencils.

She taught one of her brothers.

The clock lost one of its hands.

One of our players is sick.

Please give me all of your names.

They lost some of their men.

| | |
|---|---|
| Whose is this? | Whose is this hat? |
| It is mine. | These are ours. |
| It is not yours. | Where are yours? |
| That is his. | Which are theirs? |
| Where is hers? | Give me his. |
| Which is its? | Don' t use hers. |

He is a friend of mine.

| | |
|---|---|
| Here is his hat. | What about yours? |
| Mine is lost. | Ours are too old. |
| Yours is broken. | Yours are very good. |
| His is here. | Theirs are too small. |
| Hers will do. | Our players play fast, but theirs play slowly. |
| Whose is this? | Whom does it belong to? |

To whom does it belong?

| | |
|---|---|
| It is mine. | It belongs to me. |
| It is yours. | It belongs to you. |
| It is his. | It belongs to him. |
| It is hers. | It belongs to her. |
| It is its. | It belongs to it. |
| It is ours. | It belongs to us. |
| It is yours. | It belongs to you. |
| It is theirs. | It belongs to them. |

| | | | |
|---|---|---|---|
| I | me | my | mine |
| you | you | your | yours |
| he | him | his | his |
| she | her | her | hers |
| we | us | our | ours |

| | | | |
|---|---|---|---|
| you | you | your | yours |
| they | them | their | theirs |

## 二、李登辉与《新制英文读本》

### 1. 李登辉

（1）个人简介

李登辉（1872—1947），字腾飞，祖籍福建省同安县（今厦门市），生于荷兰殖民地爪哇，父母为南洋华侨。我国近代著名教育家，曾于1913—1936年期间就任复旦大学校长一职。

14岁时，李登辉开始在新加坡英华学校（Anglo-Chinese School）接受英语教育。求学期间，其聪明和刻苦被校长威廉·奥尔德姆牧师（Rev. William Oldham）所赏识。19岁时，在威廉·奥尔德姆牧师的鼓励和赞助下去美国深造。赴美之后，先后进入俄亥俄卫斯理大学（Ohio Wesleyan University）和耶鲁大学（Yale University）学习。1899年6月，获得耶鲁大学的文学学士学位。此后在英华学校任教一段时间，便去自己的出生地——印度尼西亚巴达维亚（Batavia，今雅加达 Jakarta）试办英文学校，起名为耶鲁学校。1905年，为了投身教育救国事业，只身来到上海，与颜惠庆等人创立了寰球中国学生会，并担任会长达10年之久。后来，他参与创办了复旦公学，又被清政府任命为浙江省派赴美国留学生的主试官。1912年至1913年，同时担任英文报纸 *Republican Advocate* 的总编和中华书局英文部编辑。1913年至1917年，任复旦公学校长。1917年至1936年8月，任私立复旦大学第一任校长。1919年，荣获上海圣约翰大学名誉文学博士学位。1947年，在上海病逝。

（2）学术成就

自任复旦大学校长一职之后，李登辉在任23年，是迄今任期最长的复旦校长。此间尽管校务繁忙，但他仍先后担任哲学、伦理学、社会学、心理学、进化学、拉丁文、德文、修辞学等多门课程的授课，同时还编撰了许多教材和专著，其中以他与杨锦森合编的《新制英文读本》最为知名。

除此之外，在办学理念方面，李登辉主张“学术独立，思想自由”。在他的努力下，到20世纪30年代初，复旦大学已经成为一所拥有文理法商四大学院、18个系科的综合性大学。这所大学培养出的学生中有26人先后出任各大高校校长，其中就有像竺可桢等杰出的科学家。对于李登辉之于复旦大学的意义，有人做出这样的评价：“李登辉的名字与复旦紧密联系在一起；没有李登辉，也无法想象有复旦的业绩。”

2.《新制英文读本》(第一册)

该书于民国三年（1914）一月由中华书局出版发行。全书共计70页，包括编辑大意、给老师的建议、目录、课文、版权页五个部分。其中课文部分共有40课，被分成三节，第一节有16篇课文，

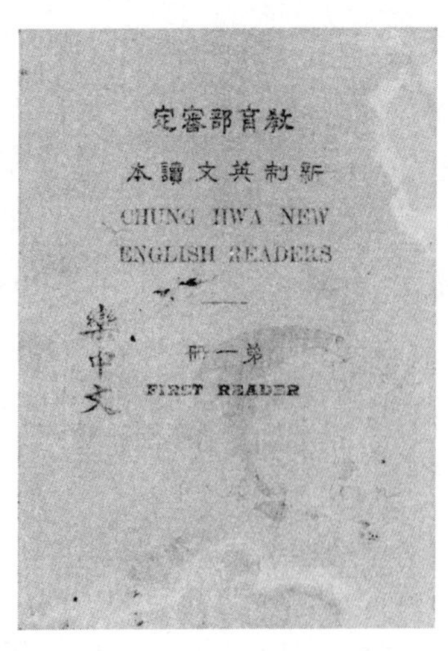

《新制英文读本》第一册封皮及内封

第二、三节各有12篇课文。该书适用对象为师范学校、中学校、高等小学校中初学英文的学生。

（1）特点分析

①注重英语基础，渗透道德教育

本书在“编辑大意”中明确提出，该书之宗旨在于培养学习者学习英文的基础，使其具有运用普通语言文字的能力。为此，在选材方面，编者比较注重从学生的实际出发，所选40篇课文均与日常生活相关，这样的教学内容饶有趣味，学生上课时不会产生枯燥乏味之感。加之每篇课文之首所配备的精美漂亮的插图，也能吸引学生的注意力，有助于他们快速地了解课文主题，为自学提供了便利，从而为接下来的学习打下基础。

此外，该书还比较注重道德教育，强调学习者在知识和道德两个方面同时上进，尤其在德育方面讲究潜移默化。

②设计循序渐进，层次梯度分明

鉴于使用对象的学习规律与需求特点，全书涵盖的所有课文均按照难易程度的不同依次展开。课与课之间衔接紧密，梯度明显，体现出由易到难、由简到繁的循序渐进的设计思路。学生在学习过程中可以拾级而上，逐步提高，自然学得更轻松，也更容易理解和接受。

③体例结构完备，适合学生自学

从编排体例来看，本册书的每课生词都配有汉语注释，长单词中都标有重音符号，每篇课文之后还配有短语或习惯用语的解释及书写范例。这些标注详细、具体、恰当，既可以加强学习者对课文之意的理解，又可以增进他们的翻译技能。特别是对初学者及自学者来说，更加符合他们的学习需求。

④要求明确具体，便于教师操作

除了上述特点，该书还有一个比较明显的特色，即在“给老师的建议”部分中，对教师的授课内容及方法提出了具体的要求和建议。其要点如下：

a. 在准备课文阶段，教师要先做好发音示范，其后，再要求学生模仿读音并随之对课文进行翻译。

b. 在背诵课文阶段，教师应让学生先按照由慢到快的速度朗读课文，在此基础上对新单词进行拼写并给出中文意思，随后邀请学生利用新单词进行中、英文造句和各种形式的练习，最后留一点时间供学生听写之用。

（2）课文举隅

本文取材于《新制英文读本》（第一册）第1—4页。

**FIRST READER**

**LESSON 1**

**AN IDLE BOY**

| idle 懒惰 | stupid 愚 | play' time 游戏之时 |
|---|---|---|
| of' ten 常 | dur' ing 在其间 | |

1. An idle boy makes an idle man.

2. If a boy does not learn when he is in school, he will be useless when he becomes a man.

3. Boys often do not like to study, but like to play.

4. There is a time to play, and there is a time to study.

5. Of course, if we study all the time, we shall get sick.

6. But if we play all the time and do not study, we shall become stupid.

7. So a good boy should go out and play during playtime and study hard during the time of study.

8. Then he will become strong in body and in mind.

EXERCISES

Questions and Answers

1. —What kind of man will an idle boy become?

—He will become an idle man.

2. —Do all boys like to study?

—No, some boys like to play.

3. —Is it good to study or to play all the time?

—No, it is bad. If we study all the time we shall get sick, and if we play all the time we shall become stupid.

4. —What must a good student do?

—He must go out and play during playtime, and study hard during the time of study.

Translation

English into Chinese

1. A good student knows when to play and when to study.

2. Many useless men were idle boys.

3. If we wish to be strong in body, we must play.

4. But we must also study hard, if we wish to become wise and useful.

Chinese into English

1. 佳童恒喜读书。

2. 劣童独喜游戏。

3. 勤学之童子成有用之人。

4. 懒惰之童子成无用之人。

## 三、周越然与《英语模范读本》

### 1. 周越然

（1）个人简介

周越然（1885—1962），字之彦（一说名之彦，字月船），20岁时改字为越然，浙江吴兴（今湖州）人。他精通英语，是严复的学生，同时也是民国知名的藏书家、编译家、散文家。

周越然自幼丧父，跟随母亲学习和生活。他喜爱读书，在母亲的帮助下很小就开始学习《大学》《四书》《诗经》《左氏传》等经典著作。9岁那年，周越然考中秀才，11岁时自学英文，16岁入华英学堂接受英语教育，21岁开始当老师，后因参与学生罢课事件而中断教学工作，遂转而投考复旦公学。一年之后，经李登辉的推荐，去苏州英文专修馆任教。此后，周越然又相继在近10所中学、大学教授英语，如江苏高等学堂、安徽高等学校和上海公学等。

民国初年，他开始出任上海中华书局英文总编辑一职，曾翻译出版《大演论释》等4部书。1915年，周越然在商务印书馆编译所英文部任编译员，专门负责编译英文书籍及参考辅助读物等工作，其中，最为畅销的当属《英语模范读本》一书。

除了编纂书籍以外，周越然还有藏书的爱好，尤其对线装古版书及西文图书情有独钟。随着藏品数量的不断累积，周越然后来建造了一幢藏书楼，起名为“言言斋”，内藏线装书3000余种，还有西文图书约5000册。令人感到惋惜的是，1932年“一·二八”事变爆发，楼内珍藏几乎全部化为灰烬。

抗战胜利之后，周越然隐姓更名去了外埠，后来又辗转回到上海。1949年，他开始以“周复盦”的名字在吴淞水产专科学校（今上海海洋大学）教授英语。虽然他安于工作，但当时许多学校出现了以俄语取代英语的发展趋势，受这种变化的影响，1955年夏天他被迫辍教，到图书馆工作。1962年8月病逝。

（2）学术成就

周越然在商务印书馆工作长达30年，先后编译了32种有关英语教与学的图书，此外还有五六种在馆外编就的注本。这些图书当中，影响力最大的是《英语模范读本》。他还著有《书书书》《六十回忆》《版本与书籍》《性知性识》，以及一册为香港藏书家黄俊东称为“用俏皮的笔调来写性故事的妙书”的《书话集》。此外，他还经常用不同的笔名在报刊上发表短文，内容涉及多个方面，写作风格也是庄谐并济，颇受读者欢迎。

2.《英语模范读本》

1913年1月，民国政府公布了“癸丑学制”，将外国语列为中学主要课程之一。1918年以后，周越然开始着手编写《英语模范读本》系列教材。从1918年始至1930年代后期，该书经过五六次修订，总发行量超过100万册。这在整个民国时期的出版史上，也是一个罕见的现象。[1]

（1）特点分析

①结构体例严谨，方便学生检索

《英语模范读本》一书最初分为四册，后改为三册，我们以四册本作为分析对象。每册编撰的总体顺序是：序言、前言、检索、扉页、正文、附录。其中，“前言”包括使用说明和教学安排；“检索”中包括课文总检索、项目检索和语法检索；“附录”中包括字母歌、音标、功能句、书法示例、课堂用语、词汇表及标点符号，词汇表中注明了单词读音和汉语意思。

[1] 吴驰:《由“文”到“语”——清末民国中小学英语教科书研究》，博士学位论文，湖南师范大学，2012，第94页。

《英语模范读本》第二册封面

②难度逐渐递增，题材循序渐进

本套书四册课文的编排是难度递增、循序渐进的。第一册正文只有词汇和简单的问答；间或介绍国际音标，发音要求严格。第二、三、四册有词汇、对话、语法和阅读四部分，部分课文还附有书法练习、词汇学习等其他内容；针对词汇、语法的所有讲解都用英文。第二、三册讲语法，以归纳为主，第四册讲修辞作文。书中的练习则偏重于文法造句。后三册课文中的新单词在重读音节下方加着重号。

③关注学生兴趣，题材丰富多样

第一册主要教授日常生活所用字句，如人身体各部位的名称，生活中所见事物以及数目、时间、建筑、衣服、食物、动植物等重要名词，写读、跑跳、观看、坐立等动词的使用，并随课文附加发音、书写、语法等练习。词汇丰富，一般较为实用。第二册采用故事形式，涉及内容多是小范围的美国城市生活，如街道、方向、火车、轮船、汽车、商店、银行、货币、医院、游艺、图书馆等。也附有相应的练习，自然比第一册略深。第三册涉及的是较广泛的国外生活，尤其注重英国的重要城市与交通，家庭与日常生活习俗，以及宗教、物产、商业、邮电、学校、军队、气候等概况，目的是为学生以后出国留学或从事与外国的经济文化交流做准备。总之，前三册侧重日常生活的内容，第四册全部是英美古典文学片段，多为短诗、短剧、短文，以巩固前三册所学知识。题材多样，内容丰富。[1]

④听说读写兼顾，教法明确清晰

在课文安排上，总体宗旨是将英语学习中的“听、说、读、写”四要素贯穿始终，用循序渐进的方法不断给予训练提高、打下基础。在“教学原则”一项中明确指出本教材所采用的是“直接法”，后列举六条原则是：

a. 外语学习者首先要学的不是陈旧的文学语言而是日常交际用语。

b. 教师首要关注的是学生在初学阶段能否正确地发音。

c. 接下来教师的任务是依据课文、对话、描写及独白的内容尽可能简洁、自然、有趣地用英语进行讲解。

d. 语法教师要率先归纳、总结课文中的语法现象，使学生对后续学习内容形成较为系统的印象。

e. 教师要尽可能用外语讲解课文，或借助图片、实物。不要翻译，或使用母语。

f. 关于后期的写作训练，要先依据所学内容进行仿写，再进行自主写作，文章的互译要在其后进行训练。

（2）课文举隅

本文取材于《英语模范读本》(第二册）第46—53页。

**MODEL ENGLISH READERS**

**LESSON VII**

**25. VOCABULARY**

**TROLLEY CARS**

On the streets of many American cities there are trolley cars.

Like the railway trains, trolley cars run on rails made of iron. They

[1] 董忆南:《周越然与〈英语模范读本〉》,《浙江档案》2006年第3期，第58—59页。

are very convenient for the people of a city. They run on the streets all the day, and people can get on or off at any time.

A man who runs a trolley car is called a motorman. A man who collects fares on a trolley car is called a conductor.

A passenger on a trolley car should not talk to the motorman. He should not ride on the platform, because it is dangerous. Above all, he should not get off the car before it has stopped.

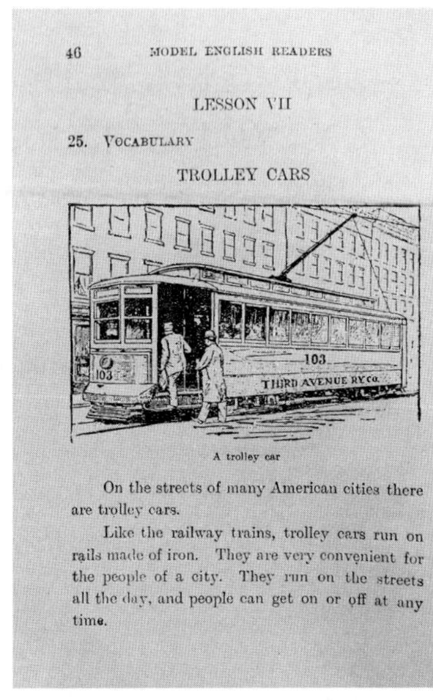
46 MODEL ENGLISH READERS

LESSON VII

25. VOCABULARY

TROLLEY CARS



A trolley car

On the streets of many American cities there are trolley cars.

Like the railway trains, trolley cars run on rails made of iron. They are very convenient for the people of a city. They run on the streets all the day, and people can get on or off at any time.

《英语模范读本》内页

These are some of the signs that may be read on the trolley cars in America.

1. Do not talk to the motorman.

2. Do not leave the trolley car while it is in motion.

3. Do not spit on the floor.

Trolley cars are sometimes called tramcars.

In China, we have tramcars in such cities as Peiping, Tientsin, Shanghai.

Language and Idioms

| motorman | motormen |
|---|---|
| rail | rails |

sign signs

collect collects collected collecting

1. The trolley cars run on rails.

2. The motorman runs the trolley car.

3. Above all, do not ride on the platform, and do not get off the car while it is in motion.

## 26. CONVERSATION

## PASSENGERS ON TROLLEY CARS

1. What cars may be found on the streets of many American cities?

Trolley cars may be found on the streets of nearly every large American city.

2. On what do the trolley cars run?

They run on rails made of iron.

3. Are these cars convenient for the people of a city?

Yes, they are very convenient.

4. Who runs the trolley car?

The motorman runs the trolley car.

5. Who collects the fare?

The conductor collects the fare.

6. What' s another name for trolley car?

Tramcar.

7. Have we tramcars in China?

Oh, yes, we have them in the large cities.

8. Should a passenger talk to a motorman?

No, a passenger should never talk to a motorman.

9. Why should a passenger never ride on the platform?

Because it is dangerous, and because it blocks the entrance.

10. What should a passenger be very careful never to do?

He should never get off a car while it is in motion.

11. If a passenger wishes to get off, what does he do?

He just signals the conductor.

12. If a person wishes to enter a trolley car, does he signal the conductor?

No, he signals the motorman.

Language

| | | | |
|---|---|---|---|
| signal | signals | signaled | signaling |
| wish | wishes | wished | wishing |
| block | blocks | blocked | blocking |
| enter | enters | entered | entering |
| shall | should | | |
| will | would | | |
| can | could | | |

## 27. GRAMMAR

### TRANSITIVE AND INTRANSITIVE VERBS

In lesson III, you learned something about verbs. You learned the one-word verbs and the verb phrases. You also learned the three tenses of verbs—present tense, past tense, and future tense.

Today you are to learn some more new things about the verb.

Most verbs tell of action, *go, play, sleep*, and all verbs of action. All of them tell of a complete action.

"I go" is a complete sentence. No other words are necessary. The word "go" tells of a complete action.

What are the verbs in the following sentences?

Does each of them tell of a complete action?

The children run. The parents are talking.

They walk. They sit.

They talk. They work.

Each of the verbs in the above sentences, *run, walk, talk, are talking, sit, work,* tells of a complete action.

Verbs which tell of a complete action are called INTRANSITIVE verbs.

Now read the sentences below:

The boy *see*s us. I *met* him.

He *carries* a book. He *asked me* a question.

His book *contains* pictures. I *answered* him.

All the verbs in the above sentences are italicized. Each does not express (= tell of) a complete action. The sense is not complete until the boy *sees* something or somebody. So it is with all these verbs. Each expresses an action that is not complete until some other thing is added. There must be something or somebody to *carry, contain, meet, ask,* or *answer.*

Verbs that do not express a complete action are called TRANSITIVE verbs.

Words used to complete the action of verbs are called OBJECTS of the verbs.

A verb sometimes takes two objects,as, "*He asked me a question.*" *Me* is the indirect object, and *question* is the direct object.

In the following sentences, the indirect objects are in SMALL CAPITALS and the direct objects are *italicized*:

I gave HIM *a picture*.

I bought HER *a book*.

I pay the MAN thirty *cents*.

He tells ME *something*.

She will mail YOU the *letter*.

We shall teach THEM *English*.

Language and Idioms

| complete | completes | completed | completing |
|---|---|---|---|
| express | expresses | expressed | expressing |

1. You are to learn something *about* the tenses of verbs.
2. You cannot leave this place *until* four o' clock.
3. He has been here *since* yesterday.

## 28. READING
## TEN LITTLE MONKEYS

Long, long ago, a man went to town to sell some red caps.

There was no train or tramcar then, and so the man walked to town.

He had a bag full of red caps. On the way he sat down under a tree and fell asleep.

By and by he woke up. He picked up his bag, but not a cap was left in it— not one! He looked around, but he could not see any one.

Then he looked up into the tree—and what do you think he saw?

Ten red caps in a row! Ten little monkeys sat in a row, and each monkey had a cap on his head.

"Come down here!" cried the man, "Give me back my caps." But the monkeys just went on playing.

The man pulled off his cap and threw it down on the ground. "What shall I do ?" he cried.

Then all at once ten red caps fell from the tree.

The man caught them and put them into his bag as fast as he could.

The monkeys did just what the man did. They put the caps on, because the man had a cap on his head. They took the caps off when he took off his cap. When he threw his cap down, they threw theirs down. So the man went on his way to town with all his red caps in his bag.

EXERCISE Ⅶ

*Write a letter to your brother, telling him something about the trolley car, or the tramcar.*

## 【本章小结】

20世纪初是中国历史上最为动荡的一个时期。从1912年至1922年，虽然仅有十年的短暂时间，但受民国政府对文化教育进行彻底改革的影响，英语教材在形式和内容方面均发生了重大变化。通过对各种版本教材的分析，我们可以清晰地感受到，该时期的英语教材已经从着重突出"读""写"能力开始转向培养"听""说"的技能。

# 第五章　自立期英语教材建设（1923—1949年）

## 第一节　自立期英语教材概述

1923年至1949年是我国英语教材编纂出版的自立时期。经过前几个时期不断的探索，特别是辛亥革命以后，政府于1922年11月2日颁布《学校系统改革案》，之后于1929年出台《初级中学暂行课程标准》，1932年出台《初级中学英语暂行课程标准》等。《学校系统改革案》提出的学制系统即为新学制，史称“壬戌学制”。这一学制采用“六三三”制，即小学六年，初中三年，高中三年。中学分为初中、高中。新学制规定初中起开设外国语，且初中的课时占了总课时的1/5，这在某种程度上保证了英语学科的教学时间。中国中小学英语教育随着新学制的颁行得到了快速发展。

“壬戌学制”的颁行稳定了教学秩序，特别是推动了英语教育的发展。这一学制除后来在课程设置、实行学分制等方面有所变动外，一直沿用到新中国成立。实际上，直至今日，这个学制依然有很大影响。

“壬戌学制”规定的教学原则有七条：一、适应社会进化之需要；二、发挥平民教育精神；三、谋个性之发展；四、注意国民经济力；五、注意生活教育；六、使教育易于普及；七、多留各地方伸缩余地。[1] 其中第一条“适应社会进化之需要”和第三条“谋个性之发展”两条对英语教育的开展有着特殊意义。

1923年由胡宪生起草的《新学制课程纲要初级中学外国语课程纲要》提出“新学制小学校以不教外国语为原则”，而由朱复起草的《新学制课程纲要高级中学公共必修的外国语课程纲要》中对授课时间及学分、主旨、教材、方法等都做了非常具体而详细的规定。如方法中规定：教初学者，先宜专重于具体的，循用抽象的教法等。1923年初中阶段外国语学分为36分，占总学分的1/5（参见1923年初中必修科目表和1929年初中暂行表）。高中分为普通科和职业科，二科英语学分均为16分，和国语学分相同。这足以说明当时对外语教育的重视。

1923年初中必修科目表

| 学科 | 社会科 | | | 言文科 | | 算学科 | 自然科 | 艺术科 | | | 体音科 | | 共计 |
|---|---|---|---|---|---|---|---|---|---|---|---|---|---|
| | 公民 | 历史 | 地理 | 国语 | 外国语 | | | 图画 | 手工 | 音乐 | 生理卫生 | 体育 | |
| 学分 | 6 | 8 | 8 | 32 | 36 | 30 | 16 | 12 | 4 | 12 | 164 | | |

1929年初中暂行表

| 科目 | 党义 | 国文 | 外国语 | 历史 | 地理 | 算术 | 自然 | 生理卫生 | 图画 | 音乐 | 体育 | 工艺 | 职业科目 | 党童军 | 总计 |
|---|---|---|---|---|---|---|---|---|---|---|---|---|---|---|---|
| 学分 | 6 | 36 | 20或30 | 12 | 12 | 30 | 15 | 4 | 6 | 6 | 9 | 9 | 15或5 | 不计学分 | 180 |

虽然暂行表中初中外语课学分有所减少，但高中的外语课学分却由16增至26，这一变化实际上是增加了高中外国语教学的分量，对于高中外语教学质量和水平的提高是有利的。

[1] 陈青之:《中国教育史》，上海书店出版社，2013，第572页。

由此，中国外语教学界加强了教材建设和教学研究。国内各大出版社争相编纂出版新制英语教材，自编英语教材空前发展，涌现出如周越然、李唯建、王云五、林语堂、林汉达、李儒勉、陆殿扬、吕叔湘、张士一等一大批自编教材的大家，同时也有一些像文幼章（J. G. Endicott）等引进英语教材的编纂者。

虽然国民党政府教育部先后审订过一些中学英语课本，推荐给各地使用，但由于学校性质多样（有公立、私立，还有教会学校等），教学要求不统一等，实际上始终未有过正式的全国统一使用的教材。民国期间编纂了很多质量较高的英语教材，这些教材甚至在新中国成立初期也发挥着积极作用。当时不少学校采用经过修订出版的中学英语课本，如林汉达编的《初中标准英语课本》、李儒勉编的《标准高级英文选》等，新中国成立初期没有统编教材，这些教材起到了不可替代的作用。

## 一、自立期引进英语教材简述

自立期的引进教材品种相对较少，但仍有一些学校，尤其是教会学校使用引进或外教自编的英语教材，如文幼章的《直接法英语读本》(中华书局，1932)。

1932年，中华书局出版了由文幼章所编纂的《直接法英语读本》。这套书共有三册，供初中各个年级对应使用。这套教材以“直接法”命名，教学自然要求采用此法。比如，第一册中就要求不能使用翻译法，每节课要用一半的时间强化训练学牛的听力；教师要借助动作、实物和肢体语言等来进行教学，尽量让学生多听、多观察，并通过模仿来学习。学生出现错误时，教师不用解释，而是直接说出正确的表述，让其反复模仿直至能够流利说出。

自立期国内主要引进使用的英语教材见下表：

自立期（1923—1949）部分引进英语教材

| 出版年份 | 教材名称 | 作者 | 出版机构 |
| --- | --- | --- | --- |
| 1926年 | 《中学英语会话读本》（*Conversational Readers for Middle Schools*） | J. I. Bryan 编纂 | 商务印书馆 |
| 1928年 | 《英语活用读本》（*Living English Book*，第4册） | Lawrence Faucett 编著 | 商务印书馆 |
| 1932年 | 《直接法英语读本》（*Direct Method English Readers Book One*，全6册） | J. G. Endicott 编著 | 中华书局 |
| | 《日用英语读本》（*Every-Day English*） | H. B. Graybill 编著 | 商务印书馆 |
| 1935年 | 《中学英文法教科书》（*Lessons in English Grammar for Use in Chinese Schools*） | E. M. Williams著 | 商务印书馆 |
| 1937年 | 《直接法英语读本》（*Direct Method English Readers* ）（改订本） | J. G. Endicott 编著 | 中华书局 |
| | 《直接法英语补充读本》（*Direct Method English Course*） | J. G. Endicott 夫妇编 | 中华书局 |
| 1939年 | 《新编初中英文法教科书》（*A New English Grammar for Junior Middle Schools*，第1册） | M. C. Edward 著 | 商务印书馆 |
| | 《学生英语会话课本》（*The Students English Book*） | M. L. Huggins 编 | 中华书局 |
| | 《韦氏英文读本》（*The New Method Readers*） | Michael West 编 | 中华书局 |
| | 《韦氏英文读本练习书》（*The New Method Readers Exercise Book*） | Michael West 原编，张梦麟改订 | 中华书局 |
| 1940年 | 《新法高中英语读本》（第1册） | J. G. Endicott 编 | 中华书局 |

## 二、自立期自编英语教材简述

1929年1月22日，国民政府教育部颁布了《审查教科图书共同标准》，这是我国政府自晚清以来颁布的第一个具体、明确的中小学教材审定标准，此标准对中小学教材的精神、实质、组织、文字、形式等各个方面做出了明确的规定。20世纪30年代以后，时任教育部长的朱家骅竭力主张部编教材，1933年5月成立“中小学教科书编审委员会”。1937年，上海各出版社根据部颁课程标准竞相编写、出版中小学教材，这些教材在民国时期的中小学教育中发挥了重要的作用，甚至推动了出版业的繁荣。该时期的英语教材编排强调从学生兴趣出发，这一要求从政府颁布的各项教育文件中也得以体现。1929年颁布的《初级中学英语暂行课程标准》对于课程“目标”的规定中第四条就是“使学生从英语方面加增他们研究外国事物的兴趣”[1]；1936年颁布的《初级中学英语课程标准》对于课程“目标”的规定中第一条为“练习运用切于日常生活之浅近英语”，第四条为“使学生从英语方面加增研究外国事物之兴趣”。[2] 自立期的自编教材表现出以下特点：

1. 严格遵循部颁标准排版编印。内容通常包括：序言、前言、目录、正文及附录。序言部分详细列举教学目标、教学原则、训练方法等。课文内容一般是从句型开始，然后是单词、课文，最后是语法。

2. 重视语言技能训练，以语言为主，文法为辅。教材在编排语法内容时，一般忽视单个语法项目的定义与规则，也不教语法的组合和分析，而重视语句的组织、单词的会意和语式的替代。并且，语法内容的形式、规律和理论在英语初学者的书中都尽量避免出现。

3. 这一时期的英语教学多提倡“直接教学法”，尽量避免对母语的依赖，因此母语在英语教材中很少出现，甚至在有些英语教材中完全没有母语。

---

[1]课程教材研究所编《20世纪中国中小学课程标准·教学大纲汇编·外国语卷·英语》，人民教育出版社，2001，第17页。

[2]课程教材研究所编《20世纪中国中小学课程标准·教学大纲汇编·外国语卷·英语》，人民教育出版社，2001，第38页。

## 自立期（1923—1949）部分自编英语教材

| 发行时间 | 教材名称 | 作者 | 出版机构 |
|---|---|---|---|
| 1922年 | 《英文修辞学》（全1册） | 林天兰 | 中华书局 |
| 1923年 | 《英文读本文法合编》 | 胡宪生等 | 商务印书馆 |
| | 《新中学教科书：初级英文法》 | 王宠惠 | 中华书局 |
| | 《新中学教科书：初级英语读本》 | 沈彬、马润卿 | 中华书局 |
| | 《新学制高级小学英语教科书》（全2册） | 周越然 | 商务印书馆 |
| | 《新学制英语教科书》 | 周越然 | 商务印书馆 |
| | 《新小学教科书：英语读本》（全2册） | 沈彬 | 中华书局 |
| 1924年 | 《英语基本练习》 | 张士一 | 中华书局 |
| | 《英文会通》 | 林天兰 | 商务印书馆 |
| | 《汉释初级实用英文法》 | 平海澜 | 商务印书馆 |
| | 《现代初中英语教科书》（全3册） | 周越然编，邝富灼校订 | 商务印书馆 |
| 1925年 | 《新学制小学教科书：高级英语读本》（全2册） | 芮听鱼等编，严独鹤、严畹滋参订 | 世界书局 |
| | 《新中学教科书：英文作文法》 | 谢颂羔 | 中华书局 |
| | 《新学制高级小学注音英语教科书》 | 周越然 | 商务印书馆 |
| 1926年 | 《现代初中英文法教科书》 | 林天兰 | 商务印书馆 |
| | 《初级英语读本》（全2册） | 盛谷人编，严独鹤严畹滋参订 | 世界书局 |
| | 《新学制初中英文法教科书》 | 胡宪生 | 商务印书馆 |
| | 《高级英语读本教学19法》（全2册） | 芮听鱼等编，严独鹤、严畹滋参订 | 世界书局 |
| | 《英文基础读本》 | 谭安丽 | 商务印书馆 |
| 1927年 | 《中学英文读本》 | 钱兆和 | 中华书局 |
| 1928年 | 《文学的英语读本》 | 王宠惠 | 中华书局 |
| | 《新中华教科书高等英文法》 | 沈步洲 | 新国民图书社 |
| | 《新中学高级英文典》 | 王昌社 | 中华书局 |
| | 《新学制高级中学英文读本》 | 胡宪生 | 商务印书馆 |
| 1929年 | 《文化英文读本》（全3册，修订版） | 李登辉 | 商务印书馆 |
| | 《新中学教科书高级英语读本》 | 朱友渔 | 中华书局 |

续表

| 发行时间 | 教材名称 | 作者 | 出版机构 |
|---|---|---|---|
| 1929年 | 《新中学教科书英语读本》（全3册） | 沈彬等 | 中华书局 |
| | 《新中华英语课本》（全4册，第6版） | 王祖廉、陆费执 | 新国民图书社 |
| | 《高中英文选》（修订本） | 苏州中学教员英文研究会 | 中华书局 |
| 1930年 | 《初中直接法英语教科书》（全6册） | 张士一 | 商务印书馆 |
| | 《英文文法ABC》 | 林汉达 | 世界书局 |
| | 《标准英语读本》（全3册） | 林汉达 | 世界书局 |
| | 《开明英文读本》（全3册） | 林语堂 | 开明书店 |
| | 《实验英文文法读本》 | 吴献书 | 世界书局 |
| | 《开明英文文法》（英文版） | 林语堂 | 开明书店 |
| | 《英语模范读本》（全2册） | 周越然 | 商务印书馆 |
| 1931年 | 《新中学教科书：混合英语》 | 沈彬、马润卿等 | 中华书局 |
| | 《进步英语读本》（全4册） | 进步英文学社编译所 | 世界书局 |
| | 《标准高级英文选》 | 李儒勉 | 商务印书馆 |
| 1932年 | 《综合法英语读本》 | 戴骅文 | 北平文化学社 |
| | 《初中英语读本》（全6册） | 沈彬编，蒋梦麟、徐志摩校订 | 大东书局 |
| | 《新中华高中英语读本》 | 李儒勉 | 新国民图书社 |
| | 《初级中学北新英文法》 | 石民 | 北新书局 |
| | 《初学英文轨范》 | 邝富灼、徐铣 | 商务印书馆 |
| | 《模范高级英文选》 | 沈彬等编，蒋梦麟校订 | 大东书局 |
| | 《国民英语读本》（全6册） | 陆步青 | 世界书局 |
| 1932—1933年 | 《高级中学英文选》（全3册） | 力谢盐 | 北师大附中英文丛刊社 |
| 1933年 | 《新标准初中英语读本》（第1册） | 刘贞甫 | 北平文化学社 |
| | 《基本英语文法》（全1册） | 张梦麟 | 中华书局 |
| | 《高中英文选》 | 初大告等 | 立达书局 |
| | 《综合英语读本》（全6册） | 王云五等 | 商务印书馆 |
| | 《新制初中英文法教科书》（第16版） | 邵松如、戴骅文编，沈步洲校订 | 北平文化学社 |
| | 《基本英语读本》 | 张梦麟、钱歌川 | 中华书局 |
| | 《实验高级英文法》 | 邓达澄 | 商务印书馆 |

续表

| 发行时间 | 教材名称 | 作者 | 出版机构 |
| --- | --- | --- | --- |
| 1933年 | 《英语初阶》（第2版） | 龚质彬 | 北新书局 |
| 1933—1937年 | 《初中英语读本》（全6册） | 李唯建、张慎伯编，舒新城、金兆梓校 | 中华书局 |
| 1934年 | 《初中英语标准读本》（全3册） | 林汉达 | 世界书局 |
|  | 《高中英语标准读本》（全3册） | 林汉达 | 世界书局 |
|  | 《高中英文作文》 | 方乐天 | 商务印书馆 |
| 1935年 | 《新标准初中教本英语》（全3册） | 赵廷为、戚叔含 | 开明书店 |
|  | 《高中英语读本》（全3册） | 李儒勉 | 中华书局 |
|  | 《初中简易英文法》 | 刘维向 | 商务印书馆 |
|  | 《高中英语读本》（全3册） | 林汉达 | 世界书局 |
|  | 《循序英文读本》（全2册） | 邝富灼 | 商务印书馆 |
|  | 《高中综合英文课本》（第一册） | 王学文、王学理 | 商务印书馆 |
|  | 《初中英语》（第一册） | 薛俊才 | 正中书局 |
| 1935—1937年 | 《初级中学英语》（全6册） | 陆殿扬 | 正中书局 |
| 1936年 | 《最新英文读本》（全4册） | 陈鹤琴 | 中华书局 |
|  | 《最新英文读本》（全4册） | 陈鹤琴编，朱铭新绘图 | 中华书局 |
| 1936—1937年 | 《初中活用英语读本》（全6册） | 詹文浒、邵鸿霖 | 世界书局 |
| 1937年 | 《高中近代英文选》 | 孟子厚 | 开明书店 |
|  | 《初级英文选读》 | 桂绍盱 | 中华书局 |
|  | 《标准英语读本》（全4册） | 李唯建编，舒新城、金兆梓校 | 中华书局 |
|  | 《初中新英语》 | 林汉达 | 世界书局 |
| 1938年 | 《初中英语》 | （伪）教育部编审会 | 北平［编者刊］ |
|  | 《高中英语》 | （伪）教育总署编审会 | 北平［编者刊］ |
|  | 《高中英文法》 | （伪）教育部编审会 | 北平［编者刊］ |
| 1939年 | 《现代英文选注》（第一集） | 葛传椝 | 竞文书局 |
| 1940年 | 《初中英文作文》 | 葛传椝 | 竞文书局 |
|  | 《短篇英文背诵文选》（改订本） | 张云谷、姚志英 | 建国书局 |
|  | 《汉译开明英文文法》 | 林语堂编，张沛霖译 | 开明书店 |
| 1943年 | 《升学会考必备：高中英文复习指导》 | 黄永绪 | 现代教育研究社 |
|  | 《高中英文萃选》（全3册） | 石民 | 北新书局 |

续表

| 发行时间 | 教材名称 | 作者 | 出版机构 |
|---|---|---|---|
| 1944年 | 《高中英语》（其他题名：《新中国教科书高级中学英语》） | 林天兰 | 正中书局 |
| 1945年 | 《现代英语》 | 柳无忌等 | 开明书店 |
| 1946年 | 《基本英文法》 | 陈竹君 | 商务印书馆 |
| 1946—1949年 | 《万叶英语课本》（全4册） | 高心海、张训方 | 万叶书店 |
| 1947年 | 《日常英语阅读及会话》（全2册） | 李儒勉 | 中华书局 |
| | 《新标准英语读本》（全6册） | 詹文浒 | 新华出版公司 |
| | 《开明新编中等英文法》 | 吕叔湘 | 开明书店 |
| | 《中等英文法》（第48版） | 刘崇裘 | 中华书局 |
| | 《简明高级英文法》 | 闻天声 | 世界书局 |
| | 《高级英语法》 | 缪廷辅 | 龙门联合书局 |
| 1948年 | 《启明英语读本》 | 汪宏声 | 启明书局 |
| | 《初中英文法》 | 邵松如、戴骅文 | 北平文化学社 |
| 1949年 | 《高中英语读本》 | 缪廷辅 | 龙门联合书局 |
| 不详 | 《标准英语》 | 林汉达 | 世界书局 |

备注：自立期教材目录整理来源主要包括张英《启迪民智的钥匙——商务印书馆前期中学英语教科书》、平心《生活全国总书目》、李良佑等《中国英语教学史》、周流溪《中国中学英语教育百科全书》及王有朋《中国近代中小学教科书总目》等。

其他会话类及文法类教学参考书还有：张士一的《英华会话合璧》，周越然的《中等英语会话》，刁敏谦的《初级英文会话》，王步贤的《英语会话范本》，王元章的《学生英语会话》，王学谦的《英语图解会话》，陈竹君的《基本英文文法》，鲍屡平的《英文成语例解》《续英文成语例解》《英文习用法举隅》，葛传椝的《英文作文教本》，赵慕谭的《英语作文范本》等。[1]

[1] 李良佑、张日昇、刘犁：《中国英语教学史》，上海外语教育出版社，1988，第183—184页。

## 第二节 自立期典型英语教材介绍与分析

### 一、文幼章与《直接法英语读本》

1. 文幼章

（1）个人简介

文幼章（J. G. Endicott，1899—1993），加拿大人。1899年生于四川乐山。两岁时随其父母举家迁回到加拿大多伦多市。因受父亲影响，文幼章一直想成为一名传教士。1921年，他成为卫理公会牧师团的一名实习牧师。1925年底携夫人来到四川重庆传教，后又到成都的华西协合大学从事大学英语和伦理学教学工作。1945年在上海创办了共产党的地下英文刊物《上海时事通讯》（*Shanghai Newsletter*），面向西方发行，宣传中国共产党的领导，反对蒋介石政府的独裁和腐败行径。1947年回到家乡，致力于世界和平友好事业，是世界著名的和平战士。1948年获斯大林和平奖，并创办了《加拿大远东时事通讯》（*Canadian Far Eastern Newsletter*），继续向西方世界宣传介绍共产党的领导，积极倡导世界和平，反对使用生化武器和核武器。1949年出任加拿大和平大会主席，后出任世界和平大会主席。1951年率团在朝鲜实地调查后，出版《我的控诉》一书，谴责美国在朝鲜战争中使用细菌武器。

为纪念文幼章立下的不朽功勋，中国人民对外友好协会在1965年授予他“人民友好使者”的称号，这是中国政府给予外国朋友的最高荣誉。

（2）学术成就

早在1927年，文幼章就到东京英语教学研究所拜访过“英语直接教学法”的创始人哈罗德 · E. 帕尔默先生。此后，文幼章便成了

"英语直接教学法"的热心推广者。所谓直接教学法，就是采用听说领先的教学方法指导学生学习第二语言。学生要像幼儿一样经历先听、观察和模仿说话等阶段，然后自然过渡到阅读和书写阶段。

2.《直接法英语读本》

《直接法英语读本》(三册) 1932 年由中华书局出版，供初中三年使用。

(1) 特点分析

①教法开创先河，教学示范到位

《直接法英语读本》按照直接法进行编排，这一特点可从教材使用说明中略见一斑：

a. 让学生多听、多观察 (看实物、做动作)，将发音和意思联系在一起。

b. 头两个月只要求学生反复听发音、看实物，不想中文。

c. 学英语的第一年，每节课要用一半时间强化训练学生的听力；教师自问自答，借助实物或动作示意。

d. 一年级绝对不用翻译法。

e. 纠正学生错误时，不要解释，如学生说："I am sit." 教师说："I am sitting." 并要求学生跟着说一两遍。

这样做，旨在让学生用最短的时间学会快速阅读和准确写作。为了让学生通过听说学习英语，教师要用丰富的语言和表情，以及许多精美图画、表册、实物等教学辅助用品吸引学生。

②编写意图明确，内容循序渐进

该书再版时共分六册，每册书包括再版说明、目录、正文及广告宣传页。再版说明中，编者主要介绍了本书的适用对象、编辑目的及教学建议；正文包括课文和笔头练习题，课文均配有插图。该书每册都配有教师手册。其中，一、二册正文配有教学挂图，课文讲解一开始先展示挂图，教师依据挂图内容提问、自答，学生活动

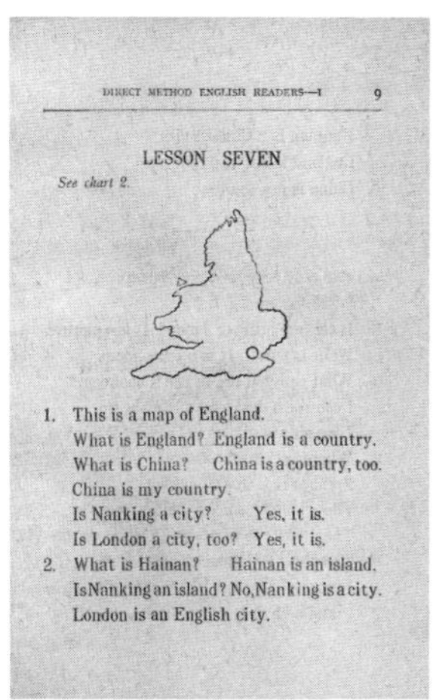
DIRECT METHOD ENGLISH READERS—I 9

LESSON SEVEN

*See chart 2.*

1. This is a map of England.
   What is England? England is a country.
   What is China? China is a country, too.
   China is my country.
   Is Nanking a city? Yes, it is.
   Is London a city, too? Yes, it is.
2. What is Hainan? Hainan is an island.
   Is Nanking an island? No, Nanking is a city.
   London is an English city.

《直接法英语读本》封面及内页

主要为听，待教师将整篇课文自问自答后，学生再尝试回答问题。直接法的教学原则在这里体现得很充分。不仅如此，写作训练也是以问题开始，学生将问题的答案汇集成文，完成写作训练。

第三册共有课文25篇。各课通常分为三个板块：语篇、词汇学习和写作训练。正文中附有词语注释，其中词汇学习主要以构词法、词性转变为主。写作训练包括语法句式的练习，如第一课的写作练习为：a. 为强调句的仿写；b. 为固定搭配的使用；c. 为人称代词的使用；d. 为定冠词的正确填空；e. 为用现在分词短语替代从句；f. 为用所给动词的适当形式填空。写作练习的原句均来自本课课文。这些练习的示范和讲解均用英语说明，再次体现了直接法的教学原则，大量的英语初学者由此受益。

③重视知识普及，选材内容广泛

三册书中的语篇选材多为选文，内容侧重科普知识，包括科学家的故事、历史事件、科学常识、运动常识、道德常识及科普童话等，选材范围颇为广泛。以第三册为例，内容包括科学家牛顿与苹果的故事，埃及金字塔的故事，罗马帝国的兴衰等。选择这些内容，主要是为了激发学生的学习兴趣，让他们在学习语言的同时，了解英语国家的风土人情和风俗习惯，了解历史，开阔眼界，增长见识。部分课文依据语篇内容长短分两课或三课展开。但从整体上来看，三册书在语篇长度和难度把握上并未呈现出明显的递进趋势，这难免使学生产生畏难心理，不利于教学目标的实现。

④采用新式教法，亦重传统教法

文幼章在推广应用"英语直接教学法"的同时，还驳斥了老式"基本英语教学法"的弊端。基本英语教学法在英美很有市场，声称初学者只要"学会850个单词、5条简单规则，再听上一张唱片，就能掌握英语"。为此，鼓吹者还编出一本只有850个单词的袖珍英语书，想在中国发行，以推行"基本英语教学法"。文幼章认为那不过是一套骗人的鬼话。但是，我们从手中现有的教材发现，《直接法英语读本》正文部分均以直接法来展开教学，而课后的练习均以语法法循序展开。这说明文幼章先生的教学理念并非完全排斥其他的教学流派，而是兼容并蓄，各取所长，目的重在培养学生用英语获取信息的能力，提高学生的学习效率。

（2）课文举隅

本文选自《直接法英语读本》第三册第二编的第62—70页。

**LESSON EIGHT**

**THE LAND OF SCIENCE**

Most boys are fond of adventures. Like Robinson Crusoe, they want to go to new and strange places; they want to go to distant lands; they want to travel. This is the spirit of adventure and discovery.

In all of ages there have been travelers in search of adventure. Columbus was one; Captain Cook was another. People like this leave everything behind them in order to push forward into the unknown lands before them.

We cannot all travel to strange places and be explorers of distant countries. You who read this cannot leave your homes to go to Africa or some other far-away place from where you may push into the great unknown beyond. It is not even necessary. There is here at home a wonderful land that needs exploring; it is the Land of Science. Those who wander along the borders of this land have opportunities for adventure which are greater than almost any other that we can imagine.

The great man of science Isaac Newton of whom we have already heard the story, once wrote: "I don't know what I may appear to the world but to myself I seem to have been only like a boy playing on the seashore and amusing myself in now and then finding a prettier shell than usual while the great ocean of truth lay all undiscovered before me."

Newton was one of the first and greatest men of science. He loved discovering new things about nature and the universe we live in.

Like Newton we can all set out to explore this wonderful country of which so little is known. Each one of us may discover something that has never been discovered before for the land is so huge that no man can even imagine going to its farthest border.

The entrance to this great country is quite close to us and it is in such a strange place that you would hardly believe it to be there. It is wherever your toys or the things which you use for amusement may happen to be. You may have a toy called a top, or you may have a magnet or a toy engine or boat. These toys belong to the land of science for they use and show us the force of nature.

When you spin your top, you notice that it stands up when spinning and falls on its side when it stops. You have perhaps seen people selling in the streets a sort of top with the two ends supported inside a box. When you set this top spinning, the box cannot fall over even if you stand it up on one of its corners. A man once noticed this curious effect and invented an instrument called the gyroscope which will steer ships and aeroplanes.

The man who studied the properties of the magnet were able to invent the telegraph and other wonderful electrical instruments. The propeller of your boat is an invention of those men who discovered the best way to drive a boat through water.

Two thousand years ago, the steam engine was a toy. The ancient Greeks used to play with a toy in which steam caused a wheel to go round. They never dreamed that this was the beginning of something which would replace slaves and finally make possible great factories railway, steamers and other such things.

This world on which we live moves in a wonderful universe filled with many strange substances and astonishing events. When we first wake up in the morning, we see light, then objects; we hear sounds and become conscious that we are touching things. As the day goes on our senses bring us into contact with all sorts of substances and with different manners in which heat, light, electricity, magnetism etc. show themselves. We are so familiar with such things that we do not stop to think why various things happen, how they take place and how they may be related to one another. Things are attracted to each other or fly away from each other like the stone that falls to the ground, or is propelled from the hand that throws it. Fire burns wood or makes metals red-hot or even liquid. Water boils and becomes steam or freezes and becomes ice. Gunpowder explodes with a flash and a loud noise. The sea rises and falls at each tide. Thunder roars and lightning flashes. Earthquakes make the ground tremble. Volcanoes send out clouds of steam. The moon turns round the earth and the earth round the sun. Huge trees grow from tiny seeds. Electricity drives trains and lights our houses. Balloons aeroplanes and birds sail through the air without falling. With cameras we take photographs. With telescopes we see distant things as if they were quite close. With microscopes we see tiny things as if they were large. Radio carries voices and music almost from one end of the world to the other.

These are a few of the things belonging to the Land of Science. Every day new discoveries are being made in this wonderful land; Every day we learn something new about it. Every time we observe a new fact or find out the relation between one fact and another we make a scientific discovery. It is rare to find such great discoverers as Bacon, Edison , Galileo, or Newton but any one of us may make a discovery that will show us a little more of the Land of Science.

VOCABULARY NOTES

Singular nouns, infinitives, etc.

| | |
|---|---|
| *Sing.* Border | *Sing.* Seed |
| *Sing.* Event | *Sing.* Balloon |
| *Inf.* Propel | *Sing.* Camera |
| *Inf.* boil | *Sing.* Photograph |

*Inf.* explode *Sing.* Microscope

*Inf.* flash

Derivate words

| Nouns | Verbs |
|---|---|
| support | support |
| propeller | propel |
| explosion | explode |

COMPOSITION

Exercises 1.

| *Example*: A | B |
|---|---|
| 1. The wheels started to move. | The wheels started moving. |
| 2. The wheels started to move. | The wheels began moving. |
| 3. The wheels commenced to move. | The wheels commenced to move. |
| 4. The wheels continued to move. | The wheels continued moving. |
| 5. The wheels went on to move. | The wheels went on moving. |
| 6. The wheels ceased to move. | The wheels ceased moving. |
| 7. The wheels stopped to move. | The wheels stopped moving. |

*Note*: 1, 2 &3 have the same meaning. 1&2 we say ordinarily. No.3 we should find written in a book. Nos. 4&5 have the same meaning, but we cannot use the form "to move" after "went on" except in expressions such as: "He went on to say..." Nos. 6&7 have the same meaning. No.7 is ordinary. No. 6 is bookish.

*Repeat these sentences in the opposite form.—A to B, or B to A.*

1. The top ceased to spin.
2. The wheels continued going round.

3. They began to play on the shore.

4. They started to finding pretty shells.

5. Captain Cook continued to explore the Pacific.

6. Stupid men ceased paying attention to leaning.

7. Young Edison continued making experiments at home.

8. Newton began thinking deeply.

Exercises 2.

*Example* : The land is so huge that no one can imagine going to its farthest border.

*Repeat in this form:*

1. Many discoveries are being made. We learn something new every day.

2. This strange country is close to us. We would hardly believe that it is there.

3. The top spins fast. The box cannot fall over.

4. The weather was cold. The engine sent out clouds of steam.

5. Travelling was dangerous and difficult, and people disliked going on long journeys.

Exercises 3.

*Make sentences by joining the following together in pairs:*

1. Columbus 2. cause the earth to tremble

3. was a great man of science 4. volcanoes

5.drives trains and lights our houses 6. Captain Cook

7. send out clouds of steam 8.steam-engines

9. was a traveler in search of adventure 10. Newton

11.electricity 12. make factories and railways possible

13. earthquakes 13. push forward into unknown lands

Exercises 4.

*A. Derive as many words as possible from these:*

Distant discover strange explore imaging amuse wonder enter science invent electric steam magnet attract explode

*B.Give as many words as you know, formed with the following:*

-graph -scope un- dis- in-（or im-）

## 二、林汉达与《标准英语》

### 1. 林汉达

（1）个人简介

林汉达（1900—1972），浙江镇海人，出生在一个贫苦的农民家庭。他八岁时在地主家寄读，替地主打杂差抵作学膳费。十三岁起边读书边工作。1924年从之江大学毕业，后到母校四明中学（前身即崇信中学）任英语教员。1928年秋至1937年夏，林汉达一直在上海世界书局工作，先任英文编辑，后为英文编辑主任，最后两年出任出版部主任。

抗战胜利后，林汉达主动靠拢共产党，积极投入反对内战、争取民主的群众革命运动，经常到各大学、中学去演讲，进行革命宣传，是上海有名的进步教授。1946年秋至1949年，他先后任大连新文字协会主任、关东文协理事长、辽北省教育厅厅长等职。1949年秋，任燕京大学教授。1954年被任命为教育部副部长、中国文字改革委员会委员。1956年当选为中国民主促进会中央副主席。曾任全国人民代表大会第一、二、三届代表。1959年夏被分配到中国文字改革委员会任研究员。1961年任教育部社会教育司司长、中央扫盲委员会副主任。1972年7月26日病逝。

（2）学术成就

在世界书局任职期间，林汉达编著了《标准英语》《高中英语读本》等教材，1935年6月这些教材通过了教育部审定。后编著有《中国拼音文字的出路》《中国拼音文字的整理》《国语拼音词汇》《新文字写法手册》《求解写话两用词典》和《定型化新文字》《注音扫盲拼音识字课本》《东周列国故事新编》《前后汉故事新编》《三国故事新编》《不怕死的太史》《向传统教育挑战》《西洋教育史讲话》，以及《上下五千年》（与曹余章合著）等。他认为文字必须改革，汉字的缺点在于不能拼音，因而难学、难写，而拼音文字只有几十个字母，易学、易写。这些著作对今天的文字改革工作仍有参考价值。

2.《标准英语》

《标准英语》共三册，主要供初级中学生使用。该套教材是同样由林汉达编著的更为知名的供高中学生学习使用的《新课程标准世界中学教本高中英语读本》的衔接教材。

（1）特点分析

①遵循部颁标准，规范合理编排

我们以1947年3月第六版《标准英语》第一、三册为例进行分析。各册教材均由六部分构成：前言、目录、课文、音标、单词表（按课文顺序排列）和小字典（按字母顺序排列）。教材将英语语法按照由浅入深、由易到难的顺序编排，自成体系。第一册共有课文118篇，第三册共有课文76篇。

②语篇内容丰富，体裁形式多样

第一册课文多为句型训练、童话故事、寓言故事和科普文章，也有很多为讲解语法所设计的对话。第三册选材注重文学性，也不乏世界经典名作名篇，且不局限于英语国家的作品，还有许多用英文改编的中国古代寓言故事及道德故事等。体裁也较广泛，有故事、当代小说、散文、诗歌、歌曲、科普说明文等。以第三册为例，里面有王尔德的《自私的巨人》，都德的短篇小说《最后一课》，莫泊桑的《一根绳子》，屠格涅夫的《乞丐》，等等。编者指出，之所以选择这些内容，一方面是为了激发学生的学习兴趣，让他们学会欣赏英语文学；另一方面也是为了充实他们的头脑，开阔视野，增长见识，提高文学修养。

另外，编者还将应用文纳入其中，开创了我国英文教材建设的先例。比如第三册第四十六课 *Formal Invitation and Answers*（《正式邀请与答复》），第一册中第116课的 *Buying Notebooks*（《购买笔记本》）和118课的 *Asking for Leave*（《请假》）等。应用文的添加，增强了教材的实用价值。

③阅读训练为主，侧重能力提高

尽管体裁多样，题材丰富，但教材的核心内容仍为语篇阅读，由于受题材和体裁的影响，同一册书中的语篇篇幅长短不一，但从整体上来看，三册书在语篇长度和难度把握上仍呈现出明显的递进趋势。为了培养学生的阅读理解能力，每篇课文后都设有阅读理解练习，且多采取回答问题的形式。从问题设置上来看，大部分要求学生从文中找出相对应的信息，也有个别要求学生在理解文意的基础上进行归纳、推理或联系实际表达自己的见解。由此可见，编者非常注重培养学生获取信息的能力，并试图启发学生对语篇内容进行深入理解和分析，以拓展学生的思维。

④语法难易适中，讲练循序渐进

全套书的语法编排主线明确清晰。第一册重点是词法及简单句的讲解、训练。第三册着重介绍句法、修辞以及各种文体特点，如说明、描写、议论等。先通过阅读语篇来呈现重要的语法项目，在每一篇课文之后设有专门的语法板块进行必要的讲解，随后提供针对性的练习。这样的编排方式也反映了编者的语法教学思路，先让学生在语境（语篇）中体验和感悟语言，再通过语法项目的讲解和相关练习，帮助学生掌握语法项目并学会运用。

⑤精选语篇示范，系统指导写作

这套书的第三册主要通过要求学生用学过的词语写句子、用完整句回答问题等练习形式来训练写句子和组合句子的能力，然后过渡到段落写作，再发展到完整的篇章写作。教材中不仅提供了遣词造句技巧、时态和句法运用、标点符号的使用、段落衔接、篇章布局等方面的指导，还囊括了常见的句法如简单句、并列句及复合句甚至还有虚拟语气的造句训练等。由简入繁，从微观到宏观，具有很强的指导性。系统化的写作指导充分体现了编者对写作教学的高度重视，也凸显了教材在写作内容编排上的严谨。

THE STANDARD ENGLISH
FOR JUNIOR MIDDLE SCHOOLS
BOOK I
初中適用
標準英語
第一冊
林漢達編著
上海世界書局印行

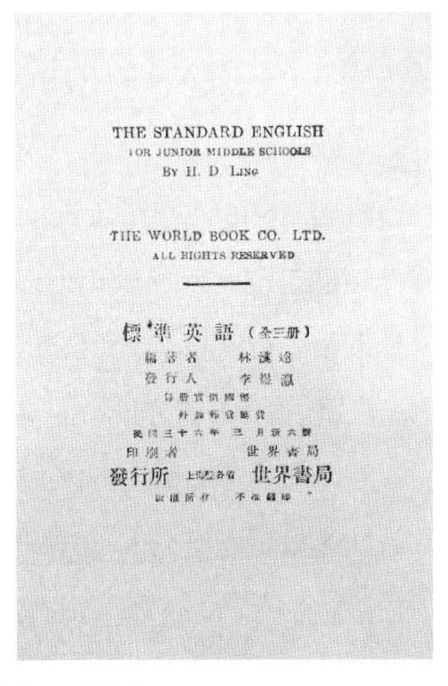
THE STANDARD ENGLISH
FOR JUNIOR MIDDLE SCHOOLS
By H. D Ling

THE WORLD BOOK CO. LTD.
ALL RIGHTS RESERVED

標準英語（全三冊）
編著者　林漢達
發行人　李煜瀛
印刷者　世界書局
發行所　世界書局
版權所有　不准翻印

《标准英语》第一册封面及版权页

⑥教法指导具体，训练目的明确

该套书的另一个特色是教法指导具体。这在教材的前言部分有充分的体现。比如，对于听的训练，编者认为：如果学生听到的是标准的英语发音，那么他就不会读错。对于说的训练，编者认为：永远不要让学生成为一个无所事事的听者，要给他们足够的时间表达。对于眼的训练，编者认为：抽象概念永远滞后于直观实物，所以教师要尽量用实物辅助新知教学。关于书写，编者认为：对于新学的单词，学生一定要在教师的示范下用其仿写句子。关于听写，编者认为：教师要每天对学生进行听写训练，听写可以帮助学生更熟练地记忆和掌握学到的单词。对于课堂教学，编者在前言中也有更详细的说明，可谓细致入微，面面俱到，为使用该教材的教师提供了大量的建议。

(2)课文举隅

本文选自《标准英语》第三册的第50—52页。

**LESSON 23**

**GOING TO HAMPTON**

One day, while at work in the coal-mine I heard two miners talking about a great school for colored people some-where in Virginia. It was called the Hampton Institute. Any poor but worth student could work out all or a part of the cost of board and at the same time be taught some trade and industry.

I made up my mind to go to that school at once, although I had no idea where it was or how many miles away, or how I was going to reach it. I was on fire with one thought, and that was to go to Hampton. That was with me day and night.

After hearing of the Hampton Institute I continued to work for a few months longer in the coal-mine. While at work there I heard of a vacant position in the household of the owner of the coal-miner. I would rather try to be a servant than remain in the coal-mine. I applied for the vacant position and was hired at a salary of five dollars a month. I worked as a servant for a year and a half. But I did not give up the idea of going to the Hampton Institute.

At last the great day came and I started for Hampton. Many of the older colored people bade me goodbye. They had spent the best days of their lives in slavery. They hardly expected to live to see a member of their race leave home to attend a boarding-school. Some of these older people gave me a nickel others a handkerchief. This touched and pleased me very much. I had only a few dollars and a empty bag to put my clothes in. The distance from my village to Hampton is about five hundred miles.

By walking and begging, after a number of days I reached Virginia, and eighty-two miles from Hampton. When I reached there tired, hungry and dirty, it was late in the night. I applied at several places for passing night, but they all wanted money, and that was what I did not have. I lay for the night upon the ground, with my bag of closing for a pillow.

The next morning I noticed that I was near a large ship, and that the ship was unloading a cargo of iron. I went at once to the ship and asked the captain to permit me to help unload the ship in order to get money for food.

The captain was kind-hearted and let me work. My work pleased him so well that he let me work for some days.

STUDY HELPS

1. The word "board" may mean "a long piece of plank" or "food at a certain cost". The word "race" may mean "contest of running" or "people of the same family".

2. Load, unload; tie, untie; kind-hearted cruel-hearted, weak-hearted , soft-hearted, hard-hearted.

3.Practise on these idioms: while at work, at the same time, was on fire with, would rather … than, give up, the best days of one' s life, late to the night.

CONVERSATION

1. Of what did Booker hear one day while at work?

2. Where is Hampton Institute?

3. How did the Institute help the poor but worth students?

4. Why did he leave the coal-mine?

5. What did the older colored people do when he started for Hampton?

6. Did they give him anything?

7. How far was Hampton from his village?

8. How did he reach Virginia?

9. Why did he lie on the ground for the night?

10. What did he do next morning?

## 三、林语堂与《开明英文读本》

### 1. 林语堂

#### (1) 个人简介

林语堂（1895—1976)，中国文学家、翻译家，福建漳州龙溪人，名玉堂，别名和乐，后改名语堂。林语堂出生于漳州市平和县坂仔镇一个贫穷的牧师家庭，年轻时曾一度离开教会生活。1912年在上海圣约翰大学学习英文，1916年获得学士学位，毕业后于清华大学英文系任教。1919年赴哈佛大学文学系留学，并于1921年获比较文学硕士学位。同年转赴德国莱比锡大学攻读语言学。1922年获博士学位。1923年回国，任北京大学教授和英文系主任。1924年后为《语丝》主要撰稿人之一。1926年出任北京女子师范大学教务长，同年到厦门大学任文学院院长。1927年到武汉任中华民国外交部秘书。1967年受聘为香港中文大学研究教授。1975年被推举为国际笔会副会长，曾多次被国际笔会推荐为当年诺贝尔文学奖候选人。

（2）学术成就

林语堂先生学贯中西，对东西方文化均有相当通透的领悟与颇为独到的见解。在他的各种中英文著作中，一以贯之的是他对家国故土的热爱，对不同国家、不同时期的文化与传统的理解与尊重，以及跨越种族界限的人文关怀。林语堂不仅有扎实的中国古典文学功底，还有很高的英文造诣；此外，他还致力于现代白话文的研究推广，并对其做出了独特贡献。他一生笔耕不辍，著作等身，留下了数量颇丰且涉猎颇广的中英文著作，既有如《开明英文读本》《开明英文文法》等供学生学习外语之用的教材，也有小说、散文、文学批评、文化评论、人物传记、辞典、翻译作品等其他著述。尤其值得一提的是，在他七十七岁高龄且身体渐弱之时还编纂完成了他最重要的作品之一——《当代汉英词典》，了却了他晚年的心愿。

2.《开明英文读本》

林语堂先生所编的最具代表性的教材是三册《开明英文读本》，系初中教材，1928年由开明书店出版。本套英文教材在民国时期极为畅销，由著名画家丰子恺先生亲绘插图。在出版之后的二十余年里，该套教材一直与《开明活页文选》《开明算学教本》并称“开明三大教本”。

（1）特点分析

①选文体裁多样，课文内容丰富

《开明英文读本》选文的题材和体裁都十分丰富，书信、对话、剧本、儿歌、民间故事等应有尽有。日常会话、书信等可供学生进行应用文体的操练；故事、儿歌和典故等在激发学生学习兴趣的同时，可以让学生熟悉英美国家人民的生活背景和场景，从而进一步了解语言背后所承载的文化。教材第一册编入十多首英国儿歌。第二、第三册则以短篇、长篇文章为主，内容多选自中外经典故事，如《论语》《史记》《安徒生童话》《希腊神话》等，使得这套教材有着非同一般的文化含量，且颇能引起学生的学习兴趣。

《开明英文读本》第一册封面

作者在《开明英文读本》总序里说，这一套课本每一本都由三部分内容组成：a. 构成西方国家文化传统的、家弦户诵的故事；b. 与学生生活和环境有关的会话，为学生学说话必须涉及的；c. 习惯性词语和句式的系统练习。[1] 教材自第一册到第三册难度递增，从最基础的字母、音标开始，进入对话、单句、短文，最后是长篇故事，其中穿插词汇、语法的讲解运用，是一套内容全

[1] 吕叔湘：《三十年代颇有特色的国文、英文课本》，载中国出版工作者协会编《我与开明（1926—1985）》，中国青年出版社，1985，第194—201页。

面、梯度合适的英语教材。

林语堂谙熟英文，英语语言表达纯正地道，经其改编的课文，短小精悍、选词精当，读来妙趣横生、兴味油然，本身就是值得学生习诵描摹的佳作；同时，其自然而不粗糙、圆熟而不造作的语言风格，使课文全无一丝“中式英语”的痕迹，令人读来不忍释卷。

②教学理念领先，注重兴趣引导

尤其值得一提的是，在《开明英文读本》的编纂过程中，林语堂渗入了自身的外语教学理念，并很好地将语法学习融入教材中，使之成为将语法学习和英语读物有机结合的典范。当时的英语教材，或以课文为重，或以语法为重，结果要么是课文精彩有趣，语法知识点却多而分散，让学生难于进行系统学习；要么是语法知识集中易学而课文却枯燥无味，引不起学生的兴趣。而《开明英文读本》很好地解决了这些问题。与《华英初阶》《华英进阶》等改编自英国人的英语课本相比，《开明英文读本》的内容结构更适合国人学习英语。教授方法也别具一格，从简单日常生活入手，但并不是日常生活的简单演绎，而是通过联想、想象来拓展英语的运用，很符合孩子的思维习惯，又能锻炼孩子的想象力与创造力。

③名家配画增色，图文和谐优美

《开明英文读本》在当年之所以风靡，除却编纂者的因素，丰子恺先生绘作的插图也功不可没。将漫画风格的插图应用于英语教材，这在当时的中国还是首创。这些插图虽然为数不多，却有画龙点睛之效，使教材显得清新活泼，颇受师生们的喜爱。丰子恺运用白描手法描摹田园和儿童的特点，生动形象：田野阡陌，稚子情态，为读者展现了一幅幅意趣盎然的生活画卷。

④学习要诀明晰，条条切中要害

1923年，林语堂从美、德留学归国，从此便开始了他的英语教学生涯。在教学实践中，他着重从口语入手，重视语音训练，尤其

重视习惯表达方式的学习。其所编“学习英文要诀”如下：[1]

一、学英文时须学全句，勿专念单字。学时须把全句语法、语音及腔调整个读出来。

二、学时不可以识字为足。识之必然兼用之。凡遇新字，必至少学得该字之一种正确用法。以后见有多种用法，便多记住。

三、识字不可强记。得其句中用法，自然容易记得。

四、读英文时须耳目口手并到。耳闻、目见、口讲、手抄，缺一不可。四者备，字句自然记得。

五、“四到”中以口到为主。英语便是英国话，如果不肯开口，如何学得说话?

六、口讲必须重叠练习，凡习一字一句必须反复习诵十数次至数十次，到口音纯熟为止。学外国语与学古文同一道理，须以背诵为入门捷径。每课取一二句背诵之，日久必有大进。

七、口讲练习有二忌。(一)忌怕羞。学者在课堂上怕羞，则他处更无练习机会。(二)忌想分数。一想到分数，便怕说错；怕说错，便开口不得。最后的胜利者，还是不怕羞、不怕错、充分练习的学生。若得教员随时指正，自然可由多错而少错，由少错而纯正，由纯正而流利，甚至由流利而精通。此是先苦后甘之法。

八、读节要精。读音拼写，皆须注意。马马虎虎，糊涂了事，不但英文学不好，任何学问也学不好。

---

[1] 浩瀚、李生禄主编《用英语说中国：古今名人》，科学技术文献出版社，2008，第269—270页。

⑤重视语法教学，更重能力培养

林语堂指出，“语法是表达的科学”。林语堂重视语法教学，但反对那种脱离实际的“绝对语法规则”的教学。《开明英文文法》是中国第一部以意念项目为纲的语法书，是英汉实用比较语法教学理念的第一次重要的尝试。可以说，作者所表达的语言观和教学观在他的这一读本中也是一以贯之的。林语堂认为语法教学的目的应着重在于“表达能力”的培养。对于英语语言学习的过程，林语堂有着突破他那个时代的独特见解，这在《开明英语读本》中所提出的“学习英文要诀”中亦得到了最好的体现。

（2）课文举隅

本文选自《开明英文第二读本》第16—19页第八课。

**THE WOODPECKER**

1.Have you ever seen a woodpecker? There are woodpeckers in Peiping. They are called woodpeckers because they peck at the trunks of trees to look for insects. While you are sitting in your room, you can often hear the sounds “Rap—tap—tap” like tapping on a table, and you know it is a woodpecker looking for his food.

2.If you open your door and go outside to see him, you will find that he is on the other side of the trunk away from you, for he is afraid of people, and he can walk round the trunk.

3.The woodpecker has a short but very strong neck. His bill is very big and strong, for he has to tear away the bark of the tree before he can find his food.

4.You would not think it an easy life. He has to work so hard to get anything to eat. Day after day, he has to sit on the trunk of a tree and tap at the hard, dry bark with his bill.

5. there is a story which tells us who he was long long ago, and

why he has to work so hard for his food.

| woodpecker | rap | bark |
|---|---|---|
| peck | tap-ping | useful |
| trunk-s | food | wood |
| insect-s | find | sharp |
| sound-s | tear | |

## 四、陆殿扬与《初级中学英语》

1. 陆殿扬

（1）个人简介

陆殿扬（1891—1972），字步青。在1902年由提倡新学的张一鹏发起举办的一次"童子会试"中，年仅11岁的殿扬在应试者中年龄最小，却考得最好，与第二、三名都被保送到上海南洋公学（上海交大前身）附中。19岁毕业于南洋公学，后任省立常州中学英语教师兼教务主任。29岁就成为江苏省立一中校长兼东南大学教授。1928年进入官场，曾在上海市教育局和浙江省教育厅就职。1935年进入国民党为加强对文化教育事业的控制而创办的正中书局，在该书局逐步升至高级编审。陆殿扬很重视对子女的培养教育，家中自设理化实验室，民国初年国务总理熊希龄的第二任妻子毛彦文曾被其请到家中为儿女教授英文。[1]

（2）学术成就

除了编著有《实用英语修辞学》《英汉翻译的理论与实践》等理论著作之外，陆殿扬还于1936年编写出版了英语教材《初级中学英语》，该书共三册，由正中书局出版。

[1] 郭廷以：《郭廷以口述自传》，中国大百科全书出版社，2009，第92页。

2.《初级中学英语》

本套书共三册，民国二十五年（1936）二月（初版）由正中书局出版发行。

（1）教材特点

①遵循认知规律，内容编排适切

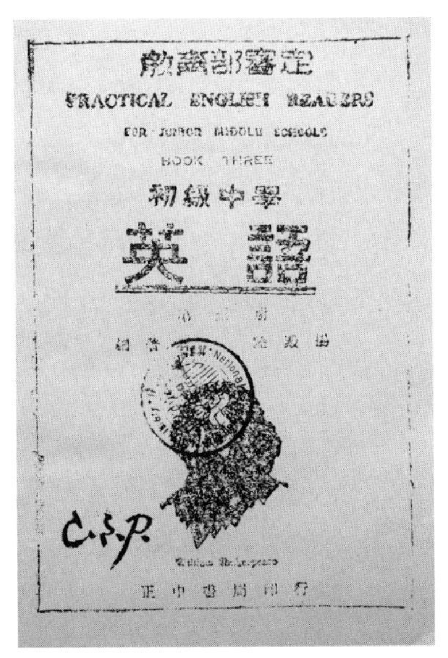

《初级中学英语》封面

第一册的总体顺序是：编辑大意、目录、正文及附录。正文后有练习题，附录中分别含有音标及例词，字母、字母组合读音及例词，英文标点符号的读音，分课词汇表、常用短语和词组，及按字母顺序排列的总词汇表。“编辑大意”部分对教材特点、使用指南、教法指导等均有较为详尽的说明，且完全依据学生的年龄特点和认知规律而定。这使得教师在教学中有章可循，在方便教学的同时指导教师克服语法教学法的弊端，发扬直接法的优势，以提高学生的口语表达能力。第二、三册的总体顺序与第一册略有不同，包括目录、正文及附录等内容。附录只含有分课词汇表、常用短语和词组，及按字母顺序排列的总词汇表。

②装订印刷创新，新旧系统齐备

本套书考虑到学生的年龄及认知特点，故首册用活页装订，可分可合，并用特大号字印刷，以后各册字号逐渐缩小，但仍较大于一般英语教材所用字号，旨在保护学生的视力。考虑到学生初学英语，书写极为重要，本教材印刷内容兼有印刷体和手写体，手写体还有旧式和新式两种，可供学生模仿。生词注音采用国际音标，强音弱音并列，在词组或固定搭配中习惯读弱音时，则将该词组或固定搭配全体注音，以期使学生读起来自然流畅。书末还附有旧式音符，供对照使用。

③美文美图并茂，讲解训练结合

每篇课文都配有图片，仅第一册就配图一百余幅，便于教师讲解，也有助于学生理解课文，符合直接法教学的原则。同其他各册相比，第一册比较注重听说练习，课本先不发给学生，待口头表达熟练以后再发。该书每篇课文分三或四部分，构成一个单元，用于一周的教学。第一部分为全新材料，最后一部分为语法练习，其余部分材料偶有生词，但多数为复习性质的单词。对于新出现的单词，在当页下方会标注出读音。其余各册每篇课文分为两或三部分，第一部分为新授材料，其余部分或是阅读理解性练习，或是语法练习、口语练习和笔头练习。

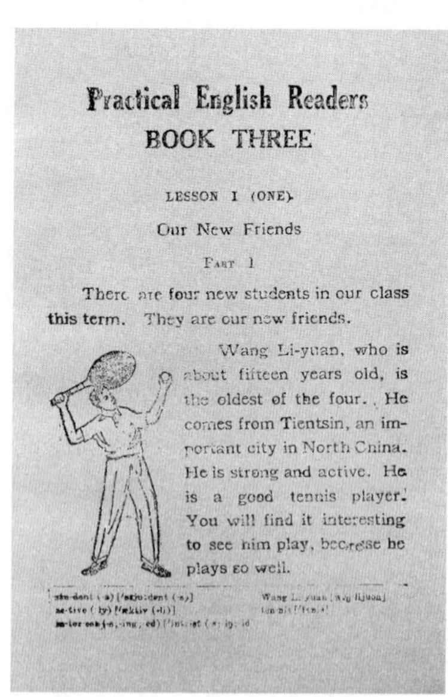
Practical English Readers
BOOK THREE

LESSON I (ONE)

Our New Friends

PART 1

There are four new students in our class this term. They are our new friends.

Wang Li-yuan, who is about fifteen years old, is the oldest of the four. He comes from Tientsin, an important city in North China. He is strong and active. He is a good tennis player. You will find it interesting to see him play, because he plays so well.

《初级中学英语》内页

（2）课文举隅

本文选自《初级中学英语》第三册第1—4页。

**Lesson I (one)**

**OUR NEW FRIENDS**

PART I

There are four new students in our class this term. They are our new friends.

Wang Li-yuan, who is about

fifteen years old, is the oldest of the four. He comes from Tientsin, an important city in North China. He is strong and active. He is a good tennis player. You will find it interesting to see him play, because he plays so well.

Next to Li-yuan is Chang Pei-wen, a pretty girl from Canton, the chief port in South China. She speaks English fluently and accurately, because her mother is an English lady. So she sometimes has the air of an English girl.

Wang Sun-ying is a native of Hangchow. She is the youngest girl in the class. She is very active and never shy. Although she is a little girl, she knows how to study, and studies diligently. So she is one of the best students in the class.

Young Ching is our principal's nephew. He is a very small boy. When you see him the first time, you will not think he is a middle school boy. He can swim fast and in many styles. He is, therefore, admired by us all.

PART II

1. —How many new students are there in your class this term?

—There are four ( new students in our class this term ).

2 .—How many girls are there among these new students?

—There are two.

3. —Are they distinguished new students?

—Yes, they are.

4. —How are they distinguished from other students?

—Wang Li-yuan is a good tennis player. Many like to see him play.

Chang Pei-wen is a pretty girl with brown eyes and golden hair. She looks somewhat like an English girl.

Wang Sun-ying is an active little girl. She knows how to study, and studies diligently. She is, therefore, one of the best students in the class.

Young Ching is a good swimmer. He can swim in many styles at a reasonable speed. So he is admired by us, too.

5. —Do all the new students come from one place?

—Oh, no, they come from different places. Wang Li-yuan comes from Tientsin; Chang Pei-wen from Canton; Wang Sun-ying from Hangchow; and Young Ching is a native of this city.

6. —Do they speak the same dialect as you do?

—Oh, no, they don't. They speak different dialects.

7. —How do you make your friends understand?

—We speak mandarin. Although we can't speak mandarin well, we can understand each other. Wang Li-yuan coming from the north is teaching us how to speak good mandarin.

## 五、张士一与《初中直接法英语教科书》

### 1. 张士一

#### （1）个人简介

张士一（1886—1969），著名英语教学理论家和改革家，中国现代外语教育家。1907年，成都高等师范学堂以高薪聘请他任该校英文教员，兼任外籍教授的口译。1908年回上海南洋公学教英文，兼任学校的英文秘书。1914年任中华书局英文编辑。1915年，南京高等师范学校成立，张士一任该校英文教授兼英文部主任。1917年被选送到美国哥伦比亚大学师范学院进修，获得硕士学位，于1919年应召回国返校任教。此后历任国立东南大学教授、第四中山大学教授、中央大学教务长兼师范学院院长、南京师范学院教育系教授兼系主任、南京师范学院外语系教授兼系主任。

（2）学术成就

从1907年执教起，张士一从事教育工作60多年，擅长实用英语语音学和英语教学法的教学与研究，为我国培养了一大批英语教师。他编写了一批英语教材，改进了英语教学的理论和技术，成为英语教学的"权威"。他的英语教学思想散见于他编著的书籍和论文中，对建构适合中国国情的英语教育教学体系做出了开创性的贡献。

1914 年，张士一受聘于中华书局，从事英文翻译工作，编译了我国第一部英汉字典——《韦氏大字典》。此外，他撰写的专著有《记忆学》《英语教学法》；教学用书有《英华会话合璧》《英文尺牍教科书》《英文学生会话》《英语基本练习》《初中直接法英语教科书》《新生活初中英语教科书》等；论文有《国语统一问题》《研究语音字母四声标法的一个试验》《我国中等学校英语教授的改良》《中学英语教学的方法问题》《英语教学的基本步骤》《一个语言教学的新理论》等。张士一的教学思想极其丰富，除了对英语教学有独特的贡献外，在国际音标及汉语拼音方面也有独到的见解。

张士一在英语教学方面的主要贡献有：

①倡导直接教学法。20世纪20年代，张士一应教育部之邀，草拟了《初高中英语课程标准》。他拟定的中学英语教学的目的是：使学生得到一种职业上可应用的才能，一种研究高深学问的工具；从英语方面增加其研究外国事物的兴趣。关于教学方法，张士一倡导一种以教育学、心理学为理论依据的崭新的教学法——直接教学法。20 世纪20年代，张士一发表了《英语教学法》，编著了《初中

直接教学法英语教科书》。

②研究直接法的教学程序并提出具体的教学方法。张士一认为初学英语要注重耳、口练习，指出语言是第一性的，文字则是代表语言的符号。只有首先打好口头运用语言的基础，才能进一步把文字学好。口头练习可以快速进行，反复练习，由于学生的注意力集中，因此效率高，而且一问一答，答得对不对，老师或及时肯定或当堂纠正，绝不含糊。他倡导通过实物、动作、手势、下定义、类比等手段，来直接建立文字符号与意义间的联系。提出学好英语要靠大量阅读，而且要选用已经熟悉的浅近的普通材料。教师要为学生提供课外补充材料，材料要浅，目的是使学生能读懂并乐于复习，同时提高学生阅读的速度，扩大词汇量。他认为教好英语语音是教好英语的先决条件。为了探索语音教学方法，他阅读了不少英语语音学的书籍，同时细心观察英美人的发言，领会其神情语气，并刻意模仿。他还参加了国际语音学会，坚决把英语国际音标带回祖国，带进中国英语教学的课堂，这一创举大大地改进了我国的英语教学质量。

③积极倡导培养英语教育人才。1931年，张士一撰写《怎样解决英语教学的实际问题》一文，提出要在全国分区设立培养英语教师的学校，即后来的师范学校。张士一十分重视培养教师的基础教学能力，建议教育部规定英语教师必须经过正规的培训。在张士一看来，教师基本功如果不过关，必然会影响教学质量。为此，张士一还提出了著名的“四熟主义”，即“听熟、说熟、读熟、写熟”。他的教学法，培养了很多优秀的人才，极大地扩充了中国英语教学师资队伍。[1]

---

[1] 潘蒙科:《张士一英语教育生涯及其思想探析》,《兰台世界》2013年第22期，第116—117页。

2.《初中直接法英语教科书》

（1）特点分析

①依据部颁标准，配套素材丰富

该书共六册，依据教育部课程委员会《初高中英语课程标准》（1928年）进行编排，供初中三年使用，每学期一册。其总体结构分别是：前言、整套教材的总体安排、单册说明、书写版教材使用说明、正文和广告宣传页。本套书教学素材极其丰富，配有六册教辅材料，内容包括语音、词汇、语法、拼写等，还配有相应的练习。每一册都配有一本教师用书，不仅给教师提供了教学素材，还对教学方法提出了建议；各配有一套教学挂图和一套学习卡片，分别供教师在课堂中解释词语和学生在家复习之用。最后还提供了变形书写卡（习字帖），供学生个人在家练习英文书写。

②指导思想明确，重视听说能力

本教材是张士一先生按照直接法英语教学思想编著。他认为，

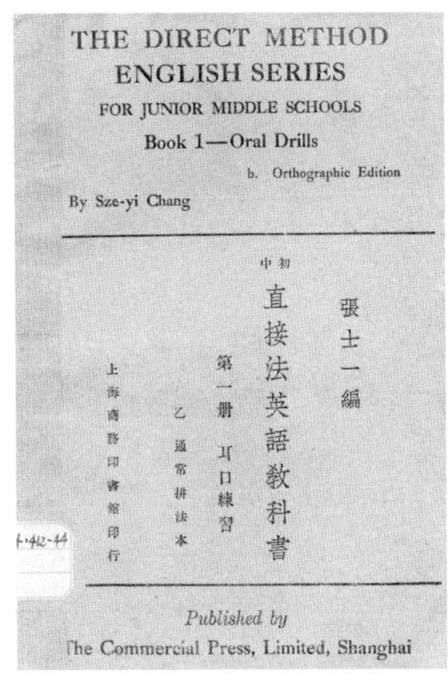

THE DIRECT METHOD
ENGLISH SERIES
FOR JUNIOR MIDDLE SCHOOLS
Book 1—Oral Drills
b. Orthographic Edition
By Sze-yi Chang

張士一編
初中
直接法英語教科書
第一冊 耳口練習
乙 通常拼法本
上海商務印書館印行

Published by
The Commercial Press, Limited, Shanghai

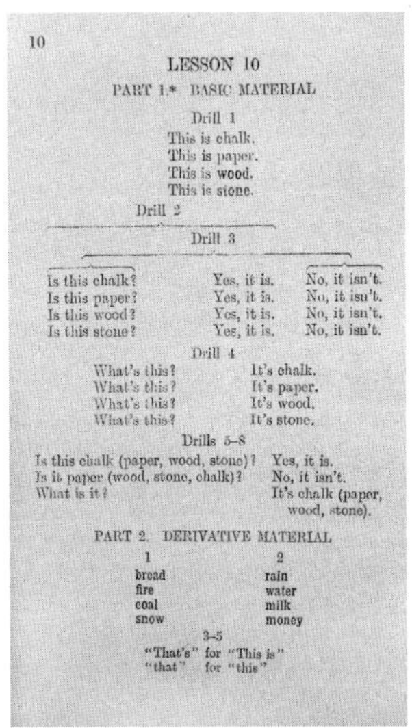

10

LESSON 10

PART 1.* BASIC MATERIAL

Drill 1

This is chalk.
This is paper.
This is wood.
This is stone.

Drill 2

Drill 3

| | | |
|---|---|---|
| Is this chalk? | Yes, it is. | No, it isn't. |
| Is this paper? | Yes, it is. | No, it isn't. |
| Is this wood? | Yes, it is. | No, it isn't. |
| Is this stone? | Yes, it is. | No, it isn't. |

Drill 4

| | |
|---|---|
| What's this? | It's chalk. |
| What's this? | It's paper. |
| What's this? | It's wood. |
| What's this? | It's stone. |

Drills 5–8

| | |
|---|---|
| Is this chalk (paper, wood, stone)? | Yes, it is. |
| Is it paper (wood, stone, chalk)? | No, it isn't. |
| What is it? | It's chalk (paper, wood, stone). |

PART 2. DERIVATIVE MATERIAL

| 1 | 2 |
|---|---|
| bread | rain |
| fire | water |
| coal | milk |
| snow | money |

3–5

"That's" for "This is"
"that" for "this"

《直接法英语教科书》封面及内页

直接法是自然法与演进法的结合，是一种以教育学、语言学、心理学为理论依据，采取以前各种教法之长而舍弃其短的集成法。它包含三层意思：直接法所要运用的是语言材料；符号、意义之间有直接的联系；教材直接应用于日常生活。在“教学方法说明”中提出了教学的三个步骤：第一步，教师说命令句，学生注意听；第二步，学生重复教师的句子；第三步，学生独立地说句子。课文内容的设计以句型练习为主，并适时对同类句型进行总结归纳，让读者一目了然。

③排版精心设计，内容层次分明

整套教材的总体安排中简要叙述了各册的教学内容和结构，如第一、二册分为 a、b、c、d 四部分，三至六册分为 a、b 两部分。其中一、二册的 a 部分为语音版，b 部分为正确书写版，c 部分为印刷版，d 部分为草书版；三至六册的 a 部分为精读，b 部分为泛读。因此，六本书共分为16个单册。为了方便使用，编者用“1a、1b、1c、1d……”标示，予以区分。

单册说明中详细叙述了下列内容：教材的性质和适用范围；文章的材料来源；材料的组织；材料的安排形式；材料的分级；材料的呈现方式；难度的分解；语音教学内容；语法教学内容；课文的排版印刷；教辅材料说明；可供借鉴的教学方法；教学参考资料查找方向；致谢辞。

在书写版教材的使用说明中，编者对教材的使用做了进一步的解释。正文中，教材安排了两部分内容，第一部分是基础知识的学习，第二部分则是对第一部分知识的拓展和延伸。

（2）课文举隅

本文选自《初中直接法英语教科书》1b 的第11—12页。

## Lesson 11

### Part 1. Basic Material

Drill I

Point to the door. What are you doing? I' m pointing to the door.

Go to the door. What are you doing? I' m going to the door.

Point to the window. What are you doing? I' m pointing to the window.

Go to the window. What are you doing? I' m going to the window.

Go to your seat. What are you doing? I' m going to my seat.

Drill Ⅱ

__________. What' s he (she)...? He' s (She' s)...

__________. What' s he (she)...? He' s (She' s)...

__________. What' s he (she)...? He' s (She' s)...

__________. What' s he (she)...? He' s (She' s)...

__________. What' s he (she)...? He' s (She' s)...his (her)...

__________. What' s he (she)...? He' s (She' s)...his (her)...

Drill 3

___________. –am I ...? You' re ...

___________. –am I ...? You' re ...

___________. –am I ...? You' re ...

___________. –am I ...? You' re ...

___________. –am I ...? You' re ... your ...

___________. –am I ...? You' re ...your ...

### Part 2. Derivative material

Come to my place. _________? –coming to your (my) place.

Turn my book round________and round. _______? -turning your(my)book round and round.

Show me its front. _______? -showing your(me)its front.

Turn it over and over. ______? -turning it over and over.

Show me its back. _______? -showing your(me)its back.

Go back to your seat. ______? -going back to my(his, her, your)seat.

## 六、王云五与《综合英语读本》

### 1. 王云五

(1)个人简介

王云五(1888—1979)，名鸿桢，字日祥，号岫庐，笔名出岫、之瑞、龙倦飞、龙一江等。现代出版家。出生于上海，广东香山(今中山)人，祖籍南朗王屋村。

王云五9岁时入私塾，14岁起在一家五金店一面做学徒，一面到夜校学英文。后来入美国教会主办的守真书馆学习英语。1904年，进入一家同文馆修业，次年春还兼任该馆的教生(助教)。1905年，以按揭方式购买了一套《大不列颠百科全书》，三年后付清书款时，已经把全书通读了一遍。1906年起，先后在上海同文馆、中国公学等校教授英文。1906年冬，被上海益智书室聘为英语教员，兼授数学、史地课，开始步入教育界。

1907年春，任振群学社社长。10月，转入中国新公学任英语教习，胡适(时名洪骍)、朱经农等为该校学生。1909年，任闸北留美预备学堂教务长。1912年底任北京英文《民主报》主编及北京大学、国民大学、中国公学大学部等英语教授。1913年5月辞教育部职，任中国公学大学部教授，讲授英文、英国文学等课程。1917年起，在上海从事编译工作，并创办公民书局。1921年9月，任商务印书馆编译所副所长，旋任所长。自此至1946年5月辞职从政，其在商务印书馆工作了25年，先后担任过编译所所长、总经理和编审部部长等职。

（2）学术成就

在商务印书馆工作的25年时间里，王云五坚持以“教育普及、学术独立”为出版方针，改革商务的机构组织，编辑《百科小丛书》，出版世人瞩目的《万有文库》《中国文化史丛书》《大学丛书》等大型丛书，编著了《王云五大词典》《王云五小词典》等。他还开办并复兴了东方图书馆，编写出版了大量的古典、中外名著和教科书辞典等，为我国近代文化教育事业做出了很大贡献。2013年，《王云五全集》（全20册）出版。

2.《综合英语读本》

此套书共六册，供初中三年使用。依照当时教育部颁布的初级中学英语课程标准编写，由国民政府教育部审定，1933年由商务印书馆出版发行，共同编著者为李泽珍。

（1）特点分析

①体现知能并进，内容编排合理

《综合英语读本》编写总体顺序依次为：编辑大意、目录、正文、附录。正文后有语法讲解及练习题，部分课文后备有理解课文必须掌握的基本单词或词组；附录包含总复习题、国际音标注音及总词汇表。目

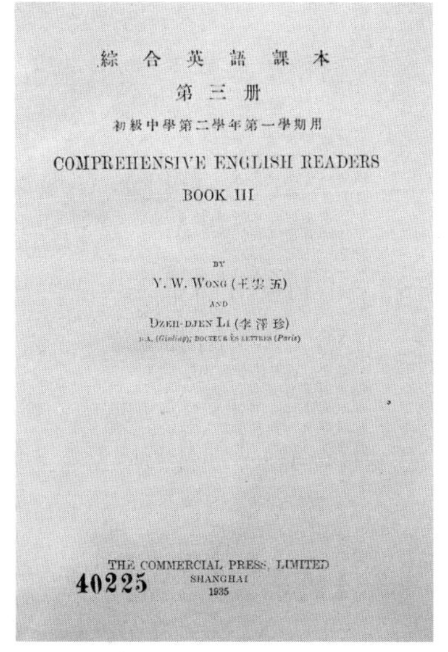
綜合英語課本
第三册
初級中學第二學年第一學期用
COMPREHENSIVE ENGLISH READERS
BOOK III
BY
Y. W. WONG（王雲五）
AND
DZEH-DJEN LI（李澤珍）
B.A. (Ginling); DOCTEUR ÈS LETTRES (Paris)
THE COMMERCIAL PRESS, LIMITED
SHANGHAI
1935
40225

《综合英语读本》内封

录中除课文标题外，下方小标题为本课的语法项目。教材内容从词法到句法由浅入深，有讲解，有配套练习。

②教学方法明晰，师生有的放矢

依据“编辑大意”所述，本书主要采用直接法来实施教学。一二册的课文取材以日常用语为主，三至六册以应用文为主。文字务求涉及外国事物及各学科知识，主要以短文阅读为主。语法部分用英文解释，旨在帮助学生用英语理解语法概念，既能提高阅读理解能力，又能学会运用该项语法解决实际问题。

③关注学情特点，悉心安排细节

依据“编辑大意”所述，本教材按每学期实际上课十六周，每周课时为五小时计，共八十小时。第一、二册平均每两小时上一课，每册各四十课；第三至第六册课文较长，平均每三小时上一课，每册有二十四至二十八课。第一二册课文用较大字号排版印刷，并附有大量的插图，以帮助低年级学生认读。为帮助学生练就漂亮书法，个别课文用手写体排版，例如第三册第二课。

④四项技能并举，循序渐进获益

听说读写四项技能在本教材中均有侧重，选材最初注重日常用语，逐渐过渡到应用文。体现了听说领先、读写跟上的教学原则。并在“编辑大意”中强调四项技能的训练要有机结合，循序渐进，不得分时段独立对某项技能进行训练。因此，每篇课文均包含文本、语法、作文、会话等项内容。

（2）课文举隅

本文选自《综合英语读本》第三册第1—3页 Lesson 1。

**THE NEW TERM**

The holidays are over, and we have begun the new school year. Those who passed the examination at the end of last term have gone up into a higher class. Those who failed have to stay down in the same class as last year.

I am afraid most of us have forgotten a great deal of English since our last lesson before the holidays, but I hope we shall remember it when we begin work again.

We have finished the second English Reader, and now we are going to use the third one. Our class has a different teacher, too, but he will give us lessons like those we had last year.

COMPREHENSIVE ENGLISH READERS

BOOK III

LESSON I

THE NEW TERM

The holidays are over, and we have just begun the new school year.

Those who passed the examination at the end of last term have gone up into a higher class. Those who failed have to stay down in the same class as last year.

I am afraid most of us have forgotten a great deal of English since our last lesson before the holidays, but I hope we shall remember it when we begin work again.

We have finished the second English Reader, and now we are going to use the third one. Our class has a different teacher, too, but he will give us lessons like those we had last year.

Usually, we had an English lesson every day, in the morning or afternoon. Our teacher spoke to us in English, and we listened. He wrote words

《综合英语读本》内页

Usually, we had an English lesson every day, in the morning or afternoon. Our teacher spoke to us in English, and we listened. He wrote words and sentences on the blackboard, explained what they meant, and told us to look at them carefully. When he asked us questions, we answered them. If we made any mistakes in speaking or in our written exercises, he corrected them.

I am afraid English is rather hard, but we ought to learn it, in order to be able to speak it and understand it. I am sure we shall learn a great deal more English this year.

Grammar

Intransitive verb: be, is, am, are, go, failed, stay, listened, look.

Transitive verb: begun, have, has, had, hope, remember, finished, give, wrote, explained, meant, told, asked, answered, made, corrected, understand, learn.

Auxiliary verb: have (begun), are (going), shall, will.

Exercises

I. Mention some other intransitive verbs that you have read before.

II. Mention some other transitive verbs.

III. Mention some other auxiliary verbs.

IV. Point out the tense of each of the following words: are, stay, am, listened, look, begin, finished, had, wrote, made, corrected, understand, passed, failed.

V. Change all the verbs in Exercise IV. From present tense to past tense and vice versa.

VI. Give the past participle form of each of the verbs in Exercise IV.

## 七、李儒勉与《高中英语读本》

### 1. 李儒勉

（1）个人简介

李儒勉（1900—1956），名贵诚，字儒勉，鄱阳县人。1920年考入南京金陵大学，攻读心理学。毕业后，先后在东南大学（现南京大学前身）附中及东南大学教英语，编有《英汉词典》。1931年，经武汉大学文学院院长闻一多教授推荐，受聘为武汉大学英语系副教授、教授。1936年，自费去英国牛津、剑桥大学学习莎士比亚文学，被聘讲授语音学。1938年，回武汉大学。武大迁四川后，先后在四川大学、国立女子师范学院从事英语语音教学工作。1943年，受聘于英国驻华大使馆新闻处，负责编辑《中英周刊》。1945年重庆谈判时，以教育界知名人士的身份受到毛泽东和周恩来的接见。1948年初再次赴英国剑桥大学讲学。次年回国，任职于中央对外文化联络局。抗美援朝期间，负责反对细菌战方面的文字编译工作，兼北京辅仁大学英语系主任。1956年8月2日，突发脑溢血，猝然逝世。

（2）学术成就

李儒勉编写的图书有《高中英语读本》三册、《英文修学指导》、《实用英汉汉英词典》等，均由中华书局出版。

2.《高中英语读本》

《高中英语读本》（初版）共三册，1933年9月由中华书局发行，本教材依照新颁布的英语课程标准编写，供高中三年使用。

（1）特点分析

①重视知识教学，兼顾升学就业

本套书共三册，每册总体框架为：编辑大意、目录、选材类型、正文。每篇课文后都有辅助材料，其中包括：课文背景资料、中英文双解词汇表、成语和词组、问题解答、要模仿的句型或口头与书面作文练习题。依据“编辑大意”，作者强调编辑本教材，目的是要让学生获得充分的英文知识，所选课文涵盖商业、实业、科学、文学等领域，使学生毕业后无论从事何种职业，均能在社会交际上、工作岗位中应对自如。

②课文取材广泛，文字优美实用

课文的取材以英美名作为主，文字务求优美且实用，内容上以启发学生的思想，增加学生对西洋生活、文化、科学的了解为目的。依据作者的分类，主要有智慧与幽默、寓言故事与短篇小说、名人名著、罗马与希腊寓言故事、戏剧与戏剧片段、脍炙人口的诗歌以

教育部審定
修正課程標準適用
高中英語讀本
NEW STANDARD ENGLISH READERS
FOR SENIOR MIDDLE SCHOOLS
第一冊
編者 李儒勉
中華書局印行

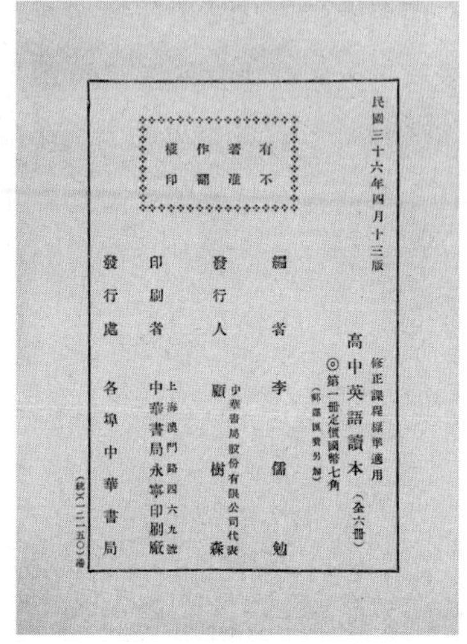
民國三十六年四月十三版
修正課程標準適用
高中英語讀本（全六冊）
◎第一冊定價國幣七角
（郵運匯費另加）
有著作權 不准翻印
編著者 李儒勉
發行人 中華書局股份有限公司代表 顧樹森
印刷者 上海澳門路四六九號 中華書局永寧印刷廠
發行處 各埠中華書局
（版X一二一五〇）

《高中英语读本》封面及版权页

及各种各样的散文等。学生主要的学习模式为阅读与写作，教师采用的主要教学法为直接教学法。

③重视以学定教，倡导因材施教

正如编者在“编辑大意”中提到的，本教材专供高中三年使用，但在实际教学中仍可依据学情添加四分之一左右的辅助材料。这就给使用本教材的教师以极大的自主权，体现了以学定教的教学理念。至于语法学习，编者认为，经过初中三年的学习，学生已具备较好的语法基本知识，因此教师只需根据学生具体情况，结合文章结构，自行概括文法，加以温习，补充发挥，给以有针对性的说明，抑或另选文法书以备参考，但说明及解释以采用课文中的例句为佳。

④教辅材料丰富，利于学生自学

本教材适于高中学生，这一学段的学生已具备一定的英语基础和相当的自主学习能力，因此课文选材难度相当，同时遵循由易到难的编排顺序，并以引人入胜的内容唤起学生自主学习的兴趣。不仅如此，在课后还附有大量的学习辅助材料，如学习参考资料、生词表、词组及短语注释、问题链、仿写句子等。其中的生词表用中英文双语注释，以期帮助学生更好地理解课文；英文注释又可以让学生充分温习巩固已学词汇。通过回答问题链中的问题，学生可以将答案串联起来，自然而然形成故事的梗概，从而有效提高学生的概括写作能力。

（2）课文举隅

本文选自《高中英语读本》（1933年9月）第一册第55—58页。

**A LETTER TO HIS SON**

You must study to be frank with the world. Frankness is the child of honesty and courage. Say just what you mean to do on every occasion and take it for granted that you mean to do right. If a friend asks a favor, you should grant it, if it is reasonable; if not tell him plainly why you cannot; you would wrong him and wrong yourself by equivocation of any kind.

Never do a wrong thing to make a friend or keep one; the man who requires you to do so is dearly purchased at a sacrifice. Deal kindly but firmly with all your classmates; you will find it the policy which wears best. Above all do not appear to others what you are not.

If you have any fault to find with any one tell him not others of what you complain; there is no more dangers experiment than that of undertaking to be one thing before a man' s face and another behind his back. We should live act and say nothing to the injury of any one. It is not only for the best as a matter of principle, but it is the path of peace and honor.

In regard to duty, let me in conclusion of this hasty letter inform you that nearly a hundred years ago there was a day of remarkable gloom and darkness, —still known as "the dark day" —a day when the light of the sun was slowly extinguished, as if by an eclipse.

The legislature of Connecticut was in session and as its members saw the unexpected and unaccountable darkness coming on, they shared in the general awe and terror. It was supposed by many that last day—the day of judgment—had come. Some one in the consternation of the hour moved an adjournment.

Then there arose an old Puritan legislator, Davenport of Stamford and said that if the last day had come he desired to be found at his place doing his duty, and therefore moved that candles be brought in so that the House could proceed with its duty.

There was quietness in that man' s mind, the quietness of heavenly wisdom and inflexible willingness to obey present duty. Duty, then is the sublimest word in our language. Do your duty in all things like the old Puritan. You cannot do more; You should never wish to do less. Never let your mother or me wear one gray hair for any lack on your part.

Robert E. Lee

AIDS TO STUDY

The above selection is a well-known letter of Robert Edward Lee (1807—1870) to his son. Lee was a distinguished American general in the confederate service.

Words

Frank: open, candid 坦白，率真，正直

Unexpected：sudden 突然的

Courage: bravery, valor 勇敢，大胆

Unaccountable: mysterious 奇妙，不可解

reasonable: proper，rational 适当的，合理的

Equivocation: ambiguity 含糊，双关语

Sacrifice: surrender of anything for the sake of some thing else 牺牲

To wear: to endure use 耐久，经用

Experiment: practical test 实验，试验

Injury: damage 损害，伤害

Conclusion: end 收尾，末端

Remarkable:extraordinary 异常的

To extinguish: to obscure 使昏黑，遮蔽

Consternation: dismay 惊吓

To move: 提议，动议

Puritan: 清教徒

Davenport: 人名

Stamford: a city in the united states of America 美国城名

To proceed: to go onward 进行

Heavenly: perfect 完全，尽善尽美的

Inflexible: unyielding 不屈，坚强

Sublime: stately 庄严，伟大

To wear: to consume 耗损，消磨

Idiom sand Phrases

Legislature of Connecticut: 美国康乃迪格州州议会

Occasion: 时机，机会

To take ... for granted: to assume ... as a fact 假定……为事实

Favor: friendly regard 眷顾，特别照顾

Above all: in preference to all things 最要紧

To find fault with: to criticize unfavorable 非难，挑剔，吹毛求疵

In regard to: as to 至于，关于

In session: 开会

The day of judgment: 最后审判之日

On one' s part : on the side of ... 在……一方面

Questions

1. How can we be frank with the world?

2. What is the best way to deal with our friend and classmate?

3. What happened, a hundred years ago, in the legislature of Connecticut on "the dark day" ?

4. Do you think that to obey our present duty is very important?

5. What is duty of a student?

Sentences for Imitation

1. Deal kindly but firmly with all your classmates; you will find it the policy which wears best.

2. Above all, do not appear to others what you are not.

3. If you have any fault to find with anyone, tell him, not others, of what you complain;

4. In regard to duty, let me, in conclusion of this hasty letter inform you that ...

5. Never let your mother or me wear one gray hair for any lack on your part.

## 八、沈彬与《初中英语读本》

1. 沈彬

沈彬，字问梅，苏州中学教员，在大学和中学教授英文二十余年，具有丰富的教学经验，也曾担任上海大东书局英文编辑部部长达十余年。

2.《初中英语读本》

（1）特点分析

本书是一套依照当时教育部最新颁布的《初级中学英语课程标准》而编写的教材，出版时间为1932年7月。该教材由沈彬编纂，蒋梦麟、徐志摩负责校订。全书共六册，供初中学生六个学期使用。从编者所列的"编辑大意"中，我们可以发现该套教材的一些特点。

①编写思想明确，突出听说训练

该书是根据直观教学法的理论依据编写而成，因此，在必要的地方，教材均以插图的形式强化学生的理解。在此基础上，又以古恩系列法（Gouin Method，一种旨在单词和短语同事物之间建立直接联系的教学方法）作为补充。在练习形式上，本书强调从听说入手，避免使用翻译的方法。对于此举的目的，编者认为"既合自然，又饶兴趣"。

②体裁丰富实用，注重联系生活

在内容选择上，本书比较注重实用。课文挑选学生感兴趣的材料，将文化常识、英美礼节、风俗习惯等知识融入其中。这些内容或以记叙文、应用文的形式呈现，或采用诸如故事、小说、对话、信札、诗歌等体裁编写而成，形式丰富多样，程度深浅不一。这样编排既有助于提高学生的阅读理解能力，也为他们今后的升学做好铺垫和准备，同时还可以使学生体会到实用英语及应用文体给日常生活带来的便利。

③词汇使用均衡，注音过渡连贯

从数量上看，本书选用的词汇量在2800个左右，均在常用范围之内，也包括英美人士在中国习用之单词及中国重要的人名、地名等。这些单词以桑代克（Edward Lee Thorndike）氏词汇表为根据，均匀地分散于各篇课文之中。对于它们的发音，依照部定标准，用国际通用语音符号在页边进行了标注。鉴于此项符号当时尚未普及，教材的编写者又在第一册上半本的发音练习内，用韦氏音标对它们一一进行了注解，以作过渡之用。

DAH TUNG SERIES
JUNIOR ENGLISH READERS
BOOK SIX
初級中學學生用
初中英語讀本
第六冊
編著者 沈彬
校訂者 蔣夢麟 徐志摩
上海大東書局印行

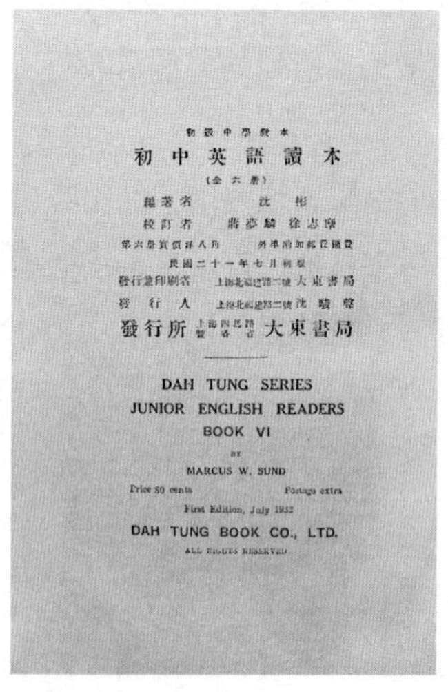
初中英語讀本
（全六冊）
編著者 沈彬
校訂者 蔣夢麟 徐志摩
民國二十一年七月初版
發行兼印刷者 大東書局
發行所 大東書局
DAH TUNG SERIES
JUNIOR ENGLISH READERS
BOOK VI
BY
MARCUS W. SUND
Price 80 cents Postage extra
First Edition, July 1932
DAH TUNG BOOK CO., LTD.
ALL RIGHTS RESERVED

《初中英语读本》扉页及版权页

④结构设计合理，功能各有侧重

从结构来看，本书各册的每篇课文之后都列有“研究”和“练习”两个栏目。在“研究”栏目中，编者将课文中出现的重点语句、生词、语法及日常生活中经常用到的词组、短语、谚语等内容集中罗列，其目的在于让学生通过模仿和记忆的方式养成英语文法习惯，并熟练掌握应用技巧。在“练习”栏目中，题目设计比较丰富，既有翻译、问答，也有填空、改错、造句等，旨在加深学生对课文的理解和培养他们融会贯通的能力。

⑤细节处理恰当，关注学生需求

为了利于学生的学习，对于“研究”栏目中归纳的词组、短语、谚语等内容，编者都添加了汉语注释，以降低记忆难度。除此之外，考虑到初学者的兴趣和阅读的便利，本书读物中的所用字号都比较大，特别是第一、二两册尤为明显。

（2）课文举隅

本文取材于《初中英语读本》第六册第1—6页。

**LESSON I(one)**

**SUCCESS IN LIFE**

We have learned that the first thing which makes success in life is the choice of a vocation. This choice depends upon the person himself and his fitness for a certain kind of work. Something more, however, is needed for success in life. This is character.

Character may be said to be what a person really is. It is the make-up of his soul, his mind, thought, and habits. Thus a man of high character has honor, or a true sense of right and wrong. He is honest in thought, speech, and act. He has a high regard for his promise or word. He is faithful in carrying out all his duties, even when necessary at his own loss.

There may be success in life without success in business. True and lasting success is the building up of a pure and loyal character, a wealth without price, as honorable men of all ages have taught us, not only by their lives but by their deaths. The man who believes in God and in a future life has something towards which to look with cheerful hope, while doing his best in the work of the present life.

Other traits which go to make up a fine character are firmness of purpose, courage, and self-reliance. Purpose is one' s aim in life, and courage is the moral strength to follow the aim.

No matter what business you take up, if you want to succeed you must do your work a little better than others. Simply doing your duty is not enough, for everyone is expected to do his duty. You cannot make your superiors think you are interested in your work if you watch the clock too closely. One secret of success is always to do more than one' s duty.

Besides what we are in character, we are often judged by what we seem to be. The young person who hopes to get along in life cannot be too careful of appearances, especially in dress and manners.The dress should always be quiet, perfectly neat, and never loud, showy, or in extreme style. "A good name is rather to be chosen than great riches."

One' s manners in public, too, mean so much. The well-bred man or woman never talks or laughs loudly in public, never attracts attention in any way.

Nothing tells more quickly what a person is than his speech. Everyone should form the habit of using always the best English he knows. Don' t use slang or profane language. Is a man able to make himself better understood by swearing? Not at all. As for vulgar language, the person who uses or listens to it soils his character much in the same way as one who wishes to keep his hands clean, yet handles coal.

All these things make up character, and that is the important thing; for high character, joined to ability, is found to win success in any work of life.

Idioms and Phrases

Success in life 生活之成功

A high regard for 谨守

When necessary（when it is necessary）需要的时候

A wealth without price 无价之宝

Moral strength 精神的能力

No matter what 不论

Secret of success 成功之秘诀

Loud and showy 照耀

Extreme style 时式

Memory Work

Perseverance is the child of determination and the parent of success.

Questions

1. What is the first thing that makes success in life?

2. What is the second?

3. What does a man of high character have?

4. What are the other traits that help to make a fine character? Why?

5. What is the secret of success?

6. Besides vocation and character, what else do we want?

7. How does a well-bred person talk or laugh in public?

8. Can we use slang or profane language? Why?

For Study

| verb | noun | adjective | noun |
|---|---|---|---|
| succeed | success | fit | fitness |
| choose | choice | honorable | honor |
| think | thought | necessary | necessity |
| lose | loss | firm | firmness |
| live | life | courageous | courage |
| believe | belief | strong | strength |
| die | death | superior | superior |
| appear | appearance | careful | care |
| speak | speech | important | importance |
| soil | soil | able | ability |
| determine | determination | persevere | perseverance |

Grammar

1. When we speak or write, we use words which we make into sentences.

2. A sentence is a group of words which make a complete sense.

3. Every sentence must contain two parts—(1) a naming part

or Subject, and (2) a telling part or Predicate.

4. The subject is what is spoken about. The predicate is what is said about the subject.

5. Thus in the sentence "The wind blew down the tree." *the wind* is what is spoken about, and is therefore called the Subject; *blew down the tree* is what is said about the Subject, and is therefore called the Predicate.

Exercise

Translate the lesson into Chinese.

## 【本章小结】

1923年至1949年是我国英语教材编纂出版走向自立的时期。国民政府《审查教科图书共同标准》《初级中学英语暂行课程标准》等文件的出台，掀起了一波编纂出版英语教材的高潮，涌现出众多优秀的教材编写者。除编译引进教材外，大量的自编教材依照教学目标、教学原则等规范要求编写，课文选材贴近学生生活，关注本土学生兴趣，教学方法注重听说训练，德育目标渗透融合显现。这些教材为民国时期英语教育的繁荣发展提供了保障。个别优秀教材一直延续使用到新中国成立以后。

# 附录：部分民国期间出版使用的各类英语课本、工具书和参考书汇总

## 平心《生活全国总书目》中部分英语工具书和参考书[1]

| 种类 | 书名 | 作者 | 出版商 |
| --- | --- | --- | --- |
| 英语学习法 | 《怎样学习英语》 | 开仁编 | 南强书局 |
| | 《英文修学指导》 | 李儒勉著 | 中华书局 |
| | 《英文捷径》（*A Short Cut to English Language*） | 王常编 | |
| | 《革新的外国语学习法》 | 陆殿扬著 | 世界书局 |
| | 《英文单词之记忆法》 | 姚哀编 | 北新书局 |
| | 《英文背诵 ABC》 | 林汉达编 | 世界书局 |
| | 《英文拼法 ABC》（*The ABC of Spelling*） | 张仕章编 | 世界书局 |
| | 《绘图英文识字初步》（*First Step in Learning Useful English Words*） | 周振宏编 | 商务印书馆 |
| 英语发音学 | 《英语发音学》 | 魏肇基著 | 商务印书馆 |
| | 《英文读音 ABC》（*The ABC of Pronunciation*） | 张仕章编 | 世界书局 |
| | 《英语语音学纲要》（英文本）（*An Outline of English Phonetics*） | 吴兴、周由廑编 | 商务印书馆 |
| | 《英语正音教科书》（三册）（*A Text-Book on English Phonetics*） | 胡宏纶编 | 中华书局 |

[1] 平心:《生活全国总书目》，生活书店，1935，第488—505页。

续表

| 种类 | 书名 | 作者 | 出版商 |
|---|---|---|---|
| 英语发音学 | 《英语正音课本》 | 周椒青 | |
| | 《英字读音》（英文本）<br>（*A Primer of English Sounds*） | 周越然编 | 商务印书馆 |
| | 《英字切音》（英文本）<br>（*English Spelling*） | 周越然编 | 商务印书馆 |
| 英语文法通论 | 《高级英文法研究》<br>（*A Study of English Grammar for Advanced Students*） | 王安宅编 | 商务印书馆 |
| | 《实验高级文法》<br>（*Experimental English Grammar for Advanced Students*） | 邓达澄编 | 商务印书馆 |
| | 《高等英文法》 | 陈器著 | 北平文化学社 |
| | 《高级实用英文法》 | 钟作猷编 | 北新书局 |
| | 《简易英文法》（二册）<br>（*Easy Lessons in English Grammar*） | 刘尚一等编 | 中华书局 |
| | 《简明英文法》（二册）<br>（*Concise English Grammar*） | 王翼廷编 | 中华书局 |
| | 《活的英文法》<br>（*A Working English Grammar*） | 詹文浒编 | 世界书局 |
| | 《活用英文法》（上下）<br>（*The Living English Grammar*） | 林汉达编 | 世界书局 |
| | 《中等英文法》<br>（*The Essentials of English Grammar*） | 梅殿华等编 | 中华书局 |
| | 《开明英文文法》（上下）<br>（*Kaiming English Grammar*） | 林语堂编 | 开明书店 |
| | 《英文法讲义》 | 王文川编 | 开明书店 |
| | 《纳氏英文法讲义》（中文，四册）<br>（*Nesfield's English Grammar Series*） | 陈喜译注 | 求益书社 |
| | 《余氏英文文法》 | 余天希编 | 世界书局 |
| | 《英文法》（初中用） | 王古鲁编 | 大东书局 |
| | 《英文文法纲要》 | 余慕陶编 | 光华书局 |
| | 《英文范纲要》<br>（*Outlines of English Grammar for the Use of Chinese Students of That Language*） | 伍光建编 | 商务印书馆 |
| | 《英文法文法纲要》 | 西度编 | 开明书局 |
| | 《英文法撮要》 | | 广中大 |
| | 《英文文法精义》 | 葛传椝编 | 开明书店 |

续表

| 种类 | 书名 | 作者 | 出版商 |
|---|---|---|---|
| 英语文法通论 | 《英文文法易解》<br>（*English Grammar Simplified*） | 温宗尧编 | 商务印书馆 |
| | 《英文法捷径》<br>（*Helps to English Grammar and Composition*） | 庄尚德著 | 商务印书馆 |
| | 《英文法捷径》（二册）<br>（*A Short Cut to English Grammar*） | 陶秋英编 | 中华书局 |
| | 《英文法要略》 | 李振南编 | 商务印书馆 |
| | 《英文文法 ABC》<br>（*The ABC of English Grammar*） | 林汉达编 | 世界书局 |
| | 《汉译初级实用英文法》<br>（*A Working English Grammar for Beginners Explaind in Chinese*） | 平海澜编 | 商务印书馆 |
| | 《初等英文法》<br>（*Elements of English Grammar*） | 梅殿华等编 | 中华书局 |
| | 《英文初步》 | 范允臧编 | 开明书店 |
| | 《初步英文法》 | 平海澜等编 | 中国科学社 |
| | 《英文法阶梯》（五册）<br>（*First Steps in English Grammar*） | 邝富灼编 | 商务印书馆 |
| | 《新英文典》（二册）<br>（*English Grammar*） | 邝富灼编 | 商务印书馆 |
| | 《基本英文典》<br>（*Basic English Grammar*） | 钟作猷编 | 中华书局 |
| | 《英文会话文法》<br>（*A Conversation Grammar*） | 徐志诚编 | 中华书局 |
| | 《英文法结晶》<br>（*Crystals of English Grammar*） | 朱树蒸编 | |
| | 《英文法结晶教案》<br>（*Key Lessons in English Grammar*） | 朱树蒸编 | |
| | 《简要英文法》 | 杨雨人编 | 百城书局 |
| | 《自修英文法》 | 刘思训编 | 汉文正楷印书局 |
| | 《第三英文典》 | 陈文著 | |
| | 《归纳法的英文法要义》（上下） | 尹让辙编 | 南京书店 |
| | 《英文文法作文合编》<br>（*Intermediate English Grammar and Composition*） | 吴献书编 | 商务印书馆 |
| | 《英文文法作文典》 | 刘思训等编 | 合众书店 |

续表

| 种类 | 书名 | 作者 | 出版商 |
|---|---|---|---|
| 英文文法图解 | 《英文文法图解范式》 | 姚慕谭著 | 开明书店 |
| | 《高级英文图解》（上册） | 李冠英编 | 北平文化学社 |
| | 《英文图解大全》（增订） | 杨成章编 | 北平文化学社 |
| | 《英文句语分析与图解》<br>（*Sentence Analysis and Diagram*） | 李振南编 | 商务印书馆 |
| | 《英文语句图解分析》 | 富守仁著 | 大公报 |
| | 《英文法与图解》（上册）<br>（*English Grammar with Diagram*） | 倪明村编 | 知新书局 |
| | 《英文法图解》 | 杨景荫编 | 大公报 |
| | 《图线剖解英文文法镜》<br>（*The Mirror of English Grammar*） | 史雨文编 | |
| | 《表解英文法》 | 梁铭东编 | 北平文化学社 |
| 英语品词文法 a. 英语动词 | 《英文云谓字规范》<br>（*The Verb*） | 陈登澥编 | 商务印书馆 |
| | 《英文动词用法ABC》<br>（*The ABC of How to Use Verbs Correctly*） | 俞瑞元编 | 世界书局 |
| | 《英文动词浅释》 | 苏闰波编 | 世界书局 |
| | 《英文动词》 | 赵德先著 | 大公报 |
| 英语品词文法 b. 英语前置词 | 《英语前置词之用法》 | 施督辉编 | 商务印书馆 |
| | 《前置词用法大全》（英文本）<br>（*How to Use the Prepositions Correctly*） | 施督辉编 | 商务印书馆 |
| | 《英文介系词用法》 | 俞皞如编 | 中华书局 |
| | 《英文介系词用法 ABC》<br>（*The ABC of How to Use Prepositions Correctly*） | 周德辉编 | 世界书局 |
| 英语文法练习 | 《分类英文法习题》<br>（*Classified English Grammar Exercises for Advanced Students*） | 汪毓周等编 | 商务印书馆 |
| | 《英文标准文法实习》（高中用） | 沈彬编 | 大东书局 |
| | 《英文标准文法实习》（初中用） | 沈彬编 | 大东书局 |
| | 《英文法练习》 | 西度编 | 开明书店 |
| 英文标点法 | 《英文标点法 ABC》<br>（*The ABC of Punctuation*） | 王翼廷编 | 世界书局 |
| 英文修辞学 | 《英文修辞学》<br>（*English Composition and Rhetoric*） | 林天兰编 | 中华书局 |
| | 《英文修辞学ABC》<br>（*The ABC of Rhetoric*） | 王翼廷编 | 世界书局 |
| | 《英文修辞格》 | 谢大任编 | 中华书局 |

续表

| 种类 | 书名 | 作者 | 出版商 |
|---|---|---|---|
| 英文修辞学 | 《英文实用修辞学》<br>（*Practical English Rhetoric for Colleges*） | 陆殿扬编 | |
| | 《实用英文修辞学》 | 陈器编 | 立达书局 |
| | 《李氏英语修辞作文合编》<br>（*Lee's Rhetoric and Composition*） | 李登辉编 | 商务印书馆 |
| | 《英文修辞学及作文法》 | 凌慎之编 | 北平文化学社 |
| 英语作文概论 | 《英文作文法纲要》<br>（*Learning to Write*） | 龚质彬编 | 中华书局 |
| | 《英文作文易解（附答案）》<br>（*Easy Lessons in Composition*） | 周越然编 | 商务印书馆 |
| | 《英文作文要略》<br>（*Hints on English Composition*） | 周越然编 | 商务印书馆 |
| | 《英语作文初步》<br>（*First Step in English Composition*） | | 商务印书馆 |
| | 《英文文章作法》 | 俞慕陶编 | 光华书局 |
| | 《英语作文教科书》（二册）<br>（*Elementary Composition; Intermediate Composition*） | 邝富灼编 | 商务印书馆 |
| | 《高中英文作文》<br>（English Composition for Senior Middle Schools） | 方荣天编 | 商务印书馆 |
| | 《英文文法作文》 | 秦鹤皋等编 | 合众书店 |
| | 《英文典与作文法》<br>（*Essentials of English Composition*） | 黄添福编 | 中华书局 |
| | 《英文作文讲义》 | 北大讲义 | 北大 |
| | 《英华作文范本》<br>（*Specimen Composition in English & Chinese*） | 程承祖编 | 中华书局 |
| | 《初级英语作文（直观法）》<br>*[Beginning English Composition（Direct Method）]* | 周越然编 | 商务印书馆 |
| | 《实用英语作文法》 | 戴骅文编 | 北平文化学社 |
| | 《实用英文分解》<br>（*Practical English and Analysis*） | 叶劲风编著 | |
| 英文造句 | 《英语构造法》<br>（*Sentence Construction*） | 陆殿扬编 | 商务印书馆 |
| | 《英文造句作文法》<br>（*English Sentence Formation and Composition*） | 孙立源等编 | 世界书局 |
| | 《英文造句法》<br>（*Sentence Formation*） | 吴兴、<br>周越然编 | 商务印书馆 |
| | 《英文造句法》 | 王韫度编 | 光华书局 |
| | 《英文造句法ABC》<br>（*The ABC of Sentences Making*） | 俞天韵编 | 世界书局 |
| | 英文造句教科书<br>（*A Textbook of Sentence Formation*） | 张季源编 | 商务印书馆 |

续表

| 种类 | 书名 | 作者 | 出版商 |
| --- | --- | --- | --- |
| 英语正误 | 《英语正误详解》（*Helps Towards Correct English*） | 吴献书编 | 商务印书馆 |
| | 《英语正误自修册》（*The Student's Handbook to Accompany "Helps Towards Correct English"*），《英语正误自修册答案》（*A Key to the Student's Handbook*） | 吴献书编 | 商务印书馆 |
| | 《英语正误练习册》（二册）（*Practice Leaves in Correct English*） | 吴献书编 | 商务印书馆 |
| | 《英语写读指谬》 | 王实味著 | 南京印书馆 |
| | 《英句正误ABC》（*The ABC of Sentence Correction*） | 梵兆庚编 | 世界书局 |
| | 《英文作文纠谬》（*A Guide to Composition and Letter Writing*） | 俞楠秋著 | |
| | 《英文作文通常错误指正》（*Common Errors in English Composition with Correction*） | 慎微之编 | 求益书社 |
| | 《英文作文正误》 | 张鸿勋著 | 新中国书局 |
| | 《英文改错释例》（*How to Avoid Mistake in English*） | 王承绪编 | |
| | 《英文造句法正误详解》（*Guide to Sentence Making*） | 倪明材编 | |
| | 《英文错误改正》（*Corrections of Common Errors in English*） | 薛德贵著 | 北平文化学社 |
| | 《英语正误示范》 | 熊克立等编 | 亚细亚书局 |
| | 《实用英文作文正误字典》（*A Practical Dictionary of English Correction*） | 王学谦编 | 震旦书店 |
| | 《英文四百句错误改正》 | 程豫生等编 | 南京书店 |
| 英文单字用法 | 《增广英字指南》（*Method for Learning English*） | 杨勋编 | 商务印书馆 |
| | 《英文单字用法ABC》（*The ABC of Vocabulary*） | 吴永昌编 | 世界书局 |
| 英文词语用法 | 《英文成语用法 ABC》（*The ABC of English Phrases and Idioms*） | 李厚甫编 | 世界书局 |
| | 《英文各种词句运化模范实习》 | 朱树蒸编 | |
| | 《英文各字词句虚拟词发微》 | 任充四编 | 开明书店 |
| 英字辨异 | 《英语歧字辨异》（英文本）（*English Synonyms Explained and Translated into Chinese*） | 周越然编译 | 商务印书馆 |
| | 《英文歧字用法ABC》（*The ABC of English Synonyms*） | 俞瑞元编 | 世界书局 |
| | 《英文同音异字汇解》（*English Homonyms*） | 林天兰编 | 中华书局 |
| | 《英汉合解歧字用法大全》（*Synonyms Discriminated*） | 杨道腴编 | 新中国书局 |
| | 《英汉歧字类分大辞典》（*A Complete Dictionary of Synonyms*） | 陈戬编著 | 新中国书局 |

续表

| 种类 | 书名 | 作者 | 出版商 |
|---|---|---|---|
| 普通英语会话 | 《英语会话法程》(*A Textbook of Progressive Grammatical Conversation*) | 周庭桢编 | 商务印书馆 |
| | 《英文会话ABC》(*The ABC of Conversation*) | 俞天韵编 | 世界书局 |
| | 《英语会话论》(*Key to English Conversation*) | 陈嘉编 | 求益书社 |
| | 《英文会话文法》(*A Conversation Grammar*) | 徐志诚编 | 中华书局 |
| | 《英语图解会话》(*Pictorial Conversation*) | 王学谦编 | 商务印书馆 |
| | 《活用英文会话》(*A Handbook of English Conversation*) | 由稚吴编 | 世界书局 |
| | 《复式英语会话》(*A Coat of Many Colours*) | | 商务印书馆 |
| | 《华英对白会话》 | 鲁逐山编 | 晓星书店 |
| | 《英文学生会话》(*English Conversation for Chinese Students*) | 张士一编 | 中华书局 |
| | 《简易英华会话》(*Anglo-Chinese Short Conversation*) | 张慎伯编 | 中华书局 |
| | 《模范英汉会话》(*Model English-Chinese Conversation*) | 陆费执编 | 中华书局 |
| | 《最新英文会话大全》(*New Practical Anglo-Chinese Conversation*) | 杨锦森等编 | 中华书局 |
| | 《英汉实用会话大全》(*A Complete Handbook of Practical English Conversation*) | 谢福生编 | 世界书局 |
| | 《华英会话文件辞典》(*Anglo-English Conversational Dictionary*) | 奚若编 | 商务印书馆 |
| | 《袖珍分类英语》(*A Pocket Classified Conversation*) | 徐维绘编 | 商务印书馆 |
| | 《华英要语汇编》(*English and Chinese Conversations*) | | 商务印书馆 |
| | 《英话会话小丛书》 | 王翼廷等编 | 亚细亚书局 |
| | 《日用英语会话》 | 钱歌川编 | 北新书局 |
| 英文翻译 | 《英文翻译ABC》(*The ABC of Translation*) | 苏为光等编 | 世界书局 |
| | 《华英翻译金针》(二册)(*Translation Exercises*) | 李文彬编 | 商务印书馆 |
| | 《翻译小补》(英文本)(*The Translator's Assistant*) | 吴嘉善编 | 商务印书馆 |
| | 《实用翻译讲义》(*Talks on Translation*) | 章荣著 | |
| | 《初级翻译指南》(*First Steps of Translation*) | 盛谷人编 | 世界书局 |
| | 《高级翻译指南》(*The Translator's Guide*) | 严畹滋编 | 世界书局 |

续表

| 种类 | 书名 | 作者 | 出版商 |
| --- | --- | --- | --- |
| 英文翻译 | 《实用标准英文翻译法》 | 程豫生著 | 南京书店 |
| | 《汉英文法翻译合解教科书》 | 张鹏云著 | 新中国书局 |
| 英文读本 | 《文化英文读本》<br>（*The Culture Readers*） | 李登辉编 | 商务印书馆 |
| | 《文化英文读本：翻译问题解答》（卷二、卷三）<br>（*The Culture English Readers [Key to English Translation]*） | 李登辉编 | 商务印书馆 |
| | 《英文会通》<br>（*English Reader*， *Grammar and Composition*） | 林天兰编 | 商务印书馆 |
| | 《英文捷径》 | 王常五 | 大东书局 |
| | 《英语进阶》 | 龚质彬编 | 北新书局 |
| | 《英文读本》（新学制高中用，第一册）<br>（*New System Series: English Readers for Senior Middle Schools*） | 胡宪生编 | 商务印书馆 |
| | 《英语模范读本自修书》（二册） | 李农笙编 | 大公报 |
| | 《高中英语读法实习教本》 | 陈志云等编 | 文怡书局 |
| | 《演进式初级英文读本》<br>（*An English Reader on the Gouin Method*） | 钱兆和等编 | 中华书局 |
| | 《速成英文读本》<br>（*A Rapid Course in Every-day English*） | 关应麟等编 | 中华书局 |
| | 《自修英文读本》<br>（*Supplementary Readers*） | 张世淦编 | 商务印书馆 |
| | 《英语拾级》 | 崔梦禹编 | |
| | 《新国民实用英语》 | 周庭桢编 | 开明书店 |
| | 《新标准英语读本》（一册） | 刘贞甫编 | 大公报 |
| | 《综合法英文读本》（第一册） | 戴骅文编 | 大公报 |
| | 《英文津梁读本》（三册） | 何铭三编 | 元新书局 |
| 一般英语应用文 | 《英文应用文》 | 刘贞甫编 | 北平文化学社 |
| 英文书信 | 《日用英文尺牍》 | 钱歌川编 | 北新书局 |
| | 《英文书翰论（英汉对照）》<br>（*Key to English Letter Writing*） | 陈光益编 | 求益书社 |
| | 《新撰英文尺牍》 | 葛传椝编 | 开明书店 |
| | 《英文尺牍初步》 | 陈肇绩编 | 求益书社 |
| | 《汉英商业尺牍》 | 张鹏云著 | 新中国 |
| | 《新撰商业尺牍》（二册） | 徐珂编 | 商务印书馆 |
| 美国语学 | 《美国语与英国语》<br>（*Americanism and Britanism*） | 张慎伯等编 | 中华书局 |

续表

| 种类 | 书名 | 作者 | 出版商 |
|---|---|---|---|
| 基本英语 | 《基本英语初阶》（*The ABC of Basic English*） | 进步英文学社编 | 世界书局 |
| | 《自修适用基本英语》（*Talk on Basic English*） | 钱歌川编 | 中华书局 |
| | 《初级基本英语读本》（第一册）（*Basic Readers*） | 钱歌川编 | 中华书局 |
| | 《基本英语留声片课本》（*Basic English Records*） | 赵元任编 | 中华书局 |
| | 《基本英语讨论集》 | 基本英语研究社编 | 中华书局 |
| 英华字典 | 《综合英汉大辞典》（缩本，二册）（*A Comprehensive English-Chinese Dictionary*） | 黄士复等编 | 商务印书馆 |
| | 《世界综合英汉辞典》（*A Complete English-Chinese Dictionary*） | 汪倜然等编 | 世界书局 |
| | 《英汉模范字典（求解作文两用）》（*Model English-Chinese Dictionary with Illustrative Examples*） | 张世鎏等编 | 商务印书馆 |
| | 《英汉汉英两用辞典》（*English-Chinese and Chinese-English Dictionary*） | 严恩椿等编 | 世界书局 |
| | 《英华合解词汇》（*A Modern English-Chinese Dictionary*） | 翁良等译 | 商务印书馆 |
| | 《英华双解字典》（*Chung Hwa Pocket English Dictionary*） | 杨锦森等编 | 中华书局 |
| | 《新式英华双解辞典》（*A Modern Dictionary of the English Language*） | 张锷等编 | 中华书局 |
| | 《新式英华词典》（*A Modern English-Chinese Dictionary*） | 沈彬等编 | 中华书局 |
| | 《英华新字典》（增订缩本）（*English and Chinese Pronouncing Condensed Dictionary*） | 郁德基编 | 商务印书馆 |
| | 《英汉新辞典》（*A New English-Chinese Dictionary*） | 张鸿勋编 | 新中国书局 |
| | 《英华高字字典》（*Anglo-Chinese Thorndike Dictionary*） | 陆费执编 | 中华书局 |
| | 《英汉大字典》（据*Webster's New International Dictionary*及*Funk and Wagnale's New Standard Dictionary*编） | 张鹏云编 | 新中国书局 |
| | 《袖珍新式英华学生辞典》（*A Modern Student's Pocket Anglo-Chinese Dictionary*） | 沈彬编 | 中华书局 |
| | 《简明英汉字典》（*The World Concise English-Chinese Dictionary*） | 进步英文学社编 | 世界书局 |
| | 《世界英汉小字典》（*English-Chinese Gem Dictionary*） | 林汉达等编 | 世界书局 |
| | 半寸小英汉字典（*Lilliput Series English-Chinese Dictionary*） | 张世鎏等编 | 世界书局 |
| | 《标准英汉辞典（双解）》（*The Standard English-Chinese Dictionary*） | 吴康等编 | 商务印书馆 |

续表

| 种类 | 书名 | 作者 | 出版商 |
| --- | --- | --- | --- |
| 英华字典 | 《标准初级英汉字典》<br>( *The Standard Elementary English-Chinese Dictionary* ) | 陆学焕编 | 商务印书馆 |
| | 《世界标准英汉辞典》<br>( *The Word Standard English-Chinese Dictionary* ) | 进步英文学社编 | 世界书局 |
| | 《英文文法作文两用辞典》 | 詹文浒编 | 世界书局 |
| | 《大东英汉学生辞典》 | 沈彬编 | 大东书局 |
| | 《新生活英汉小辞典》 | 沈彬编 | 大东书局 |
| | 《英华正音词典》<br>( *An English-Chinese Phonetic Dictionary* ) | 陆费执等编 | 中华书局 |
| | 《中华英汉商业辞典》<br>( *Chung Hwa Commercial Dictionary* ) | 李天注编 | 中华书局 |
| 英语字汇 | 《英文基础一万字》<br>( *A Classified English-Chinese Vocabulary* ) | 陈嘉编 | 求益书社 |
| | 《英文最常用四千字》<br>( *The Four Thousand Commonest Words in English* )<br>( *According to Thorndike* ) | 张士一编 | |
| | 《日用文语四千字》<br>( *Four Thousand Words for Daily Use* ) | 世界语言学社编 | 世界书局 |
| | 《英文常用五百单字》 | 陈肇绩编 | 上海群益书社 |
| | 《基本英语辞典》<br>( *The Basic Words* ) | 进步英文学社编 | 世界书局 |
| 英文略语辞典 | 《详注略语辞典(英汉双解)》(缩本)<br>( *An Anglo-Chinese Dictionary of Abbreviations and Contractions, with Explanatory Notes* ) | 倪灏森编 | 商务印书馆 |
| 英文成语辞典 | 《英文习语大全(英华合解)》<br>( *A Complete Dictionary of English Phrases* ) | 翁良等译 | 商务印书馆 |
| | 《英文成语辞典(英汉双解)》<br>( *Glossary of English Phrases with Chinese Translations* ) | 伍光建编 | 商务印书馆 |
| | 《英汉习语文学大辞典》<br>( *Dictionary of English Phrases, Quotations, Proverbs and Maxims* ) | 张鹏云著 | 新中国书局 |
| | 《英汉双解熟语大辞典》<br>( *A Dictionary of English-Chinese Phrase With Chinese Translations* ) | 陈嘉编 | 群益书社 |
| | 《标准英文成语辞典(英汉双解)》<br>( *The Standard Dictionary of English Phrases* ) | 厉志云编 | 商务印书馆 |
| | 《英汉成语辞典》<br>( *A Complete English-Chinese Phrase Dictionary* ) | 詹文浒等编 | 世界书局 |
| | 《英汉成语辞林》(缩本)<br>( *Dictionary of Idiomatic English Phrases* ) | 陈荫明译 | 商务印书馆 |
| 英文成语汇编 | 《六百个英文基本成语》<br>( *600 Foundation English Idioms* ) | 桂绍盱编 | 中华书局 |
| | 《英文基础三千句》<br>( *An ABC Phrase-book of Spoken English* ) | 陈嘉编 | 求益书社 |

续表

| 种类 | 书名 | 作者 | 出版商 |
| --- | --- | --- | --- |
| 英文成语汇编 | 《英文常用五百熟语》 | 陈肇绩编 | 求益书社 |
| | 《英文常用谚语》 | 陈肇绩编 | 求益书社 |
| | 《最要英文熟语一千四百题》 | 谭成哲编 | 晓星书局 |
| | 《活用英文习语八百句》 | 陈徐堃编 | 世界书局 |
| | 《英语撮要》（*The Classified List of Miscellaneous Important Terms*） | | 商务印书馆 |
| 英文俚语辞典 | 《标准英文俚语辞典（英汉双解）》（*The Standard Dictionary of English Slang*） | 翁文涛编 | 商务印书馆 |
| 汉英辞典 | 《汉英大辞典》（*A Complete Chinese-English Dictionary*） | 张鹏云编 | 新中国书局 |
| | 《汉英辞典》（*A Chinese-English Dictionary*） | 张左新编 | 商务印书馆 |
| | 《汉英新辞典》（缩本）（*A New Chinese-English Dictionary*） | 李玉汶编 | 商务印书馆 |
| | 《瞿氏汉英字典》 | 瞿重福编 | |
| | 《模范汉英辞典》 | 林鹏英、王儒林编 | 经纬书局 |
| | 《中华汉英大辞典》（*Chang Hwa Chinese-English Dictionary*） | 严独鹤等编 | 中华书局 |
| | 《世界汉英辞典》（*The World Chinese-English Dictionary*） | 盛谷人编 | 世界书局 |
| 英汉汉英辞典 | 《汉英英汉辞典合璧》 | 张鹏云编 | 新中国书局 |
| | 《世界英汉汉英两用辞典》（*The World English-Chinese Chinese-English Dictionary*） | 严恩椿等编 | 世界书局 |
| | 《实用英汉汉英词典》（*A Practical English-Chinese Chinese-English Pocket Dictionary*） | 李儒勉编 | 中华书局 |

备注：本表根据平心《生活全国总书目》“语文学·英美语文”版块内容整理而成，有删改。

# 王有朋《中国近代中小学教科书总目》中部分英语教材[1]

## （小学教材）

| 书名 | 作者及出版社 | 现存情况 | 馆藏地 |
| --- | --- | --- | --- |
| 《英华初学》 | （美）施女师著，<br>颜泳经译<br>上海：商务印书馆 | 第1册（一集）：1898年初版<br>第2册（二集）：1914年第4版<br>（64，64页）16开线装 | 人教（1）<br>广东中山（2） |
| 《华英国学文摘》 | 商务印书馆编译<br>上海：[编者刊] | 第1册：1899年初版，1908年第15版<br>（92页）32开 | 人教（1） |
| 《华英进阶》 | 商务印书馆编译<br>上海：[编者刊] | 第2、4、5册：1900年版<br>32开 | 人教（2，4，5） |
| 《英文启蒙读本》 | 周越然编纂，<br>邝富灼校订<br>上海：商务印书馆 | 1914年版<br>61页 32开 | 北师大 |
| 《新式小学英文教科书》 | 沈彬编辑<br>上海：中华书局 | 第1册：1925年第27版<br>第2册：1921年第9版<br>第3册：1918年第2版<br>附注：1917年出版<br>（60，68，88页）32开 | 北师大 |
| 《英语读本》<br>（《新小学教科书英语读本》） | 沈彬编辑<br>上海：中华书局 | 第1册：1927年第24版，1933年第28版<br>第2册：1925年第10版，1928年第17版<br>第3册：1923年初版，1925年第6版，1926年第8版，1927年第12版<br>第4册：1925年第6版，1927年第11版<br>（38，52，51，56页）32开 | 人教 辞书 |
| 《英语作文要略》 | 周越然编<br>上海：商务印书馆 | 1926年第13版，1933年国难后1版，1927年国难后2版，1937年国难后4版<br>（104页）32开 | 广东中山 |
| 《最新英文读本》 | 陈鹤琴编，<br>朱铭新绘图<br>上海：中华书局 | 第1册：1937年第9版<br>（66页）32开 | 人教（1） |
| 《标准英语读本》 | 李唯建编，<br>舒新城、金兆梓校<br>上海：中华书局 | 第1—4册：1937年初版<br>（总505页）32开 | 人教 |
| 《最新英文读本》<br>（初集） | 李卓民编<br>上海：中华书局 | 1937年<br>（32页）32开 | 人教 |
| 《小学活用英语读本》 | 詹文浒编著<br>上海：世界书局 | 第1册：1941年第6版<br>第4册：1941年第5版（37页）32开<br>精装 | 广西师大（1）<br>编译馆（1，4） |

[1] 王有朋:《中国近代中小学教科书总目》，上海辞书出版社，2010，第213—552页。

续表

| 书名 | 作者及出版社 | 现存情况 | 馆藏地 |
|---|---|---|---|
| 《万叶英语课本》 | 高心海、张训方编<br>上海：万叶书店 | 第1册：1949年第5版<br>第2册：1949年第6版<br>第3册：1946年初版<br>第4册：1949年第2版<br>（40，55，72，78页）32开 | 人教 |
| 《活用英语》 | 詹文浒著<br>上海：世界书局 | 第2、8册：版次不详<br>（36，50页）大32开 | 广西师大（2，8） |
| 《简易初等英文法详解》（《初等英文法详解》） | 商务印书馆编译所编纂<br>上海：商务印书馆 | 1917年<br>（162页）32开 | 人教 |
| 《初级英语读音教科书》 | 周越然编纂<br>上海：商务印书馆 | 1926年第10版<br>（38页）32开 | 广东中山 |
| 《初等进步英语读本》 | 进步英文学社编辑所编著<br>上海：世界书局 | 1941年新5版<br>（40页）32开精装 | 编译馆 |
| 《初等英文法》（修正增订本） | 刘崇裘著，<br>梅殿华编 | （62页）32开 | 广东中山 |
| 《初级英语读本》 | 商务印书馆编译所编纂<br>上海、长沙：商务印书馆 | 第1册（一集）：1916年第12版，1920年第29版，1938年长沙国难后11版<br>第2册（二集）：1929年第24版，1937年国难后4版，1938年长沙国难后5版<br>第3册（三集）：1932年国难后1版<br>第4册（四集）：1927年第15版，1931年第16版<br>（55，67，88，107页）32开<br>附注：1909年初版 | 北师大（1）<br>人教（1，2）<br>广东中山<br>编译馆 |
| 《初学英文规范》 | 邝富灼、徐铣编纂<br>上海：商务印书馆 | 1915年订正14版，1916年订正16版<br>（200页）32开<br>附注：1909年初版 | 北师大 |
| 《新世纪英文读本》 | 邝富灼、李广成编纂<br>上海：商务印书馆 | 第1册（卷首）：1920年第29版<br>第2册（卷一）：1931年10版，1915年第15版，1933年国难后1版<br>第3册（卷二）：1913年第5版，第6版，1919年第14版，1920年第16版，1933年国难后2版<br>第4册（卷三）：1914年第7版，1920年第15版<br>第6册（卷五）：1910年初版<br>（77，86，137，166，225页）32开<br>附注：1910年初版 | 北师大（2—4，6）<br>人教（1—4）<br>上海（1）<br>广东中山（2，3） |
| 《中华高等小学英文教科书》 | 冯曦、吴元枚编辑<br>上海：中华书局 | 第1册：1912年初版，1913年第14版<br>第2册：1913年第6版<br>第3册：1912年第3版，第4版<br>（56，90，80页）32开 | 北师大（3）<br>人教（1—3） |

续表

| 书名 | 作者及出版社 | 现存情况 | 馆藏地 |
|---|---|---|---|
| 《英文读本》（《高等小学英文读本》《共和国教科书英文读本》） | 邝富灼等参订<br>上海：商务印书馆 | 1913年初版，1914年订正4版，1917年第7版，第8版，1924年第21版（128页）32开 | 北师大<br>人教<br>广东 |
| 《新制英文读本》 | 李登辉、杨锦森编<br>上海：中华书局 | 上下册：1914 年初版（70，67页）32开 | 北师大（1）<br>庐山（2） |
| 英文第一新读本 | 吴继皋编纂，（美）哈・亨利校订<br>上海：商务印书馆 | 1914年初版，1923年订正18版，1925年订正19版（130页）32开 | 人教<br>广东中山 |
| 《英文第二新读本》 | 吴继皋编纂，（美）哈・亨利校订<br>上海：商务印书馆 | 1914年初版,1922年第13版，1924年订正14版，1925年订正14版（148页）32开 | 人教<br>广东中山 |
| 《新制中华高等小学英文教科书》（改订本）（《新制中华英文教科书》） | 李登辉、杨锦森编<br>上海：中华书局 | 第2册：1919年第19版（33页）32开<br>附注：1914年初版 | 北师大（2） |
| 《新编高等小学英文教科书》（《高等小学英文教科书》） | 李登辉、杨锦森著<br>上海：中华书局 | 1915年版（92页）32开 | 人教 |
| 《英华会话合璧》 | 张士一编<br>上海：商务印书馆 | 1916年第7版，1935年国难后4版（168页）32开 | 广东中山 |
| 《高等小学英文新读本》 | 吴献书编纂，邝富灼校订<br>上海：商务印书馆 | 第3册：1917年版（102页） 32开 | 人教（3） |
| 《英语读本》（《新教育教科书英语读本》） | 沈彬编<br>上海：中华书局 | 第1册：1921年第4版<br>第2册：1921年第4版<br>（48，54页）32开<br>附注：1920年初版 | 北师大（1，2） |
| 《新法英语教科书》 | 周越然编纂<br>上海：商务印书馆 | 第1册：1937年国难后37版<br>第2册：1922年初版，1925年第21版<br>第3册：1926年第15版，1932年版<br>（78，93，137页）32开 | 人教（2，3）<br>广东中山（1，3） |
| 《新学制高级小学英语教科书》（《高级小学英语教科书》） | 周越然编纂<br>上海：商务印书馆 | 第1册：1923年初版，1926年年第128版，1929年第208版，1932年国难后4版，国难后16版，1933年国难后34版，1935年国难后38版<br>第2册：1923年初版，1924年第33版，1925年第43版，1925年第58版，1927年第88版，1929年第128版，1932年国难后10版，1933年国难后第20版<br>（69，84页）32开 | 北师大<br>人教<br>华师大<br>上师大（2）<br>辽宁（2）<br>庐山（1）<br>广东中山 |

续表

| 书名 | 作者及出版社 | 现存情况 | 馆藏地 |
|---|---|---|---|
| 《高级英语读本》（《新学制小学教科书高级英语读本》） | 芮听雨等编辑，严独鹤、严畹滋校订<br>上海：世界书局 | 第2册：1925年初版，1926年第6版，第7版，1933年第13版，1940年新3版<br>（130页）32开 | 人教（2）<br>广西师大（2）<br>编译馆（2） |
| 《新学制高级小学注音英语教科书》（《高级小学注音英语教科书》） | 周越然编纂<br>上海：商务印书馆 | 第1册：1925年初版，1933年国难后6版<br>第2册：1927年第8版<br>（79，91页）图32开<br>附注：1925年初版 | 人教（1，2）<br>广东中山（1） |
| 《新中华英语课本》（《新中华教科书英语课本》） | 王祖廉、陆费执编<br>上海：新国民图书社 | 第1册：1927年初版，1932年第23版，1934年第29版<br>第2册：1927年第2版，1931年第14版，1932年第17版，1935年第33版<br>第3册：1931年第10版，1939年第17版<br>第4册，1947年第13版<br>（49，47，58，57页）图32开 | 人教<br>辞书（1，2）<br>广东中山（1）<br>编译馆（1，3） |
| 《日用英语读本》 | 格雷比尔（H. B. Graybill）编<br>上海：商务印书馆 | 第1册（前编）：1938年版<br>第2册（后编）：1932年版<br>（81，48页）32开 | 人教 |
| 《活用英文法》 | 林汉达著<br>上海：世界书局 | 上册：1932年国难后5版<br>（152页）32开 | 广东中山（1） |
| 《英语初阶》 | 龚质彬编辑<br>上海：北新书局 | 1933年第2版<br>（67页）32开 | 人教 |
| 《英语基础读本》 | 郑逸欣编<br>上海：北新书局 | 1939年第2版<br>（52页）32开 | 辞书 |
| 《新式小学英文教授书》（《小学英文教授书》） | 沈彬编<br>上海：中华书局 | 第1，2册：1920年第3版<br>（86，85页）大32开 | 河南 |
| 《英语读本教案》（《新教育教科书英语读本教案》） | 马润卿编著<br>上海：中华书局 | 1921年版<br>（101页）32开 | 北师大 |
| 《高级英语读本教学法》 | 芮听雨等编辑，严独鹤、严畹滋校订<br>上海：世界书局 | 第2册：1926年初版<br>（273页）32开 | 人教（2）<br>河南（2） |
| 《初级英语读本教学法》 | 蒋绵恩、盛谷人编辑，严独鹤、严畹滋校订<br>上海：世界书局 | 第2册：1927年初版<br>（65页）32开 | 河南 |

## (中学教材)

| 书名 | 作者及出版社 | 现存情况 | 馆藏地 |
|---|---|---|---|
| 《华英亚洲课本》 | 上海：商务印书馆 | 第1—4册：1900年初版<br>(96页)32开 | 北师大<br>人教(2) |
| 《汉译英文教科全书》 | 文明书局翻译<br>上海：[译者刊] | 第1册：1906年第2版<br>第2册：1904年初版<br>(89，145页)32开 | 北师大 |
| 《中学英文典教科书》 | 何崇礼编辑<br>上海：科学会编译部 | 1909年第2版<br>(263页)32开<br>附注：1907年初版 | 北师大 |
| 《帝国英文读本》 | 伍光建编辑<br>上海：商务印书馆 | 第1—4册：1907年版，1911年第15版<br>(1086页)32开 | 人教<br>河南(1) |
| 《中等英文典》(订正中等英文典) | (日)神田乃武原著，商务印书馆编译所译述<br>上海：商务印书馆 | 1919年订正10版<br>(139页)32开<br>附注：1908年初版 | 人教 |
| 《新体英语教科书》 | 蔡博敏编纂，商务印书馆编译所校订<br>上海：商务印书馆 | 1908年初版，1920年第10版<br>(120页)大32开 | 北师大<br>广东中山 |
| 《英文益智读本》 | (美)祁天锡编纂，邝富灼校订<br>上海：商务印书馆 | 1909年<br>(141页)32开 | 北师大 |
| 《英文新读本》 | (美)罗伊斯·安迪生(Roy S. Anderson)编纂，邝富灼校订<br>上海：商务印书馆 | 第1册：1912年第10版<br>第2册：1914年第9版<br>(135，167页)32开<br>附注：1909年初版 | 北师大 |
| 《初学英文轨范》 | 邝富灼、徐铣编纂<br>上海：商务印书馆 | 1917年第17版，1932年国难后1版，1934年国难后3版，1935年国难后4版，1937年国难后7版，1941年国难后订正12<br>(214页)32开<br>附注：1909年初版 | 人教<br>广东中山 |
| 《中学英文教科书》 | 王蕴章编译，徐善祥校订<br>上海：商务印书馆 | 1910年<br>(184页)32开 | 北师大 |
| 《英文格致读本》 | (美)吉·吉斯特(N. Gist Gee)原著，邝富灼校订<br>上海：商务印书馆 | 第2册(卷二)：1911年初版，1918年第5版<br>(192页)32开精装 | 人教(2) |

续表

| 书名 | 作者及出版社 | 现存情况 | 馆藏地 |
| --- | --- | --- | --- |
| 《中华中学英文教科书》 | 李登辉、杨锦森编辑<br>上海：中华书局 | 第1册：1912年初版，1913年第3版，1920年第7版<br>第2册：1915年第8版<br>第3册：1913年第2版<br>第4册：1913年初版，1915年第4版<br>（173，163，200，298 页）32开精装 | 北师大（1，4）<br>人教 |
| 《共和国民英文读本》 | 苏本铫编纂，<br>邝富灼校订<br>上海：商务印书馆 | 第1册：1913年初版，1924年第21版<br>第2册：1924年第12版，1929年版<br>第3册：1924年初版，1915年第2版，1926年第10版<br>第4册：1914年初版，1916年第3版<br>第5册：1916年第3版，1928年第4版<br>32开<br>附注：1913年初版 | 北师大（1，4，5）<br>人教（3）<br>广东中山（2—5） |
| 《英语学初桄》 | 大卫·吉布斯（David Gibbs）原著，商务印书馆编译参订<br>上海：[编者刊] | 1913年第2版<br>（128页）大32开<br>附注：1913年初版 | 华师大 |
| 《新制英文读本》 | 李登辉、杨锦森编<br>上海：中华书局 | 第1册：1914年初版，1923年第21版<br>第2册：1915年第3版<br>（152，185页） 32开 | 人教（1，2） |
| 《实习英语教科书》 | （美）盖葆耐著，<br>吴继杲注释<br>上海：商务印书馆 | 第1册上（语言练习上）：1915年初版，第6版，1917年第8版，1920年第16版，1923年版，1925年第23版<br>第1册下（语言练习下）：1917年初版，第2版，1919年第8版，1924年第13版，1927年第14版<br>第2册（英文程式）：1916年初版，1919年第5版，1920年第7版，1923年第11版，1926年第12版<br>（105，154，234页）图 32开 | 国图（2）<br>北师大（1，2）<br>人教（2）<br>广东中山（1） |
| 《英文文学读本》 | 王宠惠著<br>上海：中华书局 | 第1册：1915年初版，1922年第3版<br>（133页）32开 | 人教（1） |
| 《新式中学英文读本》 | 马润卿等编辑，<br>徐志诚阅<br>上海：中华书局 | 第1册：1920年第6版<br>第2册：1921年第5版<br>第3册：1921年第2版<br>第4册：1921年初版<br>（121，132，181，242页）32开<br>附注：1917年—1921年初版 | 北师大 |
| 《实习英语教科书：会话法规》（《实习英语教科书：语言练习下册》） | [美]盖奇编纂<br>上海：商务印书馆 | 1917年第2版，1924年第13版，1927年第14版，1933年国难后1版<br>（154页） 32开 | 国图<br>人教<br>广东中山 |
| 《英文新课本》 | 吴献书编<br>上海：商务印书馆 | 1917年初版，1922年第4版，1923年第5版<br>（102 页） 32开 | 广东中山 |

续表

| 书名 | 作者及出版社 | 现存情况 | 馆藏地 |
| --- | --- | --- | --- |
| 《简易英语读本》 | 商务印书馆编译所编纂<br>上海：商务印书馆 | 第1册：1918年第2版<br>第2册：1918年第2版<br>第3册：1918年初版<br>第4册：1919年第2版<br>第5册：1918年初版<br>（164，170，60，179，186页）32开 | 河南（1—3，5）<br>广东中山（3—5） |
| 《柯提拿英语教科书》 | 美国函授学校（American School of Correspondence）编<br>上海：中华书局 | 1919年初版，1922年第2版<br>（201页）32开精装 | 人教 |
| 《中学实用英语读本》 | 吴献书编纂<br>上海：商务印书馆 | 第3册：1922年第4版，1924年第5版<br>第4册：1919年版，1924年第3版<br>（201，217页）32开 | 北师大（4）<br>广东中山（3，4） |
| 《英文新课本》 | 吴献书编<br>上海：商务印书馆 | 1920年第4版，1921年第5版，1922年第6版<br>（84页）32开 | 广东中山 |
| 《英语读本》（《新教育教科书英语读本》） | 中华书局西文编辑部编辑<br>上海：中华书局 | 第1册：1921年初版，1922年第4版<br>（150页）32开 | 人教（1） |
| 《混合英语》（《新中学混合英语》《新中学教科书混合英语》） | 沈彬、马润卿编辑，（美）怀特赛德（J. Whiteside）校阅<br>上海：中华书局 | 第1册：1925年初版，1931年第12版，1935年第17版，1939年第19版<br>第2册：1930年第9版，1931年第12版，1939年第14版<br>第3册：1930年第7版，1932年第10版，1935年第12版，1941年第14版<br>第4册：1930年第5版，1932年第8版<br>第5册：1928年第3版，1932年第8版<br>第6册：1930年第4版，1932年第6版<br>（119，158，148，165，180，193页）32开 | 北师大（1）<br>人教<br>上海<br>编译馆（2，3） |
| 《开明英文讲义》（《英文讲义》） | 林语堂、林幽合编<br>上海：开明书店 | 第2册：1941年第5版，1948年第9版<br>（320页）32开（开明中学讲义）<br>附注：1935年初版 | 华师大（2）<br>编译馆（2） |
| 中学英文读本（《共和国教科书中学英文读本》） | 甘永龙、邝富灼等参订<br>上海：商务印书馆 | 第1册：1913年初版，1918年第8版，1921年第24版<br>第2册：1913年初版，1914年第2版，1919年第15版，1920年第17版，1926年第23版<br>第3册：1914年初版，1920年第14版，1923年第16版，1925年第17版，1928年第18版<br>第4册：1914年初版，1927年第4版<br>（185，242，293，307页）32开 | 北师大<br>人教（1—3）<br>广东中山（2—4） |
| 《初级英文教科书》 | 李登辉著<br>上海：中华书局 | 第2册：1915年初版<br>（102页）32开 | 人教（2） |

续表

| 书名 | 作者及出版社 | 现存情况 | 馆藏地 |
|---|---|---|---|
| 《新中学英语读本》 | 沈彬、马润卿编辑<br>上海：中华书局 | 第1册：1922年初版，1932年第15版（187页）32开 | 人教（1） |
| 《新学制初级中学英文读本文法合编》（《初级中学英文读本文法合编》） | 胡宪生、哈格罗夫编纂<br>上海：商务印书馆 | 第1册：1923年初版，1925年订正7版，1929年订正142版，1933年国难后32版，国难后42版<br>第2册：1926年订正57版，1933年国难后25版，1948年订正64版<br>第3册：1933年国难后15版，国难后18版<br>（176，154，379页）32开 | 人教（1，2）<br>河南（3）<br>广西师大（1）<br>广东中山 |
| 《初级英语读本》（《新中学教科书初级英语读本》） | 沈彬、马润卿编辑<br>上海：中华书局 | 第2册：1923年版<br>第3册：1926年版<br>（190，186页）32开 | 人教（2，3） |
| 《新学制英文读本文法合编》 | 胡宪生编纂，邝富灼、王岫庐校订<br>上海：商务印书馆 | 第2册：1923年初版<br>（230页）32开 | 北师大（2） |
| 《现代初中英语教科书》 | 周越然编纂，邝富灼校<br>上海：商务印书馆 | 第1册：1923年初版，1924年第3版，1926年第32版，1932年国难后5版<br>第2册：1924年初版，1925年第19版，1926年第29版<br>第3册：1926年第20版，1932年国难后5版<br>（104，153，211页）32开（现代教科书丛书） | 北师大（2，3）<br>人教（1，2）<br>华师大（1）<br>广东中山 |
| 《新学制初级中学注音英文读本文法合编》（《初级中学注音英文读本文法合编》） | 胡宪生、哈格罗夫编纂<br>上海：商务印书馆 | 第2册：1929年第16版<br>第3册：1926年初版，1932年国难后1版，1933年国难后5版<br>（237，379页）32开 | 北师大（2）<br>人教（3） |
| 《现代初中注音英语教科书》 | 周越然编纂<br>上海：商务印书馆 | 第1册：1929年第15版<br>第2册：1930年第11版<br>第3册：1926年第5版<br>（115，161，219页）32开 | 广东中山 |
| 《开明英文读本》（修正本） | 林语堂编著，<br>丰子恺绘图<br>上海：开明书店 | 1933年第15版<br>（176页）32开<br>附注：1928年初版 | 华师大 |
| 《新中华英语混合读本》（《新中华教科书英语混合读本》） | 沈彬编辑<br>上海：新国民图书社 | 第1册：1929年初版，1931年第2版，1931年第3版，1935年第8版<br>第2册：1929年初版，1935年第11版<br>第3册：1933年第6版，1935年第7版<br>第4册：1930年初版，1935年第7版<br>第5册：1930年初版，1932年第3版，1935年第4版<br>第6册：1932年初版，1935年第2版<br>（92，123，133，162，188，197页）32开 | 人教<br>华师大（6）<br>编译馆（5，6） |

续表

| 书名 | 作者及出版社 | 现存情况 | 馆藏地 |
|---|---|---|---|
| 《英语标准读本》（《标准英语读本》） | 林汉达编著，<br>庞亦鹏绘图<br>上海：世界书局 | 第1册：1930年初版，1931年订正3版<br>第2册：1931年订正2版<br>（157，190页）32开 | 教育部审定<br>人教（1，2）<br>广东中山（1） |
| 《初中实验英文文法读本》（《初级中学教科书初中实验英文文法读本》） | 吴献书编辑，<br>怀特赛德校订<br>上海：世界书局 | 第3册：1930年初版，订正2版<br>（225页）32开 | 人教（3） |
| 《英语模范读本》 | 周越然编纂<br>上海：商务印书馆 | 第1册：1932年国难后25版<br>第2册：1930年第18版<br>第3册：1932年国难后5版<br>（198，285，251页）32开<br>附注：1930年初版 | 北师大<br>河南（1，2） |
| 《新国民实用英语》（《实用英语》） | 周庭帧编著，<br>林语堂校订<br>上海：开明书店 | 第1册：1931年订正2版<br>（141页）32开精装 | 编译馆（1） |
| 《初中国民英语读本》（《国民英语读本》《初级中学教科书初中国民英语读本》） | 陆步青编著<br>上海：世界书局 | 第1，2册（卷一）：1932年初版，1941年新6版<br>第3，4册（卷二）：1932年初版，1939年新3版，1940年新4版<br>第5，6册（卷三）：1933年版，1940年新3版<br>（291，318，256页）32开精装 | 国图（2—4）<br>北师大（3）<br>人教（1，2）<br>编译馆 |
| 《初中英文读本》（《初级中学教本英文读本》） | 沈彬编著，蒋梦麟、徐志摩校订<br>上海：大东书局 | 第6册：1932年初版<br>（176页）大32开 | 北师大（6） |
| 《进步英语读本》 | 进步英文学社编译所编著<br>上海：[编者刊] | 第1册：1932年第6版<br>（164页）32开 | 人教（1） |
| 《初中英语读本》 | 李唯建编，金兆梓、舒新城校阅<br>上海：中华书局 | 第1册：1933年初版，1934年第3版，1935年第6版，第8版，第9版<br>第2册：1933年月第2版，1934年第5版，1935年第8版，1936年第，1937年第36版，1938年第51版<br>第3册：1934年初版，第3版，1935年第5版<br>第4册：1934年初版，第2版，第3版，1936年第6版<br>第5册：1934年初版，第2版，1935年第3版<br>第6册：1934年初版，第2版<br>（160，116，127，133，139，159页）32开 | 北师大（1，3，4，6）<br>人教<br>上海<br>天津（4—6）<br>河南（2，6）<br>辽宁（6）<br>广东中山 |

续表

| 书名 | 作者及出版社 | 现存情况 | 馆藏地 |
| --- | --- | --- | --- |
| 《综合英语课本》 | 王云五、李泽珍编著<br>上海：商务印书馆 | 第1册：1933年初版，1935年第70版，第82版，1945年修订87版，1946年修订129版，修订197版。<br>第2册：1933年初版，1935年第52版，第53版，1938年修订初版，修订3版，1947年修订85版，修订143版<br>第3册：1933年初版，1935年第23版，第30版，第32版，1938年第56版，第59版，1946年修订67版，修订73版，1947年修订118版<br>第4册：1934年初版，第15版，1935年第23版，1936年第36版，1938年修订初版，1941年修订版，1946年修订60版<br>第5册：1934年初版，1935年第16版，1938年第34版，1946年修订54版<br>第6册：1934年初版，1938年第24版，1945年修订10版，修订12版，1946年修订43版<br>（81，111，101，145，159，175页）32开 | 国图（3，5）<br>北师大（2—4，6）<br>人教<br>上海（5）<br>华师大（1—4）<br>天津（2，4—6）<br>河南（1，2）<br>广东中山（2—6） |
| 《英文津梁读本》 | 鲁聊、何铭三编纂<br>上海：元新书局 | 第1，2册：1933年初版<br>32开 | 北师大 |
| 《基本英语课本》（《英语课本》） | 钱歌川、张梦麟合编<br>上海：中华书局 | 第1册：1933年第4版，1935年第6版，1939年第9版<br>第3册：1933年初版<br>（62，120页）大32开<br>附注：1933年初版 | 人教（3）<br>华师大（1）<br>广西师大（1） |
| 《英语》（《新生活初中英语》《新生活初中教科书英语》） | 张士一编著<br>上海：大东书局 | 第1册：1933年初版<br>第2册：1936年初版<br>（174，185页）32开精装 | 编译馆（1，2） |
| 《初中世界英语读本》（《初级中学教科书初中世界英语读本》） | 黄梁就明著<br>上海：世界书局 | 第1册：1933年第5版，1936年第10版<br>（206页）32开 | 广东中山（1） |
| 《新标准初中英语读本》 | 刘贞甫编辑<br>北平：文化学社 | 第1册：1933年版<br>（200页）32开 | 北师大（1） |
| 《英语》（《新标准初中教本英语》） | 戚叔含、赵廷为编著<br>上海：开明书店 | 第1册：1934年版<br>第2册：1935年版<br>第3册：1935年版<br>（124，160，183页）32开 | 北师大（3）<br>广东中山（1—3） |

续表

| 书名 | 作者及出版社 | 现存情况 | 馆藏地 |
| --- | --- | --- | --- |
| 《初级中学英语》 | 陆殿扬编著<br>南京、上海、重庆、北平：正中书局 | 第1册：1935年初版，1941年第248版，1945年第418版，沪10版，1946年沪139版，1947年沪199版，1948年沪12版<br>第2册：1936年渝初版，1945年沪40版，1947年平2版，1949年沪9版<br>第3册：1946年沪36版，1948年沪12版<br>第4册：1946年沪91版，1949年沪8版<br>第5册：1937年初版，1945年沪18版，1947年第78版，平11版，1948年沪8版<br>第6册：1939年第14版，1944年渝改正初版，1945年沪1版，1946年沪40版，1949年沪7版<br>（174，208，164，182，151，163页）32开 | 国图<br>人教<br>天津（2，6）<br>河南（6）<br>辽宁（1，4，6）<br>广东中山（1，3—5） |
| 《活用英语》（《初中活用英语读本》《新课程标准世界中学教本活用英语》） | 詹文浒编著<br>上海：世界书局 | 第1册：1940年新14版，1947年新15版，1948年新16版，新18版<br>第2册：1941年新13版，1949年新14版<br>第3册：1936年修正版，1939年新7版，1941年新11版，1949年新15版<br>第4册：1937年新2版，新7版，1941年新9版，1949年新10版<br>第5册：1937年第3版，第7版，1947新9版，1948年新版<br>第6册：1938年新4版，1946年新5版，1947年新7版，1949年新9版，新10版<br>（102，102，108，114，147，156页）32开 | 北师大（3，5）<br>人教<br>华师大（1—3）<br>广西师大（3—6）<br>广东中山（1，2，4，6）<br>编译馆（1—5） |
| 《英语标准读本》（《新课程标准世界中学教本英语标准读本》《初中新英语》） | 林汉达编著，<br>庞亦鹏绘图<br>上海：世界书局 | 第1册：1936年修正17版<br>第2册：1936年修正10版，修正11版<br>32开 | 北师大（1，2）<br>广东中山（2） |
| 《进步英语读本》 | 楼光来编著<br>上海：世界书局 | 第1册：1936年订正13版<br>32开 | 北师大（1） |
| 《英语标准读本》（《初中新英语》《新课程标准世界中学教本初中新英语》） | 林汉达编著，<br>庞亦鹏绘图<br>上海：世界书局 | 第1册：1940年重排新4版，1948年新7版，1949年新8版<br>第3册：1940年重排新3版，1948年新5版，1949年新6版<br>（143，167页）大32开<br>附注：1937年改编新1版 | 人教（1）<br>华师大（3）<br>广西师大（1）<br>广东中山（1，3）<br>编译馆（1，3） |

续表

| 书名 | 作者及出版社 | 现存情况 | 馆藏地 |
| --- | --- | --- | --- |
| 《初中英语读本》 | 李唯建、张慎伯编，金兆梓、舒新城校<br>上海：中华书局 | 第1册：1937初版，4版，1941年第35版，1946年第53版<br>第2册：1937年初版，第5版，1940年第23版，1946年第39版，1947年第41版<br>第3册：1937年初版，第9版，1947年第36版，1948年第37版<br>第4册：1937年初版，1939年第9版，第11版，1940年第16版，1946年第30版<br>第5册：1937年初版，第2版，1940年第12版，1945年第20版<br>第6册：1937年初版，1939年第9版，1941年第16版，第17版，1945年版，1947年第27版<br>（150，105，106，133，110，137页）32开 | 国图（3，6）<br>人教<br>上海（1—5）<br>辽宁（5，6）<br>广西师大（3，4）<br>广东中山<br>编译馆（1—3，5，6） |
| 《开明英文读本》（第1、2册） | 林语堂著<br>上海、香港：开明书店 | 第1册：1937年修正初版，2版，修正35版，修正36版，1941年修正版，1946年修正版，1948年修正45版，1949年修正港1版<br>第2册：1941年修正8版，1946年修正15版，1947年修正23版，修正25版，1948年修正27版，修正30版，修正31版，1949年修正港1版<br>（154，174页）32开<br>附注：1937年修正初版 | 人教（1，2）<br>华师大（1，2）<br>辽宁（1，2）<br>广东中山（1）<br>北师大（2）<br>河南（2）<br>编译馆（2） |
| 《开明英文读本》（第3册） | 林语堂著<br>上海：开明书店 | 1941年修正12版，修正8版，1946年修正14版，1947年修订19版，修正21版，1948年修正24版<br>（187页）32开<br>附注：1937年修正初版 | 人教<br>华师大<br>辽宁<br>北师大<br>编译馆 |
| 《初级中学英语》 | 薛俊才著<br>南京：正中书局 | 第2册：1937年第36版，1938年第51版<br>第4册：1938年第10版<br>（182，178页）32开 | 广西师大（2）<br>广东中山（2，4） |
| 《初中英语》 | （伪）教育部编审会著<br>北平：[著者刊] | 第2册：1938年初版<br>（141页）32开 | 人教（2） |
| 《初中英文》 | （伪）教育总署编审会著<br>北平：[著者刊] | 第2册：1938年版<br>（176页）32开 | 北师大（2） |
| 《初中英语》 | （伪）教育总署编审会著<br>北平：[著者刊] | 第2册：1939年初版<br>（136页） 32开精装 | 人教（2） |

续表

| 书名 | 作者及出版社 | 现存情况 | 馆藏地 |
|---|---|---|---|
| 《初中英语》（《国定教科书初中英语》） | （伪）教育部编审委员会编纂<br>上海：华中印书局 | 第1册：1941年初版，1942年第2版<br>第2册：1943年第4版<br>第3册：1943年第4版，第5版<br>（202，213，206页）32开 | 人教（1—3）<br>广西师大（2） |
| 《初中英语教本》 | 王国华编著，<br>丰子恺绘图<br>上海：开明书店 | 第1册：1947年第5版，1948年第7版<br>第2册：1948年第6版<br>第3册：1947年第2版<br>32开<br>附注：1941年初版 | 北师大（3）<br>广西师大（1）<br>广东中山（1，2） |
| 《初中英语》（修正版） | （伪）教育总署编审会著<br>北平：[著者刊] | 第1—3册：1941年版<br>（95，136，144页）32开 | 北师大 |
| 《活用英语》 | 詹文浒著<br>上海：世界书局 | 第2册：版次不详<br>第4册：1943年版<br>第5册：1943年第2版<br>第8册：版次不详<br>大32开 | 广西师大（2，4，5，8） |
| 《初中英语》 | 陆殿扬编著<br>上海：正中书局 | 第1册：1945年第34版，1946年第74版<br>第2册：1945年版<br>第3册：1946年第56版，第96版<br>第4册：1947年第111版<br>第5册：1947年第78版，第88版<br>第6册：1945年版，1947年第90版<br>（153，182，137，151，125，126页）32开 | 华师大（6）<br>广东中山<br>编译馆（3） |
| 《标准英语》 | 林汉达编著<br>上海：世界书局 | 第1册：1946年新6版<br>第2册：1946年新3版<br>第3册：1946年新6版，新7版<br>32开 | 北师大（1，3）<br>人教（1，2）<br>编译馆（3） |
| 《初中国民英语读本》（《国民英语读本》《初级中学教科书国民英语读本》） | 陆步青编著<br>上海：世界书局 | 第1册：1947年第3版，1948年修订6版<br>第2册：1947年第3版<br>第3册：1947年初版，修订2版，1948年修订3版<br>第4册：1948年修订初版<br>第5册：1948年修订初版<br>第6册：1948年修订初版<br>（71，118，132，153，146，157页）大32开 | 北师大（1，3，4）<br>人教<br>编译馆（3，4） |
| 《新标准英语读本》 | 詹文浒编著<br>上海：新华出版公司 | 第1册：1947年初版<br>（68页）32开 | 国图（1）<br>人教（1） |

续表

| 书名 | 作者及出版社 | 现存情况 | 馆藏地 |
|---|---|---|---|
| 《初中英语读本》 | 张友松编<br>上海：北新书局 | 第1册：1947年新初版，1948年新2版<br>第2册：1947年新初版<br>第3册：1947年新3版<br>第4册：1949年新2版<br>第5册：1948年新2版<br>第6册：1947年新初版<br>（101，135，103，104，119，113页）32开 | 北师大（1，3）<br>人教（1，2，4—6）<br>华师大（4）<br>广东中山 |
| 《启明英语读本》 | 汪宏声编著<br>上海：启明书局 | 第1—4册：1948年第2版<br>（210页）32开<br>附注：1948年初版 | 人教<br>华师大（1，3，4） |
| 《高级英文范》 | （美）蒙哥马利（R. P. Montgomery）编纂<br>上海：商务印书馆 | 1913年初版，1921年第10版<br>（172页）32开 | 人教<br>广东中山 |
| 《英文成语教本》 | 蔡博敏编著，杨联芳注释，甘永龙校订<br>上海：商务印书馆 | 1917年版<br>（213页）32开 | 北师大 |
| 《高级英语读本》（《新中学教科书高级英语读本》） | 朱友渔编辑，沈彬校阅<br>上海：中华书局 | 1923年初版，1924年第3版，1924年第4版，1925年第5版<br>（231页）32开 | 人教<br>华师大<br>广东中山 |
| 《新学制高级中学英文读本》（《高级中学英文读本》） | 胡宪生编<br>上海：商务印书馆 | 第1册：1930年第4版，1933年版<br>（364页）32开 | 人教（1）<br>广东中山（1） |
| 《新中华高中英语》 | 李儒勉编<br>上海：新国民图书社 | 第1册：1932年版<br>（213页）32开 | 北师大（1） |
| 《模范高级英文选》（《高级中学教本模范高级英文选》） | 沈彬等编著，蒋梦麟校订<br>上海：大东书局 | 第2册：1932年初版，1947年第2版<br>第3册：1932年初版，1947年第3版<br>（238，210页）32开精装 | 人教（2，3）<br>华师大（2，3） |
| 《世界高中英文选》（《高级中学教科书世界高中英文选》） | 黄粱就明著<br>上海：世界书局 | 第2册：1933年初版<br>（245）32开精装 | 编译馆（2） |
| 《高中英语读本》（《新课程标准世界中学教本高中英语读本》） | 林汉达编著<br>上海：世界书局 | 第2册：1933年第2版<br>第3册：1934年第3版<br>（222，271页）32开 | 北师大（2，3） |

续表

| 书名 | 作者及出版社 | 现存情况 | 馆藏地 |
| --- | --- | --- | --- |
| 《高中英语读本》 | 李儒勉编著<br>上海：中华书局 | 第1册：1933年初版，1935年第6版，1936年第7版，1940年第16版<br>第2册：1934年第2版，1936年第5版，第6版，1940年第13版，第14版<br>第3册：1933年初版，1936年第4版，第5版，1937年第8版，1941年第12版<br>（224，249，247页）32开 | 北师大<br>人教<br>广东中山<br>编译馆（1） |
| 《高中英语读本》（修正本）（《新课程标准世界中学教本高中英语读本》） | 林汉达编著<br>上海：世界书局 | 第1册：1935年第1版，1947年第20版，1948年第23版，1949年第25版<br>第2册：1937年新12版，1941年新版，新16版<br>第3册：1941年新5版，1949年新14版，新25版<br>（213，222，271页）32开 | 北师大（1）<br>人教<br>广东中山（1，3）<br>编译馆（2，3） |
| 《高中综合英文课本》（《综合英文课本》） | 王学文、王学理编著<br>上海：商务印书馆 | 第1册：1935年初版，第3版，1937年版，审定1版，1946年第33版，审定35版<br>第2册：1935年初版，1936年订正4版，1938年审定5版，1939年长沙审定10版，1943年第6版，1946年第21版，重庆审定5版，审定19版，审定26版<br>第3册：1935年版，1938年长沙审定4版，1946年审定14版，第18版，审定19版<br>（287，276，284页）32开 | 北师大（1，2）<br>人教<br>华师大<br>辽宁（2，3）<br>湖南（3）<br>广东中山 |
| 《高中近代英文选》（《近代英文选》） | 孟子厚选注<br>上海：开明书店 | 1937年初版，1946年第10版<br>（237页）32开 | 北师大<br>人教<br>华师大 |
| 《高中活用英语读本》（《新课程标准世界中学教本高中活用英语读本》） | 詹文浒、邵鸿鑫编著<br>上海：世界书局 | 第1册：1937年初版，1940年新2版，1946年新5版，1948年新9版<br>第2册：1940年新1版，1946年新3版，1947年新5版，1948年新6版<br>第3册：1940年新1版，1946年新3版，1949年新7版<br>（252，308，254页）32开 | 北师大<br>人教<br>广东中山（2）<br>编译馆 |
| 《高中英文》（修正本） | （伪）教育总署编审会著<br>北平：[著者刊] | 第1—3册：1940年修正版，1941年修正版<br>（166，180，208页）32开<br>附注：1938年初版 | 北师大 |
| 《高中英语》 | （伪）教育总署编审会著<br>北平：[编者刊] | 第1册：1938年初版<br>第2册：1939年初版<br>第3册：1939年初版<br>（166，179，209页）32开精装 | 国图<br>人教 |

续表

| 书名 | 作者及出版社 | 现存情况 | 馆藏地 |
|---|---|---|---|
| 《高中英语读本》 | 李儒勉编著<br>上海：中华书局 | 第1册：1947年第8版，第13版，1948年第14版<br>第2册：1939年初版，1946年第8版<br>第3册：1939年初版，1946年第8版<br>第4册：1939年初版，1941年第4版，1946年第6版<br>第5册：1939年初版，1941年第4版，1946年第7版，1947年第9版<br>第6册：1947年第9版，第10版<br>（125，134，137，135，134，147页）32开 | 北师大（2—4）<br>人教（2—5）<br>华师大（5）<br>广东中山（1，4—6）<br>编译馆（2，5） |
| 《高中英语》（《高级中学英语》《新中国教科书高级中学英语》） | 林天兰编著<br>重庆、北平、上海、南京：正中书局 | 第1册：1944年初版，1946年平1版，沪31版，1947年沪76版，1948年沪修正9版<br>第2册：1944年初版，1945年沪1版，沪12版，1946年沪40版<br>第3册：1944年月初版，1945年沪11版，沪18版，1946年平1版，1947年沪55版<br>第4册：1945年初版，沪1版，1946年沪33版，1947年沪43版<br>第5册：1945年沪1版，1946年平1版，1947年沪33版<br>第6册：1945年初版，沪1版，1946年平1版，沪10版，1947年沪32版<br>（138，144，143，142，155，144页）32开 | 国图（1—4，6）<br>北师大（1，3，5，6）<br>人教（4—6）<br>辽宁（1—4，6）<br>广西师大（1）<br>广东中山（1—3） |
| 《现代英语》 | 柳无忌、张镜潭、李田意编<br>重庆、上海：开明书店 | 第1册：1945年渝初版，1946年沪2版，1947年第5版，1948年第9版<br>第2册：1948年沪5版，第5版，第6版<br>第3册：1947年第4版，1948年沪4版，第5版<br>第4册：1946年沪3版，1947年第4版，1948年第5版<br>第5册：1946年初版，沪2版，1947年第3版，1948年第7版<br>第6册：1946年初版，第2版，1948年第5版<br>（96，111，131，128，133，148页）32开 | 北师大（1—5）<br>人教<br>上海（2）<br>华师大（5，6）<br>广东中山（5） |
| 《新学制英文读本文法合编》（《英文读本文法合编》） | （美）哈·亨利著<br>上海：商务印书馆 | 第3册（教授法）：1925年初版<br>（72页）32开 | 广东中山（3） |
| 《直接法英语副读本教授法》 | 帕尔默（H. E. Palmer）编<br>上海：中华书局 | 1933年版<br>（90页）32开 | 北师大 |
| 《中学英文法教授法》 | E. M.William著<br>上海：商务印书馆 | 1935年版<br>（180页）32开 | 广东中山 |

续表

| 书名 | 作者及出版社 | 现存情况 | 馆藏地 |
| --- | --- | --- | --- |
| 《初中活用英语读本指导书》 | 詹文浒、邵鸿鑫编著<br>上海：世界书局 | 第2，4册：1937年初版<br>32开 | 北师大（2，4） |
| 《近世英文选》 | （英）查普曼（T. W. Chapman）编辑，（英）梅德赫斯特（C. S. Medhurat）校订<br>上海：中华书局 | 1914年初版，1929年第16版<br>（292页）32开精装 | 人教 |
| 《中华英文新读本》 | 张莘农编<br>上海：中华书局 | 第2，3册：1916年初版<br>（149，137页）大32开精装 | 河南（2，3） |
| 《戏剧式中学英文读本》 | 钱兆和编辑沈彬校阅<br>上海：中华书局 | 第1册：1931年第2版<br>第2册：1928年版<br>第3册：1929年版<br>（158，276，364页）32开<br>附注：1917年初版 | 北师大（1）<br>人教（2，3） |
| 《英语捷径》 | 商务印书馆编译所编纂<br>上海：商务印书馆 | 上册（前编）：1917年版，1940年国难后8版<br>下册（后编）：1940年国难后6版<br>（148页）32开 | 华师大 |
| 《英语模范读本》 | 周越然编辑，邝富灼校订<br>上海：商务印书馆 | 第1册：1918年初版，1921年第9版，1923年修订14版，1924年修订17版，1926年修订22版，1929年修订25版<br>第2册：1923年第9版，1924年修订11版，1925年修订13版，修订14版，1927年修订16版，1930年修订18版，1935年国难后7版<br>第3册：1923年第7版，修订8版，1932年国难后5版，1935年国难后版，1938年国难后版<br>第4册：1921年第2版，1924年修订4版，1929年修订25版<br>（199，288，276，188页）32开 | 北师大（1—3）<br>人教<br>华师大（1，4）<br>广东中山（1—3） |
| 《英文会通》 | 林天兰编纂<br>上海：商务印书馆 | 1924年初版，1933年国难后1版<br>（278页）32开 | 人教 |
| 《英文基础读本》 | 谭安丽编纂<br>上海：商务印书馆 | 第4册（古代神话）：1926年初版，1928年第2版<br>（190页）32开 | 人教（4） |
| 《英语活用读本》 | 福西特（Lawrence Faucett）编纂<br>上海：商务印书馆 | 第1册：1932年国难后1版<br>第4册：1928年初版，1932年月国难后1版<br>（202，171页）32开 | 人教（4）<br>广东中山（1） |
| 《中学英文选》 | 赵乐溪、戴良甫等编纂<br>北平：文化学社 | 1932年第5版<br>（246页）32开<br>附注：1928年初版 | 北师大 |

续表

| 书名 | 作者及出版社 | 现存情况 | 馆藏地 |
|---|---|---|---|
| 《文化英文读本》 | 李登辉编纂<br>上海：商务印书馆 | 第1册：1929年初版，1932年国难后1版，1933年国难后15版，1935年改订版<br>第2册：1934年国难后10版，1937年版，1948年改订版<br>第3册：1939年国难后改订17版<br>（163，217，300页）32开 | 北师大（1，2）<br>人教（1—3）<br>广西师大（2） |
| 《直接法英语读本》 | （加）文幼章（J. G. Endicott）编著<br>上海：中华书局 | 第1册：1932年初版，1935年第7版，1940年第18版<br>（164页）32开 | 人教（1） |
| 《综合法英语读本》 | 戴骅文编著<br>北平：文化学社 | 第1册：1932年初版<br>（100页）32开 | 北师大（1） |
| 《近代中学英文选》 | 钱秉良编辑<br>上海：世界书局 | 1933年版<br>（283页）32开 | 北师大 |
| 《直接法英语副读本》 | 帕尔默编<br>上海：中华书局 | 第1—7，9，11册：1933—1934年版<br>32开 | 北师大（1—7，9，11） |
| 《英文考试指南》（《各科考试问题详解》） | 周郁年、马素泉编<br>上海：大达图书供应社 | 1935年<br>（73页）32开 | 辞书 |
| 《循序英文读本》 | 邝富灼编著<br>上海：商务印书馆 | 第3册：1935年初版，1940年第16版<br>（133页）32开 | 人教（3） |
| 《发树》（《韦氏英文辅助读本发树》） | （英）Morgan，Mary De原著<br>昆明：中华书局 | 1935年<br>（47页）32开 | 编译馆 |
| 《最新英语读本》 | 陈鹤琴编<br>上海：中华书局 | 第1，2册：1936年版<br>（66，73页）32开 | 北师大（1，2） |
| 《英语读音指南》（增订本） | 谢盛德编，林天兰、倪耿光校<br>上海：商务印书馆 | 1948年第9版<br>（74页）32开<br>附注：1936年初版 | 华师大 |
| 《直接法英语读本》（改订本） | （加）文幼章编著<br>上海：中华书局 | 第1册：1937年初版<br>第2册：1937年初版<br>第3册：1937年初版，1941年第15版<br>32开 | 人教（1—3）<br>编译馆（3） |
| 《直接法英语补充读本》 | （加）文幼夫妇编<br>上海：中华书局 | 第1册：1937年版<br>（76页）32开 | 人教（1） |
| 《韦氏英文读本》 | 韦斯特（Michael West）编<br>上海：中华书局 | 第4—7册：1939年版<br>32开 | 人教（4—7） |

续表

| 书名 | 作者及出版社 | 现存情况 | 馆藏地 |
| --- | --- | --- | --- |
| 《韦氏英文读本练习书》 | 韦斯特原编，<br>张梦麟改订<br>昆明：中华书局 | 第5册：1939年初版<br>（64页）32开 | 人教（5） |
| 《短篇英语背诵文选》（改订本） | 张云谷、姚志英编注<br>上海：建国书局 | 第1册：1947年版<br>第2册：1947年版<br>第3册：1940年初版，1946年第8版，1947年版<br>32开 | 人教（3）<br>华师大 |
| 《分级英语故事读本》 | 桂裕编<br>上海：竞文书局 | 第2册：1945年第4版<br>第3册：1947年第2版<br>32开<br>附注：1943年初版 | 华师大（2，3） |
| 《最新中学精读英文选》 | 杨承芳选注<br>桂林：环珠书屋 | 1943年<br>（289页）32开 | 辞书 |
| 《英文选集》 | 朱复选辑<br>上海：龙门出版公司 | 第1册：1944年第4版<br>32开 | 华师大（1） |
| 《简易英语剧本集》 | 陆殿扬编<br>上海：开明书店 | 1947年第3版<br>（66页）32开<br>附注：1945年初版 | 华师大 |
| 《简易英语书信集》 | 陆殿扬编<br>上海：开明书店 | 1949年第4版<br>（66页）32开<br>附注：1945年初版 | 华师大 |
| 《现代英语读本》 | Eugene Tseu著<br>上海：[Kwang Yih Book Company] | 1946年<br>32开 | 华师大 |
| 《实用英语读本》 | D. Y. Loh编<br>上海：中国图书有限公司 | 第1册：版次不详<br>（173页）32开 | 人教（1） |
| 《汉释初级实用英文选》（《初级实用英文选》） | 平海澜编纂，<br>邝富灼校订<br>上海：商务印书馆 | 1924年初版，1927年第3版，1933年国难后1版，1938年国难后4版<br>（105页）32开 | 人教 |
| 《演进式初级英文读本》 | 钱兆和、吴德彰编，沈彬校<br>上海：中华书局 | 1927年版<br>（198页）32开 | 北师大 |
| 《初中直接法英语教科书》（《直接法英语教科书》） | 张士一编<br>上海：商务印书馆 | 第1册（耳口练习）：1930年版<br>（38页）32开 | 人教（1）<br>广东中山（1） |
| 《初级基本英语读本》（《基本英语读本》） | 钱歌川、张梦麟合编，詹姆斯（R. D. Jameson）校阅<br>上海：中华书局 | 第1册：1934年初版<br>（140页）32开 | 人教（1） |

续表

| 书名 | 作者及出版社 | 现存情况 | 馆藏地 |
|---|---|---|---|
| 《国民英语读本》 | 陆步青编<br>上海：世界出版合作社 | 第3册：1934年初版，第3版<br>（261页）32开 | 人教（3） |
| 《初中英文辑要》 | 妥子权、杨敬一、张虹君等编辑<br>天津：新民学会 | 1935年<br>（90页）32开 | 辞书 |
| 《初级英语模范作文读本》 | S. T. Chiu，S. P. Chyn著<br>上海 | 1940年第4版<br>32开<br>附注：1936年初版 | 华师大 |
| 《初级英文选读》 | 桂绍盱编<br>上海：中华书局 | 1937年初版，1939年第2版<br>（82页）32开 | 人教 |
| 《初中英语》 | 盛谷人、姚之玺、厉志云等编辑<br>上海：中学生书局 | 第5册：1940年第2版<br>（176页）32开精装 | 编译馆（5） |
| 《初中英文选》 | 葛传椝、桂绍盱编<br>上海：竞文书局 | 第1册：1948年第7版<br>第2册：1948年第5版<br>32开<br>附注：1943年初版 | 华师大（1，2） |
| 《大东初中英语读本》（《初中英语读本》） | 沈彬编著，蒋梦麟校订<br>上海：大东书局 | 第1册：1947年第7版，1948年第14版<br>第2册：1947年第7版，1948年第9版<br>第3册：1947年第6版<br>第4册：1948年第5版<br>第5册：1947年第4版<br>第6册：1947年第3版<br>（77，109，117，143，158，176页）32开 | 人教 |
| 《英语读音一助》 | 谢大任编著<br>上海：中华书局 | 1947年<br>（166页）32开 | 华师大<br>辞书 |
| 《英语学习法》 | 钱歌川、张梦麟编<br>上海：中华书局 | 1947年<br>（147页）32开 | 华师大<br>辞书 |
| 《中级英文读本》 | 胡毅编选<br>上海：商务印书馆 | 第1册：1947年初版，1949年第3版<br>第2册：1948年初版<br>（223，362页）32开 | 人教（1，2） |
| 《初级英语模范读本》 | 瞿世镇、秦思沛合编<br>上海：三民图书公司 | 1948年新8版<br>32开 | 广东中山 |
| 《初级英文背诵文选》 | 何一介著<br>上海：启明书局 | 1948年第2版<br>（73页）32开 | 广东中山 |

续表

| 书名 | 作者及出版社 | 现存情况 | 馆藏地 |
| --- | --- | --- | --- |
| 《中级英文补充读本》 | 胡毅、黄巨兴编纂<br>上海：商务印书馆 | 第1册：1949年版<br>32开 | 华师大（1） |
| 《高中英文选》 | 沈问梅编 | 1929年<br>32开 | 华师大 |
| 《高中英文选》 | 苏州中学教员英文研究会编纂，沈彬等校订<br>上海、昆明：中华书局 | 第1册：1930年初版，1932年第12版，1940年第35版，1945年修订41版，1946年修订45版，修订46版，1947年修订47版<br>第2册：1931年第4版，第5版，1935年修订18版，1945年修订版，1947年修订37版<br>第3册：1931年第3版，第4版，1940年修订版，1945年修订29版，1947年修订35版<br>（294，334，348页）大32开 | 北师大<br>人教<br>华师大（2，3）<br>河南<br>辽宁（2，3）<br>编译馆（1） |
| 《标准高级英文选》 | 李儒勉选辑<br>上海：商务印书馆 | 第1册：1931年初版，第6版，1932年国难后1版，1935年国难后5版，1950年第27版<br>第2册：1937年国难后6版，1949年第22版<br>第3册：1948年第19版<br>32开<br>附注：1931年至1933年初版 | 人教（1，2）<br>华师大（1—3） |
| 《新中华高中英语读本》（《高中英语读本》） | 李儒勉编<br>上海：新国民图书社 | 第1册：1932年初版<br>（213页）32开 | 人教（1） |
| 《高中英文选》 | 初大告等编辑<br>北平：立达书局 | 第1册：1933年初版<br>（236页）32开精装 | 人教（1） |
| 《高中英文萃选》 | 石民选注<br>上海：北新书局 | 第1册：1933年版，1946年新版，1948年第2版<br>第2册：1933年版，1943年版，1948年第2版<br>第3册：1933年版，1946年新版<br>（234，316，340页）32开 | 国图（2）<br>北师大<br>人教<br>华师大（1） |
| 《高级中学英文选》 | 力谢盐等编<br>北平：师大附中英文丛刊社 | 第1册：1933年初版，1934年第2版<br>第2册：1934年初版<br>第3册：1934年初版，1936年版<br>（250，285，306页） 32开精装 | 北师大<br>人教（1，3） |
| 《高中英文辑要》 | 孙东宣、刘韵陶、张虹君等编辑<br>天津：新民学会 | 1935年<br>（228页）32开 | 辞书 |
| 《高级学生作文成绩》 | 桂绍盱编<br>上海：中华书局 | 1937年<br>（99页） 32开 | 华师大 |

续表

| 书名 | 作者及出版社 | 现存情况 | 馆藏地 |
|---|---|---|---|
| 《现代英文选注》 | 葛传槼编<br>上海：竞文书局 | 第1册：1939年初版，1946年第4版<br>第2册：1946年第4版<br>32开 | 人教（1）<br>华师大（2） |
| 《高中英文名人文选》 | S. C. Richard 著<br>上海：三民图书公司 | 1939年<br>（455页）32开 | 广东中山 |
| 《新法高中英语读本》（《高中英语读本》） | （加）文幼章编<br>昆明：中华书局 | 第1册：1940年初版<br>（150页）32开 | 人教（1）<br>华师大（1）<br>编译馆（1） |
| 《高中英语复习指导》 | 黄永绪编<br>成都：现代教育研究社 | 1943年<br>（148页）24开 | 国图 |
| 《高级英语模范作文读本》（《英语模范作文读本》） | 翟世镇、秦思沛合编<br>上海：三民图书公司 | 1946年第7版<br>（219页）32开 | 广东中山 |
| 《高中英文选》 | 葛传槼、桂绍盱编<br>上海：竞文书局 | 第1册：1947年初版，1948年第2版，1949年第3版<br>第2册：1948年第2版<br>（184页）32开<br>附注：1947年初版 | 华师大（1，2）<br>广东中山（1） |
| 《高中英语读本》 | 缪廷辅编著<br>上海：龙门联合书局 | 第1，3册：1949年版<br>（157页）32开 | 人教（1，3）<br>华师大（1） |
| 《英语会话教科书》（《订正英语会话教科书》） | 邝富灼编纂<br>上海：商务印书馆 | 1912年第7版，1913年第8版，1923年订正17版，1931年第20版<br>（148页）32开<br>附注：1908年初版<br>附注：1910年订正初版 | 北师大<br>人教<br>广东中山 |
| 《中华英文会话教科书》（《英文会话教科书》） | 辜景华编，李登辉、杨锦森校订<br>上海：中华书局 | 第1册：1914年初版<br>第2册：1932年第21版<br>第3册：1914年初版<br>第4册：1915年初版<br>（62，61，68，96页）32开 | 人教 |
| 《日用英语会话教本》 | 布赖恩（J. I. Bryan）编纂<br>上海：商务印书馆 | 1917年初版，1949年订正30版<br>（96页）32开 | 人教 |
| 《高级英语会话教科书》 | 沈竹贤编<br>上海：商务印书馆 | 第1册：1917年第4版<br>第2册：1917年第2版<br>（122，121页）32开 | 河南 |

续表

| 书名 | 作者及出版社 | 现存情况 | 馆藏地 |
| --- | --- | --- | --- |
| 《中等英语会话》 | 周越然编纂<br>上海：商务印书馆 | 第1册：1934年国难后3版<br>第2册：1938年国难后5版，1941年国难后10版<br>第3册：1919年初版，1920年第2版，1933年国难后1版<br>第4册：1933年国难后1版<br>（45，56，58，68页）32开<br>附注：1919年初版 | 北师大（1）<br>河南（3）<br>广东中山（1—3）<br>编译馆（2，4） |
| 《中学英语会话读本》（《中等英语会话读本》《英语会话读本》） | 布赖恩编纂<br>上海：商务印书馆 | 第1册：1926年初版，1935年国难后4版，1938年国难后8版<br>第2册：1926年初版，1941年国难后10版<br>第3册：1934年国难后2版，1941年国难后6版<br>（69，65，91页）32开 | 人教（1）<br>辽宁<br>广东中山 |
| 《英语会话范本》 | 王步贤编<br>上海：商务印书馆 | 1930年第5版，1933年国难后1版，1935年版<br>（161页）32开 | 华师大<br>广东中山 |
| 《现代英文会话》 | J. L. Howe著<br>上海：世界书局 | 上册：1935年版<br>下册：1947年第2版<br>32开 | 国图（2）<br>华师大（1） |
| 《学生英语会话课本》 | 哈金斯（M. I. Huggins）编<br>上海：中华书局 | 第2册：1939年初版，1941年第2版<br>（62页）32开 | 人教（2） |
| 《日常英语阅读及会话》 | 李儒勉编著<br>上海：中华书局 | 第1册：1947年初版，1948年第2版<br>第2册：1947年初版<br>（48，44页）32开 | 人教 |
| 《最近英文法教科书》 | （日）齐藤秀三郎著，藐姑射山人编译<br>浙江：赤诚学社 | 1907年版<br>（195页）32开 | 北师大 |
| 《纳氏第一英文法讲义》（改订本） | （英）纳斯菲尔德（Nesfield）著，赵灼译述<br>上海：群益书社 | 1912年第4版<br>（96页）32开精装 | 人教 |
| 《纳氏第二英文法讲义》 | （英）纳斯菲尔德著，赵灼译述<br>上海：群益书社 | 1907年初版，1908年订正3版<br>（173页）32开精装 | 人教 |
| 《纳氏第三英文法讲义》（订正本） | （英）纳斯菲尔德著，赵灼译述<br>上海：群益书社 | 第1，2册（上下卷）：1912年第3版<br>（765页）32开精装 | 人教 |
| 《纳氏第四英文法讲义》 | （英）纳斯菲尔德著，陈文祥译述<br>上海：群益书社 | 第1册（上卷）：1916年初版<br>（322页）32开精装 | 人教（1） |

续表

| 书名 | 作者及出版社 | 现存情况 | 馆藏地 |
|---|---|---|---|
| 《增广英文法教科书》 | （美）基特里奇、（美）阿诺德原著，徐铣译订，王蕴章、甘永龙校勘<br>上海：商务印书馆 | 1920年第13版，第14版，1921年第17版，1922年第18版，1933年国难后1版，1940年国难后版<br>（425页）32开<br>附注：1909年初版 | 北师大<br>人教<br>河南<br>广东中山 |
| 《简要英文法教科书》 | （美）纽瑟姆（Newsom）原著，奚若、王蕴章校订<br>上海：商务印书馆 | 1910年版，1914年第7版，1920年第13版，1925年第21版，1927年第22版，1929年第23版，1932年国难后2版，1935年国难后4版，1937年国难后6版<br>（130页）32开<br>附注：1910年初版 | 北师大<br>人教<br>河南<br>广东中山 |
| 《英文云谓字规范》 | 陈登澥编纂<br>上海：商务印书馆 | 1914年第3版<br>（158页）32开<br>附注：1912年初版 | 北师大 |
| 《中学英文法》（《共和国教科书中学英文法》） | 邝富灼编纂<br>上海：商务印书馆 | 第1册：1913年初版，1919年第20版，1923年第26版，1925年第28版<br>第2册：1925年第24版，1929年第26版<br>第3册：1922年第18版，1924年版，1926年第22版<br>第4册：1919年第11版，1921年第13版，1922年第14版，1925年第16版，1928年第18版<br>（45，54，120，174页）32开 | 北师大（1，3）<br>人教（1，3，4）<br>广东中山 |
| 《英文法阶梯》（《共和国教科书英文法阶梯》） | 邝富灼编著<br>上海：商务印书馆 | 第2册：1913年初版，1932年国难后1版，1938年国难后7版，1941年国难后12版<br>（54页）32开 | 人教（2）<br>华师大（2） |
| 《初级英文法教科书》 | 周越然参订，徐铣校勘<br>上海：商务印书馆 | 1919年第2版，1928年第7版，1929年第8版<br>（125页）32开<br>附注：1913年初版 | 北师大<br>广东中山 |
| 《新制英文法》 | 杨锦森编<br>上海：中华书局 | 第2册：1914年初版，1918年第5版<br>（129页）32开 | 人教（2） |
| 《中华中学英文法初步》 | 沈步洲编<br>上海：中华书局 | 1914年<br>（70页）32开 | 北师大 |
| 《中等英文法》 | 刘崇裘著，（英）梅殿华校阅<br>上海：中华书局 | 1922年第17版，1947年第51版<br>（103页）32开<br>附注：1915年初版 | 北师大<br>人教 |
| 《初级英文法英作文合编》 | 吴献书编纂，邝富灼校订<br>上海：商务印书馆 | 1915年初版，1917年第2版，1926年第7版<br>（117页）32开 | 人教<br>广东中山 |

续表

| 书名 | 作者及出版社 | 现存情况 | 馆藏地 |
| --- | --- | --- | --- |
| 《英文造句教科书（英汉对照）》 | 张秀源编纂<br>上海：商务印书馆 | 1917年初版，1926年第14版，1928年第15版，1930年第17版，1932年国难后1版，1933年国难后3版，1935年国难后5版<br>（62页） 32开 | 人教<br>天津<br>广东中山 |
| 《新体英文法教科书》 | 商务印书馆编译所编纂<br>上海：商务印书馆 | 上下册：1918年初版，1925年第4版<br>（176，221页）32开 | 北师大（1）<br>人教<br>河南<br>广东中山 |
| 《实用英文法教科书》 | 赵本善编纂，<br>邝富灼校订<br>上海：商务印书馆 | 1918年初版，1921年第5版，1928年第12版，1930年第13版<br>（194页） 32开 | 北师大<br>广东中山 |
| 《实用英文修辞学》 | 陆殿扬编著<br>上海：国民文化出版社 | 1948年第15版<br>（58页） 32开<br>附注：1920年初版 | 华师大 |
| 《英文法》（《新教育教科书英文法》） | 戴克谐编，沈彬、马润卿校阅<br>上海：中华书局 | 第2册：1921年初版，1922年第2版<br>（164页）32开 | 人教（2） |
| 《汉英文法翻译合解教科书》 | 张鹏云编<br>上海：新中国印书馆 | 1923年版<br>（315页） 32开 | 河南 |
| 《英文句语分析与图解》 | 李振南编纂，<br>勃里特校订<br>上海：商务印书馆 | 1925年第3版<br>（47页） 32开 | 华师大 |
| 《实用中学英文法》 | 万君和编<br>上海：中华书局 | 1926年版<br>（156页）32开 | 北师大 |
| 《英文法结晶》 | 朱树蒸编著<br>上海：新中国出版社 | 1946年第7版<br>（232页） 32开<br>附注：1928年初版 | 华师大 |
| 《英文文法ABC》 | 林汉达编著<br>上海：世界书局 | 上册：1930年初版，1936年第16版，1949年新28版<br>下册：1944年新10版，1949年新19版<br>（178，208页）32开<br>附注：1930年初版 | 人教 |
| 《开明英文文法》（《英文文法》） | 林语堂著<br>上海、桂林：开明书店 | 上册：1930年初版，1941年桂普及本1版<br>下册：1933年版，1935年版，1941年桂普及本1版<br>（477页）32开 | 人教<br>华师大（2）<br>广东中山 |
| 《镇海学校英文文法讲义》 | 卢家炳编著<br>广州：启明印务公司 | 1931年版<br>（101页） 32开 | 广东中山 |

续表

| 书名 | 作者及出版社 | 现存情况 | 馆藏地 |
|---|---|---|---|
| 《中学英文法教科书》 | 威廉斯（E. M. Williams）编纂<br>上海：商务印书馆 | 1935年初版，第3版，1947年第13版（343页）32开 | 人教<br>湖南<br>广东中山 |
| 《实用中学英语语法》 | 钱秉良编著，葛传槼校阅<br>上海：竞文书局 | 1948年第10版<br>（181页）32开<br>附注：1939年初版 | 华师大 |
| 《英文文法大全》 | 喻勋尧编著，郑觉民校订<br>中西文化印书馆 | 1943年<br>（400页）32开 | 华师大 |
| 《中学现代英文法》 | 缪廷辅编辑<br>上海：广协书局 | 1947年第3版<br>（148页）32开<br>附注：1946年初版 | 华师大 |
| 《基本英文法》 | 陈竹君编著<br>上海：商务印书馆 | 1946年初版，1947年第3版<br>（217页）32开 | 人教 |
| 《开明新编中等英文法》（《新编中等英文法》） | 吕叔湘著<br>上海：开明书店 | 上册：1947年初版，1948年第3版<br>下册：1947年初版<br>（144，294页）32开 | 人教<br>华师大（1） |
| 《中学英文法》（《汉译中学英文法》） | 周由廑编译<br>上海：商务印书馆 | 第2册：1921年第4版<br>（69页）32开 | 广东中山（2） |
| 《初级英文法》（《新中学教科书初级英文法》） | 王宠惠著<br>上海：中华书局 | 第1册：1925年第10版，1932年第24版，1933年第27版<br>第2册：1932年第17版，1934年第19版<br>（79，92页）32开<br>附注：1923年初版 | 北师大<br>人教<br>华师大（2）<br>河南（1）<br>广东中山（1） |
| 《新制初中英文法教科书》（《初中英文法教科书》） | 邵松如、戴骅文编纂，沈步洲订正<br>北京：文化学社 | 1927年版，1933年第16版<br>（216页）32开<br>附注：1924年初版 | 北师大 |
| 《现代初中英文法教科书》（《初中英文法教科书》） | 林翥青编纂<br>上海：商务印书馆 | 第1册：1924年第2版<br>（184页）32开 | 广东中山（1） |
| 《新学制初中英文法教科书》（《初中英文法教科书》） | 胡宪生编纂<br>上海：商务印书馆 | 1926年初版，1928年第6版，1929年第8版<br>（246页）32开 | 人教<br>广东中山 |
| 《现代初中英文法教科书》（《初中英文法教科书》） | 林天兰编纂<br>上海：商务印书馆 | 第2册：1926年初版，第5版<br>（194页）32开 | 人教（2）<br>广东中山（2） |
| 《初级中学北新英文法》（《北新英文法》） | 石民编<br>上海：北新书局 | 1932年初版，1934年第5版<br>（182页）32开 | 北师大<br>河南 |
| 《初中英文法》 | 章长卿编著<br>上海：大东书局 | 1933年<br>（314页）大32开 | 北师大 |

续表

| 书名 | 作者及出版社 | 现存情况 | 馆藏地 |
|---|---|---|---|
| 《初中简易英文法》（《简易英文法》） | 刘维向编纂<br>上海：商务印书馆 | 1935年版<br>（126页）32开 | 人教 |
| 《新编初中英文法教科书》（《初中英文法教科书》） | 爱德华<br>（M. C. Edward）著<br>上海：商务印书馆 | 第1册：1939年版<br>（72页）32开 | 人教（1） |
| 《初中英文法》（《初中英语文法》） | 邵松如、戴骅文编著，吴文仲修正<br>北平：文化学社 | 1948年第34版<br>（237页）32开 | 北师大<br>人教 |
| 《新中华高等英文法》（《新中华教科书高等英文法》） | 沈步洲编辑，<br>王祖廉修订<br>上海：新国民图书社 | 1928年初版，1929年第2版，1932年第4版<br>（164页）32开精装 | 国图<br>人教 |
| 《实验高级英文法》 | 邓达澄编纂<br>上海、重庆：商务印书馆 | 1933年初版，1947年渝20版，1948年第73版<br>（312页） 32开 | 人教<br>华师大 |
| 《高中英文法》 | （伪）教育部编审委员会编著<br>北平：[编者刊] | 1938年<br>（302页） 32开精装 | 人教 |
| 《汉译开明英文文法》（《开明英文文法》） | 林语堂著，张沛霖译<br>上海：开明书店 | 1940年初版，1946年第8版，1949年第14版<br>（448页）32开 | 人教<br>河南 |
| 《高中英语语法实习教本》 | 谢大任、陈志云编著<br>上海：文怡书局 | 1947年第7版<br>（399页）大32开 | 华师大 |
| 《简明高级英文法》（《高级英文法》） | 闻天声编著<br>上海：世界书局 | 1947年第4版<br>（150页）32开 | 人教 |
| 《高级英语法》 | 缪廷辅编<br>上海：龙门联合书局 | 1949年第3版<br>（273页）32开 | 人教 |
| 《高中实用英文法与成语》 | 麦秩勤编 | 1912—1949年<br>（446页）32开 | 广东中山 |
| 《英作文教科书》 | 汪廷襄译辑，薛宜璠校阅<br>汉口：昌明公司 | 1907年版<br>（77页）32开 | 北师大 |
| 《英文作文教科书：第一编》（《英语作文教科书第一编》） | 邝富灼编纂<br>上海：商务印书馆 | 1912年版<br>（82页）32开 | 北师大 |

续表

| 书名 | 作者及出版社 | 现存情况 | 馆藏地 |
|---|---|---|---|
| 《英文尺牍教科书》 | 张士一编纂，<br>邝富灼校订<br>上海：商务印书馆 | 1914年初版，1922年第13版，1933年国难后4版<br>（143页）32开 | 北师大<br>广东中山<br>编译馆 |
| 《英文造句法》 | 周越然编纂，<br>邝富灼校订<br>上海：商务印书馆 | 1921年第11版<br>附注：1914年初版<br>（94页） 32开 | 北师大 |
| 《新撰英文作文教科书》（《英文作文教科书》） | 赵灼编<br>上海：群益书社 | 第1—3册：1916—1917年版<br>（122，165，174页）32开 | 国图 |
| 《英文作文法》（《新中学教科书英文作文法》） | 谢颂羔编辑<br>上海：中华书局 | 1925年初版，1929年第3版<br>（386页）32开精装 | 人教 |
| 《实用英语作文法》 | 戴骅文编纂<br>北平：文化学社 | 1930年第2版<br>（88页）32开<br>附注：1927年初版 | 北师大 |
| 《英语作文教科书》 | 邝富灼著<br>上海：商务印书馆 | 第1册：1931年第18版，1933年国难后1版<br>第2册：1933年国难后1版<br>（181，195页）32开精装 | 湖南<br>广东中山（1）<br>编译馆（1） |
| 《中学实用英语作文》 | Flecher,W. J. B. 编纂<br>上海：商务印书馆 | 1933年国难后1版<br>（48页）32开精装 | 编译馆 |
| 《简易英语论说集》 | 陆殿扬编<br>上海：开明书店 | 1948年第3版<br>（79页）32开<br>附注，1945年初版 | 华师大 |
| 《英语作文范本》 | 姚慕谭编纂<br>上海：商务印书馆 | 1948年第4版<br>（251页）32开<br>附注：1946年初版 | 华师大 |
| 《初级英语作文：直观法》 | 周越然编<br>上海：商务印书馆 | 1933年国难后2版<br>（77页）32开 | 广东中山 |
| 《英语作文入门》 | 陆贞明著<br>上海：中华书局 | 1947版<br>（95页）32开 | 辞书<br>广东中山 |
| 《初级英文模范作文》 | 林荫编译，沈昌校阅<br>上海：春明书店 | 1912—1949年<br>（71页）32开 | 华师大 |
| 《初级英语作文教科书》 | 何鼎新编译<br>上海：广智书局 | 1912—1949年<br>（89页）32开 | 北师大 |
| 《高级英文模范作文》 | 林荫编译，<br>汪成德校阅<br>上海：春明书店 | 1946年第2版<br>（86页）32开 | 华师大 |

备注：本表根据王有朋《中国近代中小学教科书总目》整理而成，有删改。对表中各项作简要说明：

1. 版本项

版本项著录出版地、出版者和出版日期。出版日期记录现存图书的最早出版日期。

（1）单行本有多个不同版次则依次著录。如：1945年第2版，1947第5版，……

（2）多卷书各分册的版次分别依次著录。如：

第1册：1924年初版，1925第2版

第2册：1924初版，1925第35版

第3册：1926年初版，1927年第20版，1929年第30版

第4册：1926年初版，1927年第2版，1929年第30版

（3）多卷书各分册版次相同的集中著录。如“第1—4册：1928年初版，1936年第10版”，表示此书存有1928年初版第1—4册和1936年第10版第1—4册。

2. 载体形态项

（1）受篇幅所限，上述表格中涉及到的收藏馆均以简称表示，下文附表格具体说明。

| 收藏馆 | 简称 | 收藏馆 | 简称 |
| --- | --- | --- | --- |
| 中国国家图书馆 | 国图 | 北京师范大学图书馆 | 北师大 |
| 人民教育出版社 | 人教 | 上海图书馆 | 上海 |
| 华东师范大学图书馆 | 华师大 | 上海师范大学图书馆 | 上师大 |
| 上海辞书出版社图书馆 | 辞书 | 天津图书馆 | 天津 |
| 西北师范大学图书馆 | 西北师大 | 河南省图书馆 | 河南 |
| 辽宁省图书馆 | 辽宁 | 庐山图书馆 | 庐山 |
| 云南社会科学院图书馆 | 云南社科 | 湖南省图书馆 | 湖南 |
| 广西师范大学图书馆 | 广西师大 | 广东省立中山图书馆 | 广东中山 |
| 台湾“国立编译馆”教科书资料中心 | 编译馆 | | |

（2）收藏馆后括号中的数字表示该馆收藏不全，现存几册。如：“国图（1，4—6）”，表示中国国家图书馆只藏有该多卷书的第1、4、5、6册。

# 参考文献

## 专著

[1] 毕苑 . 建造常识：教科书与近代中国文化转型 [M]. 福州：福建教育出版社，2010.

[2] 陈青之 . 中国教育史 [M]. 上海：上海书店出版社，2013.

[3] 陈学恂 . 中国近代教育史教学参考资料（上）[M]. 北京：人民教育出版社，1986.

[4] 陈学恂 . 中国近代教育史教学参考资料（下）[M]. 北京：人民教育出版社，1987.

[5] 陈原 . 书和人和我 [M]. 北京：生活・读书・新知三联书店，1994.

[6] 陈自鹏 . 中国中小学英语课程教材教法百年变革研究 [M]. 北京：光明日报出版社，2012.

[7] 董乃斌 . 中国文化读本 [M]. 上海：上海大学出版社，2007.

[8] 课程教材研究所 . 课程改革论丛・教材制度沿革篇（下）[M]. 北京：人民教育出版社，2004.

[9] 课程教材研究所 . 20世纪中国中小学课程标准・教学大纲汇

编·外国语卷·英语 [M]. 北京：人民教育出版社，2001.

[10] 冯克城 . 日本近代启蒙教育思想与论著选读 [M]. 北京：人民武警出版社，2010.

[11] 冯增俊等 . 当代中小学外语课程发展 [M]. 广州：广东高等教育出版社，2005.

[12] 付克 . 中国外语教育史 [M]. 上海：上海外语教育出版社，1986.

[13] 顾长声 . 从马礼逊到司徒雷登——来华新教传教士评传 [M]. 上海：上海书店出版社，2005.

[14] 顾明远 . 教育大辞典（上）[M]. 上海：上海教育出版社，1998.

[15] 郭廷以 . 郭廷以口述自传 [M]. 北京：中国大百科全书出版社，2009.

[16] 浩瀚，李生禄 . 用英语说中国：古今名人 [M]. 北京：科学技术文献出版社，2008.

[17] 林语堂 . 从异教徒到基督徒 [M]. 西安：陕西师范大学出版社，2004.

[18] 李保田 . 中国老教材封面图录 [M]. 桂林：广西师范大学出版社，2019.

[19] 李国钧，王炳照 . 中国教育制度通史·第7卷 [M]. 济南：山东教育出版社，2000.

[20] 季羡林等 . 外语教育往事谈——教授们的回忆 [M]. 上海：上海外语教育出版社，1988.

[21] 李良佑、张日昇、刘犁 . 中国英语教学史 [M]. 上海：上海外语教育出版社，1988.

[22] 平心 . 生活全国总书目 [M]. 上海：生活书店，1935.

[23] 石鸥 . 百年中国教科书忆 [M]. 北京：知识产权出版社，

2015.

[24] 束定芳 . 外语教育往事谈（第二辑）——外语名家与外语学习 [M]. 上海：上海外语教育出版社，2005.

[25] 孙广平 . 晚清英语教科书发展研究 [M]. 北京：中国社会科学出版社，2016.

[26] 孙培青 . 中国教育管理史 [M]. 第2版 . 北京：人民教育出版社，2013.

[27] 田正平 . 中外教育交流史 [M]. 广州：广东教育出版社，2004.

[28] 王炳照，郭齐家，刘德华等 . 简明中国教育史 [M]. 北京：北京师范大学出版社，1994.

[29] 平和县地方志编纂委员会 . 平和县志 [M]. 北京：群众出版社，1994.

[30] 王建军 . 中国近代教科书发展研究 [M]. 广州：广东教育出版社，1996.

[31] 王有朋 . 中国近代中小学教科书总目 [M]. 上海：上海辞书出版社，2010.

[32]（美）威廉·C. 亨特 . 广州"番鬼"录 1825—1844 缔约前"番鬼"在广州的情形 [M]. 冯树铁 . 广州：广东人民出版社，1993.

[33]（美）卫斐列 . 卫三畏生平及书信——一位美国来华传教士的心路历程 [M]. 桂林：广西师范大学出版社，2004.

[34] 吴驰 . 清末民国中小学英语教科书研究 [M]. 长沙：湖南师范大学出版社，2014.

[35] 严复 . 英文汉诂 [M]. 上海：商务印书馆，1905.

[36] 杨志行，纪文郁，李信 . 解放前南开中学的教育 [M]. 天津：天津教育出版社，1989.

[37] 张功臣 . 洋人旧事：影响中国近代历史的外国人 [M]. 北京：

新华出版社，2008.

[38] 张英 . 启迪民智的钥匙——商务印书馆前期中学英语教科书 [M]. 上海：中国福利会出版社，2004.

[39] 章咸，张援 . 中国近现代艺术教育法规汇编（1840—1949）[M]. 北京：教育科学出版社，1997.

[40] 张正东 . 中国外语教学法理论与流派 [M]. 北京：科学出版社，2000.

[41] 周流溪 . 中国中学英语教育百科全书 [M]. 沈阳：东北大学出版社，1995.

[42] 朱有瓛 . 中国近代学制史料・第1辑（上）[M]. 上海：华东师范大学出版社，1983.

[43] 朱有瓛，高时良 . 中国近代学制史料・第4辑 [M]. 上海：华东师范大学出版社，1993.

[44] 邹振环 . 疏通知译史 [M]. 上海：上海人民出版社，2012.

**期刊**

[1] 丁伟 . 伦敦会新教传教士与马六甲英华书院的英语教学 [J]. 广西社会科学，2004（2）.

[2] 董忆南 . 周越然与《英语模范读本》[J]. 浙江档案，2006(3).

[3] 龚景兴 . 现代藏书家周越然及其藏书理念管窥 [J]. 湖州师范学院学报，2011（4）.

[4] 黄兴涛 . 第一部中英文对照的英语文法书——《英国文语凡例传》[J]. 文史知识，2006（3）.

[5] 林步雪 . 回忆父亲林汉达 [J]. 文字改革，1983（3）.

[6] 牟英梅 . 民国时期我国自编初中英语教科书研究 [J]. 兰台世界，2015（22）.

[7] 欧梦越，林大津 . 严复《英文汉诂》考辨 [J]. 福建师范大学

学报（哲学社会科学版），2014（2）.

[8] 潘蒙科 . 张士一英语教育生涯及其思想探析 [J]. 兰台世界，2013（22）.

[9] 邱志红 .《英文举隅》与《英文话规》——同文馆毕业生编译的早期英语文法书 [J]. 寻根，2008（5）.

[10] 申再望 . 文幼章与成都的世纪风雨 [J]. 友声，2005（2）.

[11] 石玉 . 我国自编英语教科书之开端:《华英初阶》与《华英进阶》[J]. 湖南师范大学教育科学学报，2008（3）.

[12] 吴驰 . 由“文”到“语”——清末民国中小学英语教科书之演变 [J]. 湖南师范大学教育科学学报，2012（3）.

[13] 吴驰 . 从《英话注解》到《帝国英文读本》——清末自编英语教科书之兴起 [J]. 湖南师范大学教育科学学报，2013（3）.

[14] 吴义雄 .“广州英语”与19世纪中叶以前的中西交往 [J]. 近代史研究，2001（3）.

[15] 杨平秀，李浩，邹文彦 . 文幼章——中国人民的老朋友 [J]. 南方文物，2007（3）.

[16] 张志公 . 加紧开展英语教学的研究 [J]. 中小学英语教学与研究，1985（3）.

[17] 邹振环 . 19世纪早期广州版商贸英语读本的编刊及其影响 [J]. 学术研究，2006（8）.

[18] 邹振环 . 翻译大师笔下的英文文法书——严复与《英文汉诂》[J]. 复旦学报（社会科学版），2007（3）.

[19] 邹振环 . 斋藤秀三郎与正则英语教科书在中国的编译与传播 [J]. 东方翻译，2013（3）.

[20] 周振鹤 . 鬼话·华英通语及其他 [J]. 读书，1996（3）.

## 报纸

[1] 李文政．难忘“游击队之歌”——访文幼章之子文忠和 [N]. 人民日报，2005-8-26.

[2] 李肇源．他为参加亚非会议而牺牲 [N]. 新民晚报，2005-4-10.

[3] 申再望，列北．长在成都的传教士 [N]. 成都日报，2006-3-4.

[4] 精彩书摘．“狗逮猫时代”中国第一所外语学校的筹办 [N]. 中国教育报，2008-2-28.

## 精选教材

[1] 曹骧．英字入门 [M]. 上海：申昌书装校印，同治十三年孟夏镌．

[2] 冯泽夫．英话注解 [M]. 上海：简青斋书局，1860.

[3] 葛理佩（H. B. Graybill）. 英文津逮（第二册）[M]. 上海：伊文思图书有限公司．

[4] 邝富灼．英文新读本（卷一）[M]. 上海：商务印书馆，1912.

[5] 李登辉，杨锦森．新制英文读本（第一册）[M]. 上海：中华书局，1914.

[6] 谢洪赉．华英初阶 [M]. 67 版．上海：商务印书馆，1918.

[7] 李儒勉．高中英语读本（第一册）[M]. 上海：中华书局，1933.

[8] 林汉达．标准英语（第三册）[M]. 上海：世界书局，1931 年．

[9] 林语堂．开明第二英文读本 [M]. 上海：开明书店，1928.

[10] 陆殿扬．初级中学英语（第三册）[M]. 初版．上海：正中书局，1936.

[11] 陆殿扬 . 初级中学英语（第三册）[M]. 渝一版 . 上海：正中书局，1947.

[12] 沈彬 . 初中英语读本（第六册）[M]. 上海：大东书局，1932.

[13] 王云五 . 综合英语读本（第三册）[M]. 初版 . 上海：商务印书馆，1933.

[14] 王云五 . 综合英语读本（第三册）[M]. 32版 . 上海：商务印书馆，1935.

[15] 文幼章（J. G. Endicott）. 直接法英语读本（第三册第二编）[M]. 上海：商务印书馆，1932.

[16] 伍光建 . 帝国英文读本（卷三）[M]. 第二版 . 上海：商务印书馆，1907.

[17] 张士一 . 初中直接法英语教科书（1b）[M]. 上海：商务印书馆，1930.

[18] 周越然 . 英语模范读本（第二册）[M]. 初版 . 上海：商务印书馆，1918.

[19] 周越然 . 英语模范读本（第二册）[M]. 修订25版 . 上海：商务印书馆，1929.

## 电子文献

[1] 胡帆 . 和平使者文幼章的玫瑰档案 [EB/OL].

http://www.86net.net/hufan/book/hpsz.htm

[2] 刘育英 . 文忠志忆父二三事：和中国人民抗战的加拿大牧师 [EB/OL]. http://news.sohu.com/20050904/n226860489.shtml

[3] 郭军，张冬冬 . 于丹：企望华文文学出现林语堂式旗帜 [EB/OL].

http://www.chinanews.com/cul/2011/11-23/3482180.shtml

[4] 张英 . 网罗精英 任人唯才——浅谈张元济和邝富灼 [EB/OL]. http://www.docin.com/p-608192815.html

## 论文及其他

[1] 蔡元培 . 商务印书馆总经理夏君传 [A]. 1897—1987：商务印书馆九十年——我和商务印书馆 . 北京：商务印书馆，1987.

[2] 蒋维乔 . 创办初期之商务印书馆与中华书局 [A]. 张静庐 . 中国现代出版史料 . 北京：中华书局，1959.

[3] 蒋小敏 . 建国以来我国初中英语教科书研究 [D]. 湖南师范大学，2008.

[4] 李鸿章 . 请设外国语言文字学馆折（同治二年正月二十二日）[A]. 顾廷龙、戴逸 . 李鸿章全集 1· 奏折一 . 合肥：安徽教育出版社、安徽出版集团，2008.

[5] 栗叶 . 罗伯聃与《华英说部撮要》[D]. 华东师范大学，2011.

[6] 吕叔湘 . 三十年代颇有特色的国文、英文课本 [A]. 中国出版工作者协会 . 我与开明（1926—1985）. 北京：中国青年出版社，1985.

[7] 钱建和 . 张士一创新务实多建树 德高望重益谦谦 [A]. 吕炳寿，张培元 . 随园师魂 . 南京：南京师范大学出版社，1997.

[8] 孙广平 . 晚清英语教科书发展考述 [D]. 浙江大学人文学院，2013.

[9] 吴驰 . 由“文”到“语”——清末民国中小学英语教科书研究 [D]. 湖南师范大学，2012.

[10] 邹振环 . 邝富灼与清末民初商务印书馆“英文部”[A]. 闻师渠，史革新，刘勇 . 文化视野下的近代中国 . 北京：中国传媒大学出版社，2009.

[11] 筹办夷务始末，同治朝卷八.

[12] 大清清规大全续编，十九卷.

[13] “中国百年教科书整理与研究”工作简报，2014(1).

# 结 语

编委会以晚清和民国时期的中小学英语教材为选题，历经三年，借鉴众多专家学者已有的研究成果，分头搜集历史素材积累材料，在天津和邯郸阅览了老课本收藏家李保田先生收藏的部分清末和民国时期的英语教科书，在此基础上经过研究梳理分析提炼，至今日编纂成一本介绍晚清至民国中小学英语教材史的小册子。她凝结了我们每位编者的心血。一本书虽在史学研究中只是沧海一粟，但诚心可鉴。

《中国中小学英语教材史（晚清、民国卷）》为读者展现了中国中小学英语教材建设经历的萌芽期（1862年以前）、启动期（1862—1911年）、发展期（1912—1922年）和自立期（1923—1949年）几个不同发展阶段的发展脉络，精选了一些珍贵的经典教材课例，从中小学英语教材史的纵向发展角度对其优缺点进行辩证分析，发掘亮点，指出不足，以期对当今的中小学英语教材编写有所启示，力求为后续研究提供借鉴。

其间，编委会对本书所列的书目进行认真比对遴选，反复核实，但仍有很多存疑和待解之处需留待我们进行后续研究。由于年代久远，我们在研究中小心翼翼、如履薄冰，对于史料的分析和使用不敢有丝毫的马虎和怠慢。对已有的第一手资料——原版老课本或教材，我们实事求是，有一说一，精心选择课例，仔细研究分析；对没有第一手材料的教材进行分析和课文举隅时，主要是参考了其他专家学者已有的研究成果，并按照学术规范一一注明了出处。

在成书过程中，为了避免将事件和材料简单进行罗列和堆砌，我们努力将晚清和民国时期中小学英语教材发展融入到中国英语教育发展的历史长河之中，结合历史大事件为读者厘清当时的英语学习历史背景，辩证地看待当时的英语教学和教材发展，以为当代的英语教学和教材编写提供借鉴。如早期英语民间碎片化的学习，主要是基于外国传教士传教和口岸民众对外贸易的需要。鸦片战争时期，坚船利炮打开了清政府的国门，政府急需通晓外国文字的翻译人员，这就迫使清政府开办官方的培养翻译人才的学校。到洋务运动兴起，洋务派力主学习西方课程，政府开设了一大批新式学堂，同时开设英语课程。到1902年清政府制定“壬寅学制”，随着时间的推进，1904年“癸卯学制”、1912—1913年“壬子癸丑学制”施行，再到1922年北洋政府颁布《学校系统改革令》，实行“壬戌学制”改革，等等，都是中国英语教育史上，乃至中国教育史上的大事件。一次次的改革，一次次的推动，使当时的中国教育界掀起了一股英语学习的热潮。受此影响，英语教材建设也随之进入不同的发展阶段。

我们在撰写晚清至民国中小学英语教材各个历史时期的概述时，适当加入了一些通俗易懂、具体生动的佐证材料和回忆性文字，目的是突出时代特色。在为各个时期精选英语教材课例时，我们尽量选取那些感人励志或具有趣味性的小故事进行分析，亦庄亦谐，可以引发读者兴趣。在做作者简介时，适当插入一些奇闻轶事，增加了史料的趣味性，也大大提高了本书的可读性。

感谢老课本收藏家李保田先生和人民教育出版社图书馆为我们

提供了部分珍贵的英语老课本实物及图片，感谢广西师范大学出版社赵运仕先生提供的支持，感谢责任编辑郭春艳女士的专业指导。同时，也感谢参与此书编辑的诸位先生。

《中国中小学英语教材史（晚清—民国）》即将与读者见面。谨以此书抛砖引玉，期待能够为他人进一步研究提供借鉴。

书中如有不当之处或谬误之处，敬请专家学者斧正。

我们期待着。

编委会